A saliva da fala

F✦SF✦R✦

EDIMILSON DE ALMEIDA PEREIRA

A saliva da fala

Notas sobre a poética banto-católica no Brasil

11 VASSAULIS NA RUA, NO MEIO
11 Dia muito festejado

32 DE PATANGOME NA CIDADE
32 Coisas de admirar
74 Arqueologias para cantopoemas
122 Palavras com paisagens

161 UMA INGOMA TODA EM FLOR
161 Margem, centro e outros lugares
180 Caracterização dos cantopoemas

212 ALERTA, ALERTA, VASSAULIS
212 Conclusão ou tempo de viajar

217 CANTOPOEMAS: ANTOLOGIA
307 ESTRUTURA SIMPLIFICADA DO CONGADO
307 Notas de caderno de campo

310 AGRADECIMENTOS
312 NOTAS
325 REFERÊNCIAS BIBLIOGRÁFICAS

Em memória de minhas queridas
Iraci de Almeida, mãe,
e Ercília Maria da Silva, vó Cici.

O melhor deste livro é dedicado
à minha companheira Prisca Agustoni
e aos poetas-devotos.

O que existe fala por seus códigos.

Adélia Prado

Palavra. Só palavra. Não precisa de mais nada.

Chico Mandu, do Jongo

L'ordre des mots distrait le monde...

Édouard Glissant

Vassaulis na rua, no meio

Vi Balanguim tirar o Reis e todo mundo acompanhar.

Rubinho do Vale[1]

DIA MUITO FESTEJADO

Para Roger Bastide, segundo anotação de Jean Duvignaud,[2] o Brasil poderia ser considerado "um arquipélago de locais festivos", no qual o Candomblé, dentre outras manifestações, representaria uma das ilhas. Duvignaud amplia a metáfora do arquipélago ao observar que o expressivo número de pequenas festas espraiadas pelo país articulariam, por um lado, um panorama independente das manifestações mais célebres e abrangentes, tais como os carnavais do Rio de Janeiro e Salvador, e, por outro lado, representariam "orifícios" capazes de romper "a trama exterior da sociedade brasileira e até mesmo o tecido mais composto das regiões altamente industrializadas".[3] Duvignaud afirma que esses nichos festivos se desdobram como

> [c]avidades onde, por um momento de convivência perecível, reagrupam-se homens e mulheres dispostos a despojarem-se, pelo espaço de algumas horas, de suas posições sociais e, por meio deste

"conclave mágico", segundo a expressão de Mauss, alcançarem uma plenitude, uma espécie de desabrochar.[4]

Vistas sob essa perspectiva, as celebrações do Congado se consolidam como proposições alternativas de vivências sociais, ainda que mantenham, simultaneamente, estreitas relações de natureza política, econômica e cultural com outros segmentos da ordem social vigente. Por isso, para além da imagem de um "conclave mágico", tais celebrações nos remetem também à configuração de uma ordem social derivada da percepção objetiva da realidade. Ou seja, inúmeras pessoas vinculadas ao Congado reconhecem que a construção do sentido para a sua percepção simbólica do mundo depende também de sua capacidade de estabelecerem negociações com outros grupos sociais, de modo a ressaltarem a especificidade das práticas e dos discursos dos devotos do Rosário. Acompanhar os praticantes do Congado — sistema religioso que comentaremos mais adiante — tem sido uma viagem que só pode ser definida com raros adjetivos. Atravessando ruas e estradas, sob o calor do asfalto ou a poeira dos cerrados, vimos tentando contribuir, assim como outros viajantes, para escrever uma narrativa analítica das celebrações que transformam os pobres da sociedade em ricos testemunhos do sagrado. Em obras anteriores, nos ocupamos de interpretações que realçam os aspectos históricos, antropológicos e sociológicos do Congado, embora, desde sempre, estivéssemos atentos ao chamado da linguagem que constitui suas narrativas e cantos de preceito. Porém, as linhas de análise adotadas com o objetivo de responder a certas perguntas justificavam a ênfase em outros aspectos do Congado, a saber, o percurso que traçou ao longo da formação da sociedade brasileira; a importância que adquiriu como lócus de expressão cultural e identitária de negros e mestiços; e o papel que desempenhou na mediação das relações entre grupos dominados e dominantes, tendo a religião como fonte de ideologias e práticas sociais.

Por maior que fosse o nosso interesse pelos textos de preceito, via de regra, o comentário sobre eles era indireto, pois visava à elaboração de abordagens voltadas para outros aspectos da vivência religiosa. Assim, a narrativa sobre a retirada de Nossa Senhora do Rosário das águas nos permitia vislumbrar, sob as diferentes camadas do discurso, a trajetória de formação, desenvolvimento e transformação de uma experiência cultural sincrética. Da mesma maneira, um canto sobre os antepassados fornecia informações para compreendermos os processos de preservação, modificação e projeção de heranças do passado no presente. Em vista disso, a linguagem foi considerada como um meio para sustentar a formulação de argumentos históricos, antropológicos e sociológicos em torno da vigência de uma memória africana reconfigurada no contexto brasileiro e da resistência à opressão que negros e mestiços manifestaram através de suas heranças culturais, em particular a religião.

Em exemplos como esses, a narrativa e o canto auxiliam na investigação de diversos conteúdos sociais, mas não se pode deixar de notar a ocorrência de um desvio dos questionamentos que a linguagem propõe a respeito de si mesma e de seus usuários, instância em que a metalinguagem evidencia o refinamento estético da comunicação entre os devotos do Congado. Daí, as análises citadas anteriormente apresentam uma série de restrições para reconhecer os textos de preceito como um código híbrido (atravessado por elementos da oralidade e da escrita, dos registros coloquial e erudito), bem como para decifrar as estratégias empregadas pelos sujeitos durante a repetição e criação de novas estruturas de significado, tomando como referência os recursos fornecidos pela linguagem. Ante o caráter agudo dessas questões, esperávamos o momento oportuno — que a linguagem dos devotos de Santos Reis traduz como "o grande dia/ muito festejado" — para comentar mais de perto alguns temas que envolvem a presença e os desdobramentos da linguagem verbal no Congado. Dedicamo-nos, então, à leitura dos textos que sustentam os cantos de preceito, já que em outra ocasião trabalhamos parcialmente com as narrativas.[5]

É importante observar que a oralidade é o suporte inicial desses textos e que, como já demonstrado em vários estudos, trata-se de um suporte complexo, capaz de revelar muito de uma ordem social na medida em que perpassa os labirintos e as clareiras de organização dos próprios grupos. No entanto, por mais venerável que seja a oralidade e por mais que se reconheça a excelência de seus atributos, não há como deixar de considerar as lacunas que a atravessam, tal como acontece com outros tipos de suporte. Referimo-nos ao fato de que a produção de documentos históricos (isto é, no sentido restrito do objeto passível de ser consultado em sua materialidade textual) não caracteriza essencialmente o modo de construção comunicativa da oralidade, já que esse modo se fundamenta sobre a fluência da palavra falada e cantada, mais afeita às flutuações morfológicas, sintáticas e semânticas. A transcodificação de conteúdos da oralidade para o suporte da escrita permite elaborar documentos que podem ser consultados em sua materialidade textual, aspecto que abre um leque de maneiras para preservar, transmitir e possibilitar o acesso às informações culturais.[6]

A leitura dos textos que acompanham os cantos é viável se considerarmos a existência de várias obras que lhes conferem o caráter de antologia, muito embora essa bibliografia seja desenhada fora dos padrões atribuídos às edições dos textos classificados como literários. Tais fontes consistem nos manuscritos dos devotos e em livros publicados pelos estudiosos das culturas populares. Em ambos os casos, não se verifica o mesmo tratamento editorial aplicado na preparação de um livro de poemas ou de ficção, pois muitas vezes, no que toca aos estudiosos, a necessidade de publicar um volume maior de informações (depoimentos, entrevistas, tabelas, gráficos, mapas, iconografia) inviabiliza uma formatação que contemple os cantos e as narrativas de preceito com um espaço favorável à percepção de seus aspectos estéticos. Apesar disso, e do obstáculo criado pela dispersão de manuscritos e livros, podemos manusear uma bibliografia significativa, assim distribuída: para as letras dos cantos, deparamo-nos com os manuscritos dos devotos e dos pesquisadores (que fazem registros em seus cadernos de campo), com os encartes de discos e CDs (classificados como gravações etnográficas ou documentais e, em caso de apelo comercial, como *world music*) e com os livros publicados por estudiosos (com destaque para os folcloristas, etnógrafos e antropólogos).[7] Para os aspectos musicológicos, contamos com os registros de especialistas, cujas notações de caráter musical são completadas com a citação dos poemas de preceito e, em geral, com informações histórico-sociais sobre as comunidades visitadas.[8]

A ênfase ao texto revelou uma refinada elaboração da linguagem e dos arranjos sonoros, assim como o perfil criativo de vários indivíduos, razão pela qual seguimos duas orientações a respeito da terminologia adotada neste livro. Primeira: em virtude da importância atribuída à letra e à melodia, acreditamos ser pertinente chamar de *cantopoemas* uma parte dos discursos que os devotos elaboram para o período específico das celebrações e que permeiam também suas vivências cotidianas. A leitura das letras, isto é, dos poemas, nos permitirá analisar, nos capítulos seguintes, os aspectos que privilegiam o ponto de vista da escritura do texto, ainda que na maioria das vezes essa escritura pareça ocupar um plano de fundo em relação ao canto. Segunda: o perfil de alguns devotos, que os identifica como o *poietés* criador e mantenedor da linguagem, leva-nos a apreender de seus discursos a palavra e a prospecção hermenêutica que, pela atração da intertextualidade, inserimos na tecelagem de nosso próprio discurso. Os devotos que se apresentam no sagrado como servidores ou vassalos, na verdade, se transfiguram em senhores do discurso e manipulam a dança dos sentidos mediante a apreensão da palavra como elemento de metamorfoses. Assim, o devoto é o *poietés* que — a exemplo da ação discursiva de Geraldo Arthur Camilo (comunidade dos Arturos, Contagem) — reinaugura o sentido da palavra "vassalo", revelando sob a forma "vassauli" o potencial morfossemântico do vocábulo, a mudança do estatuto de indivíduo semialfabetizado para o de sujeito que radicaliza a busca de expressões através da linguagem e, ainda, as múltiplas feições que o mundo pode assumir a partir das diferentes maneiras de compor o discurso. O fazer textual dos vassaulis, apesar de sua riqueza de estilos e conteúdos, permanece ignorado pelos manuais e estudos dedicados ao fenômeno literário, o que indica o fato de não terem marcado seu lugar em nossos espaços de criação, mesmo quando foram invocados para atender os interesses de movimentos como o romantismo ou o modernismo.[9] Ainda hoje, a maioria dos enfoques se volta para as textualidades legitimadas como literatura, demonstrando uma orientação visceral capaz de manter "intocada, em seus grandes traços, a mecânica ocidental de reconhecimento dos textos como 'literários'".[10]

Dentro desse quadro, a textualidade de procedência iorubá despertou mais atenção do que a de origem banto. As referências ao mundo iorubá, mesmo sofrendo com a rejeição imposta pelos modelos literários legitimados, ganharam certa projeção no ambiente da literatura através de poetas e ficcionistas que criaram a partir da complexidade ritual do Candomblé, dando ouvidos às provocações de sua música, textos sagrados, personagens e enredos. É certo que muitos ouvidos poderiam ter captado de maneira mais criativa a textualidade iorubá, evitando que se tornasse um elemento decorativo, admitido para dar "cor local" a uma textualidade que insistia em reproduzir os valores daquela que se legitimava como a "alta" literatura.

Por outro lado, os cantopoemas tecidos com fios dos mundos banto e católico não foram considerados como fonte de diálogo e inspiração para a formação do repertório poético brasileiro. O dinamismo social dos bantos no Brasil foi registrado mais pelas lentes de viajantes,[11] historiadores, funcionários (jornalistas, agentes do governo, chefes de polícia) e comerciantes de escravizados do que pelos poetas e ficcionistas. Todavia, estudos recentes demonstram que, dos quatro milhões de africanos transplantados para o Brasil, cerca de 75% procediam do "mundo banto-falante, de territórios situados abaixo da linha do equador, principalmente das atuais repúblicas do Congo-Kinshasa, Congo-Brazzaville e Angola".[12] Segundo Yeda Pessoa de Castro, a interferência banto se faz notar, por exemplo, no campo linguístico (através da integração dos bantoísmos ao sistema da língua portuguesa[13] e do seu emprego para denominar o Candomblé, a macumba e o catimbó) e, mais amplamente, na articulação de uma visão de mundo decorrente do "contato de orientações religiosas ameríndias e africanas de matriz banto com o Catolicismo nos primórdios da colonização".[14]

Apesar da importância dos dados mencionados acima, além do domínio etnográfico, o universo mítico, histórico, linguístico e estético de referência banto ainda não recebeu a atenção que merece dos artistas brasileiros, salvo uma ou outra exceção, como as alusões rítmicas e vocabulares feitas por Raul Bopp em *Urucungo*; as chamadas de autores da música popular (como Ari Barroso em *Aquarela do Brasil*: "Tira a mãe preta do cerrado/ Bota o Rei Congo no Congado"; Wilson Moreira em *Okolofé*: "É do Reisado, é da Congada"; Edil Pacheco em *Ijexá*: "A sua riqueza/ Vem lá do passado/ De lá do Congado/ Eu tenho certeza"); e as invocações da ancestralidade realizadas por alguns poetas (como Oliveira Silveira, no Rio Grande do Sul, e Adão Ventura, em Minas Gerais).[15]

Frisamos o caráter de exceção dessas iniciativas no contexto brasileiro, mesmo correndo o risco de omitir, por desconhecimento, um volume maior de obras que dialoguem com a textualidade de origem banto. No entanto, pelo que verificamos até o momento, tudo o que se produziu a partir desse diálogo ainda é pouco, tendo em vista a grande presença dos bantos e de suas inter-relações com o Catolicismo numa larga faixa do continente americano: da região do Rio da Prata (Argentina e Uruguai), passando por Brasil, Peru, Colômbia até Cuba, é possível ler e ouvir os desdobramentos da textualidade de origem banto.[16] As antologias poéticas também omitem essa textualidade, deixando sua compilação a cargo dos folcloristas. É evidente, nesse caso, a distinção entre a poesia escrita e as poéticas da oralidade, o erudito e o popular. As águas não se misturam e a preponderância da noção de poesia como labor intelectual e individual reforça o equívoco de que as poéticas da oralidade decorrem apenas das expressões rituais e do fazer coletivo. Exemplo raro que aproxima essas águas é a *Antología de la poesía negra americana* organizada pelo folclorista e poeta uruguaio Ildefonso Pereda Valdés.[17] A antologia tem os méritos de reunir e perenizar um conjunto de obras muitas vezes inacessíveis ao público, e de criar oportunidades para se discutir problemas e qualidades de compilação, tais como as contradições das análises e as inovações na apresentação dos textos, respectivamente.

A antologia de Pereda Valdés é estimulante, pois traz pontos discutíveis já no texto de abertura, intitulado "La poesía negra en America". Em seis páginas e meia, o organizador dedica apenas o último parágrafo aos poetas do Brasil e de Cuba, e cita os do Haiti e Uruguai. Nas demais páginas, analisa a poesia negra produzida nos Estados Unidos. O conteúdo da apresentação, somado ao título da antologia, dá a entender que a poesia negra na América, tal como a situou o organizador, restringe-se à América do Norte. Para isso, concorrem outros aspectos, tais como a diferença na proporção de autores selecionados (quinze norte-americanos, onze haitianos, dois argentinos, sete brasileiros, um porto-riquenho, cinco cubanos, um colombiano, quatro uruguaios, doze canções populares de negros norte-americanos, dois cantos populares afro-brasileiros) e algumas apreciações teóricas do organizador.

Essas apreciações desconsideram as especificidades histórico-sociais do continente e insistem na tese de que a vida dos negros se fez mais árida nos Estados Unidos que nos demais países onde sopraram os ventos do sistema escravista. Em resposta a isso, Pereda Valdés afirma que "la poesía negra ha dado sus mejores frutos en tierras del Norte: allí, donde la vida es más dura, donde la lucha adquiere caracteres violentos, entre gritos, gemidos y estertores de lynchados". A tese corrobora a tese (não menos discutível) de que o sofrimento estimula a criação: "El dolor es una fuente inagotable de inspiración, pero el dolor macerado adquiere proporciones de sublimidad. La raza negra posee el destino del sufrimiento, como una raza maldita".[18] Pereda Valdés realizou trabalhos importantes sobre as culturas negras na América (entre os quais, *El negro rioplatense*, de 1936; *Negros escravos y negros libres*, de 1941, e a antologia aqui considerada), mas isso não impediu que sua análise da poesia negra refletisse outros determinismos, além dos citados acima. O autor não discute criticamente o tema da maldição de Cam (que, segundo o relato bíblico, transferiu a seus herdeiros o estigma da cor e da miséria), limitando-se a indicá-lo como componente da poesia negra ("Si queréis saber del dolor de una raza escuchad un Negro Spiritual"). Também insiste na visão paternalista, que acentua a "ingenuidade" do modo de pensar e agir dos negros. Por isso, o gesto complexo de apropriação e reelaboração do Gênese, feito pelos negros norte-americanos em seus spirituals, foi drasticamente diluído pelo comentário do autor: "Tal és la ingenua concepción de 'Green Pastures'". No tocante a Cruz e Souza, o estudioso uruguaio reproduz a visão que reduziu o brasileiro à condição de eco menor do Simbolismo, ao ver sua poesia apenas como "flor característica de una lírica hispano-americana henchida de exuberancia retórica, imitación bastarda de lo europeo, sin color, ni calor propios [...]".[19]

Na parte final da antologia, Pereda Valdés apresenta os cantos populares de negros norte-americanos (spirituals, canções de rebelião e trabalho) e afro-brasileiros (versos de Congadas e Taieiras). O organizador se mostra sensível a uma compreensão mais ampla da experiência poética ao colocar em diálogo, na mesma obra, a poesia escrita e as poéticas da oralidade. A partir desse gesto de aproximação insinuado por Pereda Valdés, ressaltamos a citação feita por ele de dois cantopoemas, um do Congado e outro das Taieiras.[20] É uma pena que o autor não tenha estabelecido comentários sobre esses cantopoemas a fim de explicitar os grupos culturais a que pertencem, as regiões de onde procedem e os agentes que os vivenciam, aspectos que contribuem para apreender seus apelos estéticos e suas conotações sociológicas. Apesar disso, é indiscutível o valor do registro, pois demonstra a complexidade da poética a que chamamos de banto-católica.[21] No que concerne a essa expressão, salientamos o seu caráter circunstancial e a intenção de empregá-la no caso específico do corpus proveniente do Congado, do Jongo e dos Vissungos. Os termos "banto" e "católico" referem-se a categorias distintas: o primeiro designa um vasto contingente linguístico relacionado a grupos com características culturais definidas a partir de várias regiões da África, e o segundo, uma das vertentes do cristianismo vinculada pela ordem colonial à etnia branca. Os cantopoemas surgem dos embates e confluências entre esses universos. Como frisamos, na ausência de uma terminologia que dê conta dessa textualidade, utilizamos provisoriamente a expressão "banto-católica", cientes das contradições que ela comporta. Por outro lado, valemo-nos dessas contradições para justificar a necessidade de uma investigação apurada sobre essa tradição literária. Voltando à antologia de Pereda Valdés, devemos dizer que a dificuldade de encontrar a obra inviabiliza o acesso àqueles cantopoemas apresentados em situação de diálogo com a poesia escrita. Por essa razão, citá-los outra vez é uma maneira de ampliar os espaços para a estética banto-católica, haja vista sua pouca incidência nos espaços dedicados aos textos de criação.[22]

CONGADA

Soy rei del Congo,
quiero brincar,
llegué ahora
de Portugal.

E sambagalá
llegando ahora
de Portugal.

Quenguré aois congo
da ma
Gira calunga
Manú que vem lá.

Mameto del Congo
quiere brincar:
llegó ahora
de Portugal.
Mala quilombé,
quilombé.

E mamao. E mamao.
Ganga rumbá,
seisese iaco.
E mamao. E mamao.
Zumbí, Zumbí,
oia Zumbí.

Tatarana, ai aue,

TAYERAS

Virgen del Rosario,
Señora del mundo,
dame un coco de agua,
sino me voy al fondo.

Inderé, ré, ré, ré
Ai Jesús de Nazareth...

Virgen del Rosario,
Señora del norte,

dame un coco de agua,
sino voy al pote.

Onderé, ré, ré, ré
Ai Jesús de Nazareth!...

Virgen del Rosario,
Soberana María,

hoy este día

es de nuestra alegría.

Mi San Benedicto
es santo de negro;

bebe limonada

Y ronca en el pecho.

Mi San Benedicto,
le vengo a pedir
por amor de Dios
tocar cucumby.

Ud. gusta de mí,
y yo gusto de Ud.;
si consiente papá,
oh mi bien,
yo caso con Ud...

Alé, alé, calunga,
Mussunga,
mussunga-é.
Si me da de vestir,
si me da de comer,
si me paga la casa,
oh mi bien,
viviré con Ud...
Alé, alé, calunga,

Mussunga,
mussunga-é.

Nané-é, nané-é

Nunga, calunga,
Calunga-é.

Chamo, nam
chamo,
chamo, nam
chamo.

Tatarana, tuca, tuca. chá-chá-oue.
Tuca pue. Mi San Benedicto
no tiene corona;
tiene una toalla
venida de Lisboa.

Os cantopoemas deslizam pelas linhas da significação ritual e da criação poética, apontando para sujeitos interessados no diálogo, visto que pertencem às culturas populares, em geral atravessadas pelos embates entre a permanência e a mudança. Essa indicação foi observada por autores como o porto-rique-nho Luis Palés Matos, os cubanos Emilio Baleagas e Nicolás Guillén, e o equatoriano Adalberto Ortiz, cujas obras — assim como as dos brasileiros Estevão Maya-Maya, Oliveira Silvei-ra e Adão Ventura — serão consideradas no capítulo "Alerta, alerta, Vassaulis". A concretização desse diálogo mostra que os cantopoemas não são apenas fonte de inspiração para os escri-tores eruditos porque, além disso, são fruto do trabalho reali-zado pelo *poietés*, que se exercita através da palavra e se desta-ca como individualidade criadora mesmo inserido nas teias da tradição coletiva. Por isso, diante do paradoxo gerado pela au-sência da textualidade banto-católica do corpus da literatura brasileira, apesar de sua evidente presença nas Américas, duas questões se apresentam: qual o estatuto atribuído à textuali-dade nascida das inter-relações banto-católicas? E, por conta desse estatuto, que aspectos dessa textualidade deixaram de ser apreendidos pela nossa literatura?

Na trama social (reveladora de textualidades que se tocam com gestos simultâneos de aceitação e rejeição) verifica-se que a elaboração discursiva dos devotos herdeiros do patrimônio banto-católico ainda está longe de merecer um espaço entre os textos da literatura legitimada. O fato de se tratá-la como documento circunscreve os seus sentidos ao domínio científico, ressaltando que, do ponto de vista artístico, em geral, e literário, em particular, ela permanece em condição desprivilegiada. Daí o estatuto de textualidade rejeitada que a caracteriza, especialmente quando é confrontada com os cânones do classicismo, dos estilos de época (romantismo, realismo, simbolismo etc.) e dos movimentos de vanguarda e pós-vanguarda. Não se aplica a essa textualidade nem mesmo o conceito de naïf utilizado para identificar a produção visual em que vários artistas representam o universo da textualidade banto-católica, principalmente as festas do Congado, com devotos, danças, instrumentos e gestos rituais. A categoria naïf abre a possibilidade para que parte da textualidade rejeitada, expressa através do código visual, seja inserida no campo da arte legitimada. Prova disso é a programação de eventos sobre arte naïf (edições de livros, organização de museus, bienais, mostras coletivas e individuais) e a formação de um mercado (que envolve pintores, marchands, galerias, compradores e agências de turismo) para a negociação das obras. No esquema das relações estabelecidas entre o capitalismo e a obra de arte, esses aspectos, que em outras circunstâncias não são suficientes para garantir a legitimação do trabalho criativo, contribuem para a consagração de diversos nomes, nem sempre do ponto de vista financeiro, mas pelo menos do ponto de vista artístico.[23]

Contudo, a textualidade banto-católica não define uma separação tão rigorosa entre a palavra e a imagem, pois o discurso gerado a partir do verbo casa-se com as imagens do teatro sagrado, ambos colocados a serviço da presentificação de enredos simultaneamente verbais e visuais. Por isso, é possível falar numa encenação do discurso ou num discursamento da imagem, características que aparecem cindidas quando as galerias exibem as imagens banto-católicas sem que o público tenha acesso ao verbo encarnado nessas imagens. As cisões impostas a essa textualidade decorrem de fatores externos, a exemplo das razões de mercado, como aludimos acima, ou de uma intenção analítica como a deste livro. Mas nossa pretensão de enfatizar o elemento verbal dessa textualidade não exclui totalmente sua ligação umbilical com a imagem, uma vez que o texto dos cantopoemas é configurado como uma elaboração conceitual e emotiva das imagens.

O estatuto de textualidade rejeitada, atribuído ao patrimônio banto-católico, não é suficiente para afirmar que ele deixou de ser mantido e recriado nas comunidades de devotos espraiadas pelas periferias urbanas e regiões do interior do país. Essa textualidade — apesar de não atingir os meios de comunicação de massa ou de ser apenas esporadicamente notada por eles — vem sendo criada e recriada desde o período colonial; sua vitalidade é justificada na medida em que os devotos a tomam como um *medium* para relacionar-se com o mundo, a fim de compreendê-lo e de atribuir-lhe sentidos. Por isso, em vez de dizer que essa textualidade perdeu o seu lugar no campo da literatura legitimada, vale mudar a espessura das lentes analíticas e observar que ela se encontra em situação de exílio, mas viva e respirando o desejo de ser percebida como uma textualidade entre as muitas que constituem os jogos da vida em sociedade. Esse estado de vir a ser estimula que a significação das textualidades seja tecida nos embates entre as forças de preservação e mudança, aspecto que lhes confere dinamismo e relativiza as noções do que é uma textualidade legitimada ou rejeitada. Assim, são inerentes à textualidade banto-católica as perspectivas para considerá-la como textualidade rejeitada ou *silenciada*, mas também viva e silenciosa.

Ao analisar a textualidade iorubá, Antonio Risério observa que "o oriki está vivo em nosso ambiente simbólico — veiculado cotidianamente pelos mecanismos de transmissão sígnica do Candomblé, ou sobrevivendo como uma espécie de *poética subterrânea*", ainda que tenha sido excluído do corpus literário brasileiro juntamente com a poesia oral das culturas indígenas.[24] Os conceitos *literatura silenciosa* e *poética subterrânea* referem-se aqui, de maneira direta, às textualidades que não se colocam apenas como alternativas exóticas ou desvios em relação ao cânone, já que demonstram uma expressiva capacidade de interferência social, apesar de terem sido lançadas ao fundo do labirinto dos cânones literários ocidentais.

A textualidade banto-católica nasce do esforço de indivíduos negros e mestiços que desejam silêncio e isolamento em matérias do canto e da celebração. Essa elaboração discursiva, expressada com proposições que admitem a metamorfose como maneira de ser constante, desafia o sujeito habituado aos caminhos do idioma canônico, ao mesmo tempo que o estimula a entrar num mundo onde cada palavra é por definição "uma penca de ideias".[25] A literatura silenciosa diz respeito a um aspecto da textualidade que, mesmo tendo sido condenada ao exílio, aponta várias janelas para a atribuição de sentido ao mundo. O exílio se torna parcial na medida em que a literatura silenciosa estremece os cultores do cânone que a percebem como algo a ser repelido por causa de seu estranhamento, mas, por causa dessa diferença, também como algo a ser buscado para introduzir no já conhecido a perspectiva da renovação. Por outro lado, a literatura silenciosa constitui-se como o lugar a partir do qual os indivíduos destituídos de voz, por força das desigualdades sociais, estabelecem sua autorrepresentação. Ao tecer as estratégias dessa literatura, estes se realizam como sujeitos da comunicação, isto é, manejadores de códigos através dos quais garantem o oxigênio para respirar e colocar em prática seus projetos de superação da exclusão social.

Em vista desses aspectos, o epíteto literatura silenciosa adquire um significado paradoxal, pois indica que uma certa textualidade está ausente dos espaços literários legitimados, ao mesmo tempo que insinua sua presença em potencial. Trata-se de uma situação que resulta da construção de uma ausência e de uma presença incompletas, ou seja, os discursos que debatem essa textualidade se fixam numa faixa sem negar de todo a outra: etnógrafos e antropólogos reconhecem-lhe o valor documental e elogiam seus sinais de função estética; teóricos da literatura, se a observam, veem-na como possível matriz de inspiração, embora se neguem a aceitá-la como elaboração estética tal como se apresenta. Na base desse paradoxo reside a noção de que uma textualidade não pode exprimir-se simultaneamente como função referencial e função poética, mas, ao contrário, que a manifestação de uma esvazia as possibilidades morfossintático-semânticas da outra. Por isso, na maioria das vezes, as narrativas e os cantos de preceito despertam interesse como fontes documentais ou pré-literatura. No entanto, uma leitura que considere essa textualidade com *outros* olhos há de perceber a necessidade de levar em conta o solo onde nasce e as alturas a que aspira, pois se trata de uma elaboração discursiva forjada segundo a lógica específica de certos grupos sociais.

Ao considerarmos a textualidade banto-católica, procuramos não perder de vista o fato de que as funções referencial e poética da linguagem caminham pelas mesmas veredas, o que permite aos devotos tecer mensagens de conteúdo pragmático através de uma linguagem recortada por aferições poéticas. Do ponto de vista dos criadores da literatura silenciosa, esse tipo de paradoxo não constitui uma evidência, já que exploram as ambiguidades como recurso inerente à linguagem. Enfatizar os aspectos literários dessa textualidade não pressupõe ignorar sua instância documental, nem vice-versa; por isso, torna-se pertinente realizar a leitura dos cantopoemas como realizações estéticas, ressaltando, ao mesmo tempo, o valor arterial que os confirma como elementos relevantes para diversos grupos sociais.

Pode-se dizer que a literatura silenciosa mantém seu significado político-ideológico porque, em suas origens, refere-se à textualidade de grupos marginalizados, mas exige a compreensão do significado estético que faz da alusão ao silêncio o pretexto para garantir a tessitura de um discurso complexo e criativo. O desenvolvimento dessa postura explicita a necessidade de gerar uma terminologia específica para dar conta do corpus considerado, mesmo que os termos da literatura legitimada possam ser aproveitados no caso de apresentarem rendimento ante as provocações feitas pela literatura silenciosa. A análise da composição de um texto, de acordo com Muniz Sodré, passa pelo "esclarecimento de sua exclusão histórica, quando não do vaticínio de sua morte provável".[26] Diríamos, ainda, que a proposição de uma terminologia e de uma análise é importante para se verificar *como* e *por que* se nega a certa textualidade a condição de ter se difundido como literatura. Vaticinar a morte ou restringir o significado de uma textualidade consiste num procedimento que vai além do campo discursivo, podendo resultar na recusa do agente como um todo, uma vez que existe uma estreita ligação entre os modos como um agente utiliza a linguagem e os valores e práticas fundantes de sua realidade. Rechaçar uma textualidade é rechaçar aquilo que, sendo o grupo ou o indivíduo, se exprime através da textualidade e vice-versa. Em outros termos, a rejeição à textualidade de referenciais banto-católicos restringe a possibilidade de colocar Zambi, Calunga e malungos, por exemplo, como personagens de enredos artísticos, bem como de considerar a reflexão e os parâmetros estéticos dos devotos como uma forma, entre outras, de apreensão do mundo.

A iniciativa de ampliar a árvore das terminologias é uma tentativa de criar acesso às invocações de pensamento, afetividade e formulação estética que caracterizam diferentes grupos sociais, já que a nomeação dos objetos varia segundo as alterações das tramas históricas, das performances dos atores, do tempo e do lugar das ações. Veja-se o ocorrido com o termo e o fato "quilombo": autoridades do período escravista atribuíram-lhes sentido negativo, pois tornavam-se uma ameaça a ser extinta, na medida em que figuravam um modelo situado fora da lógica escravista. Todavia, os movimentos negros contemporâneos conferem ao termo e ao que ele representa um sentido positivo, transformando-o em símbolo de identificação entre os agentes que buscam seus direitos dentro da sociedade organizada. No que diz respeito à literatura, a noção de poema ensinada nas escolas e universidades, e da qual se ocupa a maior parte dos críticos, não apreende as criações dos devotos, cuja representação textual, mesclada ao canto e à coreografia, manifesta-se através de um registro que não corresponde à língua padrão. Porém, quando os circuitos eruditos se deixam afetar pela sensibilidade mais do que pela intransigência dos métodos, articulam-se argumentos para legitimar as textualidades não canonizadas. Assim sucedeu com a literatura medieval; a poesia, em particular, formada nas interfaces do canto, dança, teatro e texto, foi reconhecida como literatura quando houve interesse por perceber nela um significado próprio, capaz de ultrapassar as expectativas projetadas no modelo da poesia escrita.[27]

Por analogia, a textualidade banto-católica constitui uma alquimia de verbo-música-dança, que preferimos chamar de cantopoema, e, apesar de nutrir a vigência de múltiplos rituais, permanece como uma forma de literatura para ser admirada, tal como sugere a invocação metalinguística feita pelo mestre Zé Rabelo, do terno-devoto de Caboclos, no município do

Serro/MG: "Minha gente venham ver, coisa de se admirar". Ao convite do eu-criador (*poietés*) subjaz o desejo de que a sua obra seja "descoberta", mas também a provocação para saber se o outro-receptor possui habilidade suficiente para apreciá-la. Trata-se de um jogo que só tem sentido se realizado em conjunto, pois criador e receptor precisam mirar-se um ao outro, assumindo os riscos de se depararem com as maravilhas ou os desconcertos de seus mundos em contato. É possível dizer, como demonstraremos depois, que o cantopoema é gerado nos labirintos nem sempre acessíveis do sagrado, mas, pelo menos em parte, só se concretiza como discurso quando apresentado a um público. Daí que uma das características dessa poética vem a ser a disponibilidade, fato que se observa nas práticas rituais gerenciadas pelos devotos, mas não nos espaços de difusão cultural — como escolas, universidades e casas editoriais — confiados à gestão dos eruditos.

Seguindo o exemplo de estudiosos da literatura (que tornaram acessíveis as obras de autores importantes, embora pouco editados ou esquecidos pelo público), procuramos organizar uma análise teórica dos cantopoemas acompanhada de uma antologia. O diálogo entre os dois procedimentos pretende contribuir para a ampliação dos debates acerca dos conceitos e formas de literatura — em particular, a poesia — e para a percepção dos processos criativos que permitem apreender os textos sagrados como realizações decorrentes de intenso trabalho estético sobre a linguagem. Os cantopoemas possuem um sentido referencial indicador dos aspectos pragmáticos do rito, mas, além disso, são dotados de um sentido poético que atribui funções estéticas ao rito e instaura a plurissignificação da palavra. Por isso, configuram-se como criações tensas, estendidas entre a imanência e a transcendência, de modo que sua apreensão é sempre incompleta, justo para demonstrar a projeção de uma totalidade que pertence ao *devir*. O cantopoema e o rito são, simultaneamente, fixos em sua circularidade e atraídos pela força centrífuga que representa, aqui, as possibilidades de mudanças. Essa ambivalência alimenta um campo de sedução vivencial e poética onde aquilo que é ainda não encontrou sua forma definitiva. É desse vir a ser que o *poietés* tira um dos motivos para a sua criação, pois entende que, se o mundo estivesse completo, isso indicaria a celebração da finitude das coisas. No entanto, quanto mais se depara com a feição das coisas, mais o *poietés* observa a incompletude do mundo e procura extrair desse fato a justificativa para sua contínua atividade com a palavra, que manipula como um instrumento das possibilidades.

Por nossa vez, partimos da casa dos devotos, sítio de ambivalências, para conhecer alguns dos itinerários traçados pelos cantopoemas. A viagem real ou imaginária, com seus diferentes roteiros, é uma referência constante nos cantopoemas. Por isso, desde já, vale considerar o dinamismo de suas evocações, como sugere Marc Augé, ao afirmar que "[p]arlare d'itinerario è parlare di partenza, di permanenza e di ritorno, anche se dev'essere chiaro che ci furono diverse partenze, che la permanenza fu anche viaggio e che il ritorno non è mai stato definitivo".[28] Assim, embarcados numa viagem, com outras viagens por dentro, passamos a considerar a casa eventualmente como ponto de partida ou de chegada para os contatos com os cantopoemas, embora tenhamos sido advertidos de que esses contatos se intensificam no incerto lugar, isto é, no meio do caminho, que desafia as habilidades do *poietés*, capitão de terra e mar, e acentua em nós a admiração pela arte de aprender travessias.

De patangome na cidade

Tenho nos olhos quimeras
Com brilho de trinta velas.

Milton Nascimento e Ruy Guerra[1]

COISAS DE ADMIRAR

A tarde declina com chuva e névoa nesse dezembro de 1995, quando visitamos o senhor Ivo Silvério da Rocha, contramestre do Catopê de Milho Verde. Visto de longe, o povoado pertencente ao município do Serro se assemelha a um presépio encravado entre as montanhas. A poucos metros da capela de Nossa Senhora do Rosário, nosso anfitrião nos abre sua casa, reveladora da condição modesta que identifica os criadores da poesia reunida neste livro. A ausência de móveis contrasta com a presença de imagens religiosas suspensas em quadros e estampas, além de instrumentos musicais (sanfona, caixas, ganzás) e objetos rituais (chapéus, espadas, terços) dispostos sobre a mesa. Para o visitante apressado, o ambiente parece em desordem, mas o fio da conversa com Ivo Silvério mostra o contrário, pois se trata de um homem instalado em sua casa que, uma vez revestida pelo sagrado, converte-se no centro do mundo. No entanto, problemas como a falta de emprego, os achaques de saúde e, em particular, o conflito entre o entusiasmo e a decepção com as festas sagradas na região fazem balançar a casa-navio do contramestre.

Seu entusiasmo é visível quando se reporta às celebrações do passado, tempo e espaço das imagens exemplares, mas diminui à medida que comenta as festas atuais, ameaçadas pela provável ruptura dos valores sagrados. Essa costuma ser a disposição encontrada pelos investigadores entre os representantes das chamadas culturas tradicionais, embora a dinâmica de seus comportamentos indique caminhos que vão além da oposição entre a felicidade do passado e os infortúnios do presente. De fato, as experiências com a organização da sociedade e com as práticas do sagrado apontam a possibilidade de interpretar o passado e o presente como tempos de passagem, portanto, mais como períodos de tessituras do que de rupturas de relações.

Não por acaso, a dualidade do contramestre Ivo Silvério desdobrou-se em inquietação dialética quando teve a iniciativa de escrever a história de seu grupo devocional, a Irmandade dos Marujos de Nossa Senhora do Rosário. Segundo nos relatou, o texto foi enviado a um órgão sindical da região — cujo nome não recordava — que, para sua frustração, não respondeu à carta nem lhe devolveu o manuscrito. Apesar disso, o autor do texto se empenha para recuperar as linhas do seu escrito. Com os poucos recursos de redação disponíveis, em virtude da escolaridade restrita, o contramestre descreveu as festas antigas de Marujada no Serro e Milho Verde, comparando-as com as atuais. Os juízos de valor, à primeira vista, assinalam a oposição antigo versus moderno e a preferência do narrador pelos eventos do passado.

No entanto, com a mobilização do sujeito para compreender as injunções de seu estar-no-mundo abrem-se as percepções do jogo dialético, pois é na qualidade de portadores de textualidades que o contramestre e seu grupo se constituem como sujeitos da História e acenam para a necessidade de se apreender a maneira como os sujeitos lidam com a trama das textualidades reveladas e em uso e das textualidades perdidas, mas nem por isso destituídas de força para interferir nas sociedades contemporâneas. A situação vivida por Ivo Silvério consiste numa metáfora do que foi dito antes, ou seja, o sujeito que se põe a escrever para evitar o esquecimento evidencia a pluralidade de sua trajetória, sendo, ao mesmo tempo, ator e autor de um enredo relacionado a outros enredos, que se entrecruzam em processos de interação e rejeição. O sentido dessas imbricações tem a História como um horizonte pertinente, uma vez que os acontecimentos sociais, políticos e econômicos — e suas prováveis repercussões nos domínios do imaginário e da estética — estimulam o sujeito a negociar seus modos de expressar o tangível e o intangível.

É, pois, de dentro da moldura que exibe o indivíduo semialfabetizado e pobre que emerge o embate entre o desejo de não esquecer e a fragilidade dos meios para registrar o vivido. Os exercícios inventariados nessa luta, por sua vez, evidenciam a complexidade da vida social e o apelo às capacidades do indivíduo. Ao escrever e perder sua textualidade, o contramestre realizou diversos percursos, assim como o terno de Marujos que comanda durante as festas de Nossa Senhora do Rosário. Se por um lado elogiou o passado, rejeitando a decadência do presente, por outro, reestruturou esse conflito no texto escrito, ampliando o campo inicial da oralidade em que ele se desenrolava. Contudo, a perda do manuscrito implicou o retorno à expressão oral, dessa vez afetada pela recuperação do dito a partir do escrito. Isso acentua a lógica do mundo concebido como redes onde se interpenetram passado e presente, oralidade e escrita, afetividade e pensamento, e a condição do sujeito angustiado que as tece enquanto se percebe envolvido por elas.

A angústia, em sentido restrito, decorre da sensação de fragilidade ante o obstáculo a ser vencido e demonstra a falta de recursos do indivíduo para conter a roda que gira o mundo para a frente, diluindo a concretude do passado. Por conta desse sentimento — relacionado a fatores como, dentre outros, a emigração, o esvaziamento do sagrado, a competição entre práticas religiosas e a volatização dos saberes tradicionais —, vários grupos devocionais veem sua especificidade esmaecida no quadro das massas urbanas ou semiurbanas. No entanto, a iminência dessa crise gera os sinais de renascimento, justamente quando a angústia atinge um sentido mais amplo, passando da sensação de impotência para a de mobilização. A queixa e o desânimo da angústia corrosiva se tornam o pão da angústia construtiva, agora compreendida como provocação existencial, isto é, como situação-limite que o indivíduo precisa atravessar para reencontrar-se consigo mesmo e com o mundo dos significados.

O contramestre Ivo Silvério da Rocha e os poetas comentados nesta obra se identificam como sujeitos da angústia construtiva. Por isso, suas textualidades representadas a partir das experiências com o sagrado possuem, como traço inerente, a disponibilidade para a investigação e a crítica do sujeito, bem como do mundo articulado por ele. Estamos diante de sujeitos que tecem sua própria textualidade (fazendo-a transitar por diferentes suportes, como a oralidade e a escrita) e revelam a complexa rede de comunicação que estabelecem apesar de sofrerem, na maioria das vezes, os efeitos das restrições impostas pelas desigualdades sociais.

Diante disso, pelo menos duas hipóteses se estabelecem, perfazendo um caminho de oposição a partir do qual emerge a possibilidade de que as textualidades rejeitadas sejam compreendidas como elaborações discursivas dialéticas e provocadoras. Conforme a primeira hipótese, aquilo que é produzido como textualidade pelos sujeitos menos favorecidos tende a desaparecer na medida em que a carência social de seus enunciadores compromete a estabilidade dos suportes que utilizam. Pela segunda hipótese, essa textualidade interessa aos modelos dominantes — em especial à cultura de massas, de forte apelo capitalista — na medida em que realimenta os mecanismos de funcionamento desses próprios modelos. Em ambas, está mais ou menos implícito o fato de que as textualidades dos menos favorecidos escapa ao domínio de seus criadores, o que reforça a perspectiva de se tornarem vítimas de outros modelos ou objetos de consumo no mercado.

No entanto, é da terceira margem, para ecoar uma imagem roseana, que essas textualidades contestam o dualismo que as ameaça com o desaparecimento causado pela autofagia (decorrente da fragilidade de seus suportes) ou pela antropofagia realizada pelos modelos dominantes (em vista de sua imersão nos circuitos das culturas de massas). A terceira margem se desenha a partir da formulação de uma angústia construtiva, aliada ao desejo que essas textualidades despertam nos outros modelos culturais. Esses fatos indicam que essas textualidades não se resumem à contemplação do próprio umbigo (ou seja, não se articulam em torno de um conceito imóvel de tradição, mas de uma noção dialética que amplia os sentidos das tradições), nem se recusam a correr os riscos originários dos contatos com outros modelos (quer dizer, não rechaçam o "novo" apenas porque é novo, mas o aceitam ou rejeitam à medida que se mostra pertinente ou não para alimentar o modelo que o recebe).[2]

A demarcação das hipóteses anteriores amadurece como fruto de articulações histórico-sociais, atravessadas por orientações ideológicas específicas, e não como realidades geradas a priori sem a interferência dos sujeitos sociais. Isso demonstra que teorias sobre a espontaneidade dos saberes tradicionais ou a índole racionalizável do "bom selvagem" insistem na hierarquização das relações entre natureza e cultura, com o agravante de preestabelecerem os sentidos para a natureza, ao mesmo tempo que legitimam a cultura como o centro a partir do qual se atribuem e se especulam todos os sentidos. O clímax dessa hierarquização ocorre durante os processos de relações interpessoais ou intergrupais, mediante os conflitos e as interações que contribuem para delinear os referenciais de identidade e alteridade. Nesse momento, em que o conceito de *natura* se torna aplicável ao outro, é necessário observar, conforme adverte Marc Augé, que "si tratta di una natura un po' particolare, una natura comunque istituita, descrivibile per esempio in termini giuridici (cosa che si sforzarono di fare i *coutumiers* dei primi amministratori coloniali)".[3] No entanto, o caráter dialético das textualidades rejeitadas (resultante de inúmeros processos sociais) sugere a terceira margem como um lugar de negociações e transforma o diálogo em fonte de seus sentidos, apesar das forças sociais que trabalham para restringi-la ao domínio da natureza. Para apreender a sutileza e, por vezes, a violência desses embates, é preciso considerar as tramas da textualidade falada, escrita e recuperada pela fala, pois a partir delas o sujeito da margem desenvolve fórmulas para autoidentificar-se e desconcertar os modelos instituídos pela lógica das dualidades cultural/natural, culto/inculto.

A configuração dessas textualidades contesta e sugere a ruptura de paradigmas, ocasionando reações que percebem a diferença como linguagem do improviso, portanto, insuficiente para definir e dar conta da organização do mundo. Daí a tentativa de impor o exílio ou a domesticação às textualidades que, como dobradiças, estabelecem articulações circunstanciais, além de manterem os parâmetros da forma que as identifica. É, pois, na força deslizante da improvisação que certas textualidades buscam elementos para exprimir o que, teoricamente, não pertence ao conceito de ordem social e, nesse ponto, ganham fôlego se considerarmos, como Serge Gruzinski, que "Dans tous les domaines, l'improvisation l'emporta sur la norme e la coutume".[4] É como resposta à proposição de dinâmica dos sentidos — que admite a improvisação tanto quanto a cristalização de representações — que as textualidades rejeitadas descrevem seus percursos, revelando, por um lado, o receio de seus sujeitos ante a perspectiva da exclusão social, e por outro, sua competência para fazer do improviso um método criador de "outras regras" de fundação das textualidades.[5]

O que parece relevante nesse caso, embora menos discutido, é o fato de que o improviso se configura como uma sistemática cultural mais ampla e não se exprime apenas como um artifício que garante ao sujeito concessão para sobreviver. Em sua configuração densa, o improviso abre as janelas do social e permite ao sujeito observar diversos recursos que lhe garantem o direito de viver. Em outros termos, para o sujeito das textualidades rejeitadas, a utilização do improviso constitui uma estratégia tão permanente quanto a reivindicação que se faz — por vias "normais" — dos direitos facultados pelas legislações. Assim como o sujeito aspira aos direitos de saúde, educação, segurança, moradia, trabalho e recorre à formalidade social para obtê-los, é interessante pensar em que medida ele se sente autorizado a adotar o improviso como o motor para a articulação de suas concepções de mundo. Considerando-se as divergências sociais, que privilegiam alguns segmentos e marginalizam outros, é possível visualizar a tensão que serve de mediadora entre os caminhos formais da legislação e as veredas informais geradas a partir do improviso — devendo-se sublinhar que ambos os percursos nascem da própria sociedade.

O improviso, que à superfície parece denotar uma atitude circunstancial, conota no fundo uma gama de procedimentos densamente burilados, através dos quais as textualidades indicam a urgência de suas reivindicações e se apresentam como elaborações alternativas em relação àquelas asseguradas pelo poder dos grupos mais influentes. Vale dizer que a noção de alternativo não pressupõe, aqui, apenas a oposição àquilo que está estabelecido, mas advoga a perspectiva de ser compreendida também como "um" estabelecido, cuja relevância se desenha a partir de um espaço específico. Isso implica dizer que a textualidade de Ivo Silvério da Rocha possui atributos que evidenciam suas possibilidades de produzir sentidos para o mundo, tanto quanto as textualidades de escritores que a ordem social dominante considera como legitimados, a exemplo de um Euclides da Cunha ou Afonso Arinos. A questão não consiste em comparar essas textualidades, para excluir uma e ratificar a outra, mas em ponderar sobre o caráter de legibilidade que propõem para si mesmas, para o sujeito que as articula e para o mundo onde estão inseridas.

O tratamento dado a essa situação, identificando-a como um jogo de forças, é, sem dúvida, pertinente. No entanto, a percepção do jogo como entidade autônoma, dotada de regras e espaços exclusivos, muitas vezes nos afasta da compreensão dos processos que formam as partes individualmente envolvidas pelo jogo. São partes que, em sua mínima manifestação de autonomia, acabam por gerar transbordamentos que burlam as regras e alteram os espaços e, consequentemente, os sentidos do jogo. No que se refere às textualidades, elas tendem a ser aquilo que o próprio jogo sugere ou impõe, ou seja, fontes de disputa que concedem o prêmio ou a decepção após a resolução das contendas. Exemplo disso é quando o meio editorial se converte num espaço privilegiado para a configuração de jogos em que a textualidade dos escritores legitimados alcança um grau de interesse maior do que a do contramestre de Catopê, em função das regras propostas pelo tipo de espaço e de disputa. Seguindo a mesma lógica, mas em outro contexto, o dos devotos do Catopê, imagina-se que ocorra a inversão do conceito de legitimação, quando a textualidade de Ivo Silvério desperta mais atenção do que a dos escritores.

Mas o dinamismo do jogo admite subversões, apontando a probabilidade de mudança das regras e do comportamento lúdico: é quando o jogo se insinua como uma série de jogos em gestação, permitindo que a ordem e o transbordamento sejam tratados como aspectos inerentes à arte de jogar. Essa condição — em que o jogo *é* e, enquanto está *sendo*, se movimenta e permite a movimentação, às vezes seguida de transformação — relativiza a oposição entre as textualidades e abre perspectivas para que possam se inter-relacionar a partir de suas diferenças. Veja-se os mergulhos que os escritores legitimados realizam nas águas das textualidades da terceira margem, incorporando-as à oficina de seu fazer intelectual e literário, e mesmo de sua experiência pessoal.[6] Por outro lado, os sujeitos menos favorecidos, pertencentes ao meio devocional, dedicam estreita admiração às textualidades legitimadas, agregando-as ao seu patrimônio de vida e de reflexão sobre o mundo.[7]

A par disso, é coerente considerar que as textualidades são elaborações que ocupam, simultaneamente, o centro e a terceira margem do rio social, assim como os sujeitos que as organizam. Isso faz mover a roda das classificações e instaura a inquietação de apreendermos, sem aprisionarmos, os horizontes de significação das diversas textualidades. Além disso, a ideia de que existem outras textualidades deixa de ser uma exceção da realidade — o que ocorre se apenas uma fonte é apresentada com o poder de atribuir legitimidade ao real — para se estabelecer como parte instituinte da realidade e dos valores que norteiam as relações sociais. Por isso, discutir as "outras" textualidades significa investigar o sentido da própria legitimação, além de indagar *por que* e *como* as textualidades alcançam ou não esse status. O reconhecimento de que a existência de outras textualidades é evidente não resolve por si só a dificuldade de fazer com que a ideia de "outro" seja tomada como um operador significativo da vida social. Assim, há que se buscar nos recursos oferecidos pela própria sociedade metáforas que permitam compreender as diferenças inerentes à ideia de "outro", sem que isso implique sua exclusão das ideias definidas como identidade e legitimidade.

Entre os devotos do Congado há várias circunstâncias em que a textualidade adverte o sujeito para "tomar sentido" de si mesmo, do mundo e das funções que deve desempenhar no mundo. Além de ser um chamado às obrigações rituais — aspecto que explicita o lado pragmático da textualidade —, é possível observar nela um componente que está radicado na condição existencial do sujeito e que independe de sua vinculação às práticas do sagrado. Essa condição sine qua non para que o sujeito se defina como tal é representada pela sua possibilidade de adquirir autonomia, distinguindo-se das coisas e da natureza a fim de poder relacionar-se com elas não sob a condição de coisa ou natureza. Embora o sujeito preserve em si algo de natureza, mais do que de coisa, vale dizer que ele constrói sua autonomia na medida em que se afasta de si mesmo e, contemplando-se dessa distância, descobre os motivos que o chamam de volta à sua humanidade. Portanto, o fazer-se sujeito decorre de um percurso desenhado individualmente e que se exprime, em algum momento, através dos modos de viver em sociedade.

Fazer-se sujeito é um empreendimento essencial para que o ser humano possa tecer o sentido para si mesmo e para o seu mundo. Isso ajuda a entender a constância com que os líderes religiosos do Congado apelam para que os devotos "tomem sentido". Ao enunciar esse conteúdo, o sr. Geraldo Arthur Camilo, residente na comunidade dos Arturos, em Contagem, mostra-se como um conhecedor das teias que ligam homens, coisas e natureza. Esse saber, legitimado pelo grupo através de gerações, indica que durante as celebrações do sagrado todo o Cosmo respira nas ações dos devotos, seja por meio da voz dos instrumentos ou da animação da natureza.

Vivos todos, acentua-se a possibilidade de reinstaurar "o tempo de perto do começo do mundo",[8] quando o sentido mítico e sagrado firma alianças e torna fluidas as fronteiras entre as formas e os conteúdos. A partir daí, os amálgamas e as metamorfoses são assimilados como consequências da própria existência, de modo que o corpo é a casa dos ancestrais, o tambor fala a linguagem dos deuses e uma árvore é o ser humano recuperado através de sua ligação umbilical com a mãe terra. Mas "tomar sentido" é também identificar o humano no seio dos amálgamas e metamorfoses ou, pelo menos, entender o que permanece de humano quando a intensidade do Cosmo, de maneira ambivalente, estimula as multiplicidades, embora fazendo-as pulsar sob um coração unívoco: o do Criador. Isso ocorre, por exemplo, quando os devotos celebram o ritual de limpeza dos campos de cultivo. Durante a encenação do enredo sagrado, entram em conflito as forças malignas da natureza — representadas pelo mato que destrói as plantações — e as forças benéficas encarnadas pelos agricultores que laboram para expulsar o mal e garantir a colheita.[9]

O agente maléfico ganha visibilidade através de uma forma híbrida, antropofitozoomórfica, quando sobre o corpo de um devoto são dispostas as folhagens que representam o mato destruidor; ao mesmo tempo, esse agente híbrido possui aspectos animais, pois se movimenta como um bicho aterrador. Os sons emitidos por ele situam-se nos limites entre a voz humana e os ruídos guturais, anteriores à articulação das palavras. É desde o cerne desse melting pot — surgido a partir da copresença da natureza animal (em parte racional porque humana, em parte irracional porque bicho) e da natureza vegetal — que a "tomada de sentido" passa a representar para o sujeito a perspectiva de manter o domínio sobre si mesmo, condição que lhe permite submergir na totalidade do Cosmo e, após o retorno à superfície, compreender o significado dessa ação para si e para o seu grupo. Essa compreensão indica que aquilo que sobressai para categorizar o sujeito é a consciência adquirida pelo devoto no tocante às alterações que afetam o sentido em diferentes estados; como no ritual acima, em que se interpenetram os estágios do vegetal e do animal fazendo-se humanos e do humano fundindo-se a eles sem perder sua humanidade. Isso demonstra que é a condição atenta de sujeito que possibilita ao devoto apreender as reconfigurações do sentido, na medida em que necessita filtrá-las ou construí-las a partir das relações estabelecidas com múltiplos interlocutores.

Ante as imbricações das textualidades (cuja relevância pode ser medida pelo fato de serem utilizadas como suportes de identidades e projetadas como discursos autocríticos), há que se investir no deslocamento da prática reflexiva de uma textualidade para outra, aproveitando esse intercâmbio para enfatizar que o exercício do pensamento não constitui privilégio de um único modelo social. Essa reivindicação é conhecida; porém, a necessidade de reiterá-la indica que conhecer uma evidência não quer dizer aceitá-la, ou seja, a compreensão de que os grupos menos favorecidos produzem textualidades significativas não tem sido suficiente para que sejam levadas em conta no momento de traçar os grandes jogos intercomunicativos. Ainda prevalece a lei dos mais fortes, em particular quando os suportes de comunicação são utilizados para veicular textualidades endereçadas a uma massa consumidora, impedindo o contato estreito com outras elaborações discursivas.

O deslocamento da práxis de "tomada de sentido" do universo dos cantopoemas para o da análise acadêmica representa uma oportunidade para dialogar com as perspectivas autocríticas do primeiro e um desafio para testar a propaganda do segundo em prol do respeito à alteridade. Nesse caso, o deslocamento propõe que os teóricos das ciências humanas, em suas várias vertentes, abram os olhos para as textualidades rejeitadas, considerando-as a partir do móbile social que, por um lado, enraíza seus significados no solo de acontecimentos locais, mas, por outro, lhes confere autonomia para navegarem nas áreas de diálogos com outras textualidades. Assim, tal como a literatura legitimada se baseia no conceito do "fazer literário" — que pressupõe o vínculo da obra com o contexto social (pois é escrita em certo tempo e lugar por um indivíduo que situa o mundo a partir daí) e sua liberdade para ser articulada conforme regras específicas (em nome de uma autonomia que pode levá-la, inclusive, ao conflito com o contexto, como exemplificam certas obras das vanguardas) —,[10] também a literatura silenciosa reclama uma análise que a perceba sob o ponto de vista da significação cultural e do fazer estético. Algumas questões que então se apresentam são: que critérios adotar para apreender o estético nas textualidades convencionalmente tratadas como rituais e, por causa disso, relegadas por analistas que as consideraram menores em relação a outras práticas? Onde e como se explicita o poético nos cantopoemas? Como reconhecer a individualidade criadora em cantopoemas aceitos como uma propriedade coletiva e decorrente de autoria anônima?

O primeiro gesto de tomada de sentido em relação a esses temas consiste na reconsideração das análises que se fecham em torno de um arcabouço teórico específico. A investigação da literatura silenciosa não se resolve com uma operação unilateral que a defina sociologicamente como resposta a determinadas articulações do grupo, ou a revele antropologicamente como criação interessada de modo particular na compreensão do humano, ou a decifre psicologicamente como recurso do sujeito para atravessar as pontes de sua angústia pessoal, ou a caracterize literariamente como fatura estética imantada pelo real mas distinta dele. A provocação está no fato de que essa textualidade admite abordagens unilaterais, mas solicita um esforço para que dialoguem a fim de encontrar nas confluências das interpretações aquilo que é próprio do sujeito e da literatura silenciosa, vale dizer, suas configurações simultaneamente singulares e plurais, estáveis e mutantes, enfim, os procedimentos que delineiam um fazer discursivo situado nas fronteiras e entrelugares sociais.

Longe de possuírem um significado negativo, fronteiras e entrelugares constituem-se como elementos fundantes de uma literatura particularmente expressiva pelo muito de sociológico, antropológico e psicológico que resguarda, ao mesmo tempo que reivindica em suas várias dicções o direito à autonomia estética. É oportuno recordar que o caráter autoinquiridor e metalinguístico da literatura, mais ou menos acentuado em diferentes momentos, aponta para o fato de que mesmo o sistema literário legitimado ou em vias de legitimação se assenta sobre as rodas da fratura, já que pode sofrer interferências modificadoras oriundas dos sentidos latentes e inesperados que fazem parte da realidade. Desse modo, abre-se um importante canal de diálogo entre a literatura legitimada e a literatura silenciosa, pois, mais do que resultados dos processos sociais ou estéticos, ambas também são processos a partir dos quais surgem representações que transformam ou são transformadas pela realidade de diferentes tempos e espaços.

Para avançar essa discussão, trataremos de modo especial da literatura silenciosa, que se firma, quase sempre, sobre o suporte da oralidade. A ocasião é propícia para insistir na ampliação do conceito de literatura (reiterado, sobretudo, pelas instituições de ensino, que a definem como textualidade gravada no código escrito) e investir na crítica ao reducionismo que leva a crer numa uniformidade de todas as produções sustentadas pela oralidade. Nesse caso, acreditamos, confunde-se o recurso da vocalização — esta, sim, marca de todas as oralidades — com as diversas práticas de tecelagem do texto que se desdobram a partir dos fios da vocalização. Isto é, as poéticas da voz possuem contornos que funcionam como universais da criação, mas que, para não se tornarem redutores dos atos de criação, merecem observações capazes de detectar as especificidades das realidades locais e do sujeito que as traduz poeticamente.

O primeiro aspecto insere no universal da vocalização uma série de recortes que se referem à trajetória do grupo, revelando que ela é socialmente filtrada de modo a identificar uma sonoridade que, sendo de Minas Gerais ou do Mali, se apresenta como alteridade em relação às poéticas da voz articuladas na Europa medieval ou em regiões do Oriente Médio e Ásia, por exemplo. É importante apreender a vocalização como universal que adquire cores locais, pois é a partir do teatro de identidades e alteridades que se configura a expectativa de construir diálogos entre as várias poéticas da voz. O segundo aspecto indica que, no interior de um mesmo grupo, o universal da vocalização sofre interpretações-previsíveis colocadas à disposição da maioria dos sujeitos e interpretações-criadoras geradas pela performance que explicitam procedimentos de estilo pessoal e intransferível. Trata-se do universal filtrado psicologicamente, demonstrando a maneira complexa como as forças do talento individual são entrelaçadas ao maior ou menor interesse do sujeito, que, em certo momento, é convocado a exibir a sua poética diante do grupo.[11] Aí, no particular, habita o *poietés*, que conhece e ultrapassa os modelos recebidos da tradição, mostrando que ela própria é articulada a partir de elementos portadores do movimento e da transformação.

Mediante as flutuações dos conceitos de literatura (se pensamos que são construídos de acordo com diferentes pontos de vista para atuarem como operadores em circunstâncias específicas), torna-se necessário tomar sentido do recorte que evidencia os cantopoemas como resultantes de um "fazer literário". Se considerarmos, por exemplo, a lírica de Petrarca e Camões ou a épica de Homero e Ovídio como paradigmas de cânone literário — ainda que esses modelos sejam abrangentes e legitimados —, é certo que a partir deles teremos escassos argumentos para apreender como literatura as narrativas e os cantopoemas produzidos pelos devotos do Congado, Candomblé, Umbanda, Jongo, Folias de Reis ou de inúmeros rituais ligados ao trabalho na agricultura e na mineração.

A questão não consiste apenas em inserir a diferença da literatura silenciosa no interior da literatura legitimada, integrando-a como parte daquela identidade, espelhada nos modelos lírico e épico predominantes na cultura ocidental. Trata-se, muito mais, de indagar se os paradigmas da lírica e da épica ocidentais esgotam todas as possibilidades de vivência e expressão do lirismo e do épico. É válido interrogar se o universal lírico de prospecção da individualidade se realiza da mesma maneira nos cantares medievais de Guillaume de Poitiers e nos haicais de Bashô, e se o universal épico de projeção da heroicidade segue os mesmos riscos na *Chanson de Roland* e nos cordéis dos poetas-cantadores do Nordeste brasileiro.[12] A menos que seja intencional, consiste em grave engano fazer pouco das diferenças e dos processos de relacionamento entre Europa e

Oriente, e Europa e América, para considerar que a expansão social, política, econômica e cultural da primeira área sobre as demais tenha sido suficiente para uniformizar os modos de apreensão do mundo, em geral, e do lirismo e da épica, em particular.

Prova disso são as tensões que afetaram as textualidades europeias, quando seus horizontes foram tingidos pelas textualidades das regiões colonizadas. A exemplo da *Carta* de Pero Vaz de Caminha (1500), outras crônicas de "descoberta" da América apresentam posturas ambivalentes em relação ao Outro, refletindo ora o desejo de afastamento (porque o Outro era o selvagem, o estranho), ora de aproximação (porque, embora diferente, o Outro guardava algo daquele que o observava e, diante dessa provável similaridade, pôde-se admiti-lo como o selvagem dotado de positividade, fato que permitiu transfigurá-lo em "bom" selvagem). Por outro lado, se os autores das regiões colonizadas foram seduzidos e pressionados pelos cânones europeus, a partir do momento em que tiveram abertura crítica, encontraram a possibilidade de se empenhar no desafio de re-conhecer certas textualidades que permaneceram como "fermento de antigas culturas" locais.[13] Encontrar um modo para utilizar esse fermento consistiu e consiste em outra etapa do desafio, pois imaginá-lo como fóssil do paraíso perdido reafirma a impotência da textualidade rejeitada para dialogar com as mudanças culturais, aspecto frisado em vários momentos pela textualidade colonizadora. No entanto, se o fermento é tomado em seu sentido dinamizador, indica que é possível sustentar a visibilidade da literatura silenciosa e situá-la como um contraponto à textualidade do colonizador.

No tocante às áreas de colonização portuguesa e espanhola da América, a aspereza desse embate foi detectada pelos autores que, em diferentes períodos, acessaram os cânones europeus inclinados a ressaltar os matizes classicizantes da cultura ocidental. É interessante observar algumas cenas desse conflito no intuito de construir, por analogias, pontes que nos permitam investigar como o *poietés* da literatura silenciosa se posicionou diante de questão semelhante. Para essa reflexão, consideramos dois nomes emblemáticos das literaturas latino-americanas, o brasileiro José de Alencar (1829-1877) e o peruano José María Arguedas (1911-1969). Adiantamos que se trata de uma referência operacional, pois não está em causa a análise das obras desses autores; no entanto, um breve olhar para os temas gerais que abordam nos permitem abrir janelas para vislumbrar alguns dos processos que permeiam a literatura silenciosa. Além disso, não pretendemos comparar os procedimentos adotados pelo escritor erudito e pelo *poietés* da literatura silenciosa, pois se a estrutura social cuidou de diferenciá-los a partir de suas formações culturais, políticas e econômicas, também lhes forneceu diferentes aparatos estéticos para se relacionarem com a herança colonial. Em vista das tensões geradas por essa situação de contato, queremos retomar o embate que envolve a elaboração dos discursos que passam pela necessidade de usar os aportes linguístico-culturais do colonizador e, ao mesmo tempo, pelo desejo de fazer emergir um aporte linguístico-cultural do colonizado.

Autores como Alencar e Arguedas, ainda que vinculados a períodos literários distintos, fazem notar que apenas a inserção de temáticas locais nas formas canonizadas não é suficiente para sustentar a autonomia de um sistema literário. Nesse sentido, suas escrituras delineiam identidades atravessadas pelos riscos das contradições, fato que, em sentido mais amplo, demonstra como os cenários coloniais e pós-coloniais engendraram textualidades imbricadas. A escritura de Alencar se desenvolve sob os auspícios do romantismo, cuja ênfase no tema da identidade nacional se resolve a partir de filtragens individuais. Por isso, não raro, a dicção alencariana se inclina para as reminiscências do paraíso perdido, realçando uma tendência idealizadora que frisa sua intenção de demarcar a "gestação do povo americano" como singularidade tecida com os fios da história e do mito.[14] Arguedas, por sua vez, está relacionado ao neoindigenismo, cujos contornos se definem nos horizontes dos anos 1950, tomando a cultura indígena segundo uma ótica "nutrida por el mito y la magia, bajo una oposición entre lo sagrado y lo profano que recorre la totalidad de las vivencias [...]". Ao longo de sua obra ficcional e ensaística, Arguedas apreende a literatura indigenista sob um ponto de vista amplo, considerando que não poderia "ser una narrativa circunscrita al indio, sino a todo el contexto social al que pertenece". Resultando desse complexo ideológico, o tema da identidade aparece abordado sob a expectativa de revelar a expressão específica do ser peruano (aspecto enraizado na herança cultural indígena e no desejo de "abarcar todo o mundo humano do país") que, no entanto, só se revela no decorrer dos embates com a herança colonial.[15]

A análise comparativa entre os dois autores demandaria maior espaço. Porém, ainda que nos limitemos a examinar as similaridades e diferenças entre as suas obras (como estímulo à abertura de frentes interpretativas), podemos formular uma série de questões acerca dos processos de construção de identidades na América Latina. Ambos responderam a esse desafio empregando os recursos teóricos e estéticos de seus respectivos períodos, o que não nos impede de enumerar pontos de semelhança entre suas escrituras, a saber: o embate entre as realidades americanas e os cânones culturais europeus, insinuando um diálogo caracterizado por continuidades e rupturas entre o espaço da colônia e da metrópole, e a produção discursiva que elegeu a ficção (muitas vezes em diálogo com a história e a realidade social, como na "fase" de romances históricos de Alencar e na "etnoficção" de Arguedas,[16] respectivamente) como lócus para a discussão das identidades culturais na América, em geral, e de suas literaturas, em particular. Desse último ponto, desdobraram-se as preocupações dos autores com a elaboração de uma linguagem capaz de exprimir as interações e conflitos entre América e Europa, e a eleição de nichos culturais enraizados nas culturas indígenas, tomadas como índices da vida autêntica que poderia alimentar projetos de identidade nacional.

Quanto à relação entre linguagem e identidade, Alencar e Arguedas percebem a fratura no desejo de exprimir o local, pois se defrontam com o drama de utilizar a linguagem do dominador que, por força do processo histórico, tornou-se o instrumento com o qual exercem a crítica da colonização. Apesar de ceder às idealizações do romantismo, há que se observar o esforço de Alencar para resolver a questão; o resultado não é de todo auspicioso, pois uma obra como *Iracema*, rica em estruturas linguísticas indígenas, tem de ser acompanhada de notas explicativas, já que o público leitor da corte, em meados do século 19, se formara no gosto e na tradição da língua portuguesa. Mas a dificuldade de concretizar no texto essa outra língua, que não é nem lusitana nem indígena, não impediu que Alencar mantivesse a consciência voltada para a discussão do tema. Tanto é que se pode considerar em sua obra uma espécie de sublimação dessa outra língua, batizada pelo autor como "língua brasileira" para contrapor-se a Pinheiro Chagas e Antônio Feliciano de Castilho, ambos portugueses, que o "arguíram de incorreto".[17]

Arguedas radicaliza a indagação acerca da linguagem para exprimir as hibridações da cultura peruana, decorrentes das diferentes maneiras de relacionar-se com o sagrado (que revelavam as duras negociações entre tradições indígenas e Catolicismo), com a natureza (que demarcavam o seu sentido sagrado para os indígenas e o utilitário para os herdeiros da lógica colonizadora) e com a arte literária (que indicavam o senso coletivo dos gêneros locais e a valorização do individualismo das tendências importadas). Para esse panorama de oposições que se desdobram em possibilidades de interações, ainda movidas pelo conflito, Arguedas busca a linguagem também de entrelugares, a ponto de constituir "una 'mistura' de español y quechua, pensando que el mestizaje lingüístico [...] fusionaria las dos culturas con predominio del 'genio del quechua'".[18]

No que diz respeito ao tópos da vida autêntica, a obra de Alencar se exprime sob o signo da contradição, ao registrar as tensões entre a busca da autonomia (capaz de estimulá-lo a discutir um projeto de literatura nacional incluindo temas indígenas e uma língua brasileira) e a enunciação da dependência (forte o suficiente para levá-lo a crer na "lenta gestação do povo americano que devia sair da estirpe lusa, para continuar no novo mundo as gloriosas tradições de seu progenitor").[19] Arguedas, por sua vez, embora reconheça as divergências entre as populações indígenas da costa e das serras peruanas, reafirma a valorização das primeiras, e é sob a convicção de que essa "raza será grande"[20] que o autor configura as suas investigações antropológicas e a sua obra de ficção.

No entanto, as diferenças entre Alencar e Arguedas são contundentes, em particular na maneira como se relacionam com as culturas indígenas. A estética romântica ofereceu ao brasileiro lentes para captar as outras culturas sob um ponto de vista "desde fora", insinuando a percepção do outro de acordo com o desejo de um olhar subjetivo. O outro se torna fonte de interesse na medida em que, através dele, se pretende criticar certo modelo cultural instituído, com o qual o próprio autor está comprometido, mas não adquire autonomia suficiente para subverter. A visão alencariana recupera através do mundo indígena o equivalente de uma "literatura primitiva, cheia de santidade e enlevo".[21] Isso sublinha a contradição de valorizar-se as culturas indígenas sem reconhecer-lhes a autonomia e o sentido específicos, elementos capazes de transformá-las em componentes ativos do tecido social, político, econômico e cultural do Brasil. As culturas indígenas vistas "desde fora" se tornam fornecedoras de elementos para compor um poema nacional, como sugeriu Alencar, mas permanecem sujeitas às avaliações da moral e da estética românticas.

A perspectiva "desde fora" revela um duplo distanciamento em relação às culturas indígenas, na medida em que Alencar as vislumbra segundo um ponto de vista mais ideal do que real, além de se basear em procedimentos originários do romantismo importado. Essa perspectiva instaura uma alternância nas relações entre eu e outro, cuja dinâmica promove alterações de superfície, ou seja, permite atribuir certa mobilidade aos papéis do autóctone, mas de modo a situá-lo sempre na condição de outro, exilado em sua própria terra e estranho em relação ao escritor. No ensaio sobre a presença dos palimpsestos em *Invenção de Orfeu*, de Jorge de Lima, Lúcia Sá retoma essa questão ao afirmar que os escritores românticos identificaram os indígenas "como símbolo de um *nós* brasileiro que se contrapunha ao *vós* europeu". E salienta, mais adiante, que "os românticos foram acusados de estarem na verdade imitando os franceses, ou seja, de estarem agindo como um *nós* francês em relação a um *vós* brasileiro".[22] Nesse jogo de vozes, por mais que o romantismo tenha apresentado as culturas indígenas em cena, via de regra reservou-lhes a enunciação do silêncio, à medida que foram interpretadas pela ótica "desde fora" dos escritores ou exprimiram através de um discurso autorreferencial o seu próprio emudecimento ante a investida dos discursos dominantes (veja-se essa problemática em o "Canto do Piaga", de Gonçalves Dias).

O contraponto de Arguedas apresenta uma visão "desde dentro" das culturas indígenas, corroborada pelas vicissitudes de sua biografia (filho de família branca e abastada, após a morte da mãe foi entregue aos cuidados dos "servientes indígenas") e de suas opções ideológicas (marcadas pelo debate sobre as questões identitárias, como bem demonstrou ao dizer: "yo no soy un aculturado; yo soy un peruano que orgullosamente, como un demonio feliz, habla en cristiano y en indio, en español y en quechua").[23] As temáticas indígenas alimentam substantivamente sua obra, sendo mais que um assunto eleito para atender às demandas de uma corrente estética; daí o sentido que adquirem como forças mediadoras para discutir os processos de organização política, econômica e cultural da sociedade peruana.

Embora essas preocupações perpassassem os projetos de Alencar, não é evidente que exprimissem a vocação de uma sociedade brasileira interessada em ser lida segundo a ótica das culturas indígenas. Mesmo que a sociedade peruana também não alentasse tal desejo, o fato é que em Arguedas esse projeto é lançado em direção à práxis, definindo-se a partir de uma literatura de fronteiras (que revela a busca pelas identidades através de linguagens híbridas), de investigações antropológicas (que ressaltam a importância de compreender os esquemas de relacionamento entre a tradição e a modernidade) e de atividades de ensino e gerenciamento de instituições (através das quais o sujeito histórico Arguedas se empenha em demonstrar a relevância das culturas indígenas). A textualidade de Arguedas sintetiza o modo de viver e o fazer literário do ficcionista, do antropólogo e do homem de ação delineado no fluxo histórico de uma geração, a dos anos 1930, "que se orientaba mayoritariamente a lo social y lo telúrico [...], con hondo humanismo y preocupaciones por la política nacional".[24]

Nos limites da comparação entre Alencar e Arguedas, aqui proposta, visualizamos a possibilidade de tomar alguns de seus procedimentos como operadores para acessar determinadas tramas sobre identidades e relações culturais na América e que dizem respeito também à constituição dos cantopoemas. Dessa comparação, sobressaem dois aspectos. O primeiro indica que é indispensável levar em conta os modos como os autores das áreas colonizadas enfrentam a questão dos fusionismos e das contradições culturais, utilizando lentes ideológicas importadas ou geradas in loco, sendo que estas se debatem entre a autonomia e a reelaboração dos aportes vindos do exterior. Isso coloca em evidência o fato de que a adoção de posturas dogmáticas em face dos contatos culturais se torna uma via problemática, pois as práticas culturais (mais do que o pensamento sobre elas) se articulam de maneira dinâmica, oscilando entre a norma e a transgressão, as fusões e as fragmentações. O desafio consiste, por um lado, em desmistificar as soluções aparentemente totalizadoras, que sugerem identidades acabadas e acentuam os processos de exclusão do que é nomeado como "a diferença"; e, por outro, em apreender os vários processos desencadeados pelos contatos culturais e que se desdobram em visões de mundo e práticas culturais capazes de sugerir mudanças nos discursos elaborados para analisar os fenômenos sociais.

O segundo aspecto demonstra que as relações entre culturas latino-americanas e europeias, originadas do sistema colonial, constituíram-se como mosaicos de interações e conflitos, assumindo desdobramentos diferenciados, na medida em que envolveram sujeitos instalados em condições sociais específicas.

Daí a necessidade de considerar que as culturas indígenas seguiram caminhos próprios para negociar com as culturas europeias, distinguindo-se daqueles trilhados pelas culturas africanas inseridas no continente. A colonização forjou a formação social latino-americana a partir de realidades político-econômicas diferenciadas, fazendo surgir modos específicos de relação entre os grupos humanos, segundo as condições oferecidas em áreas de agricultura, pecuária ou mineração.

A princípio, as relações entre as ordens culturais ocorreram com base em suas organizações internas, com as indígenas ancorando-se no período anterior aos "descobrimentos", as africanas no anterior ao tráfico de escravizados para o Novo Mundo e as europeias no da expansão mercantilista. Contudo, a imposição da ordem europeia estimulou e simulou certos processos de interação (como a cristianização de negros e indígenas através da catequese), mas foi forçada a abrir frestas para negociações pelas ações contestatórias dos sujeitos colonizados. Revoltas contra a lógica escravista e antropofagias de fenômenos culturais europeus são alguns dos mecanismos que revelam um mundo colonial marcado por conflitos,[25] muitos dos quais adquiriram novas configurações nas sociedades americanas pós-coloniais, como as tensões geradas pelas diferenças étnicas ou a injusta distribuição das riquezas.

Dentro dessa paisagem, Alencar e Arguedas ilustram as dificuldades enfrentadas pelo intelectual das ex-colônias no que tange à elaboração de um percurso literário e ideológico: por mais que suas obras tenham alcançado prestígio, a ponto de serem situadas no domínio da literatura legitimada de seus países, tiveram de participar do jogo de apresentar-se como diferença em relação ao modelo europeu para, enfim, utilizarem as realidades locais como temas de sua criação. Imaginem-se, portanto, os obstáculos impostos para o reconhecimento das textualidades populares, tecidas fora dos salões e academias, e que não se destinavam ao suporte escrito de livros e periódicos. Referimo-nos às textualidades de atos rituais e de trabalho, que tomaram a oralidade como suporte principal e se basearam em padrões estéticos distintos dos que vinham da Europa. Para apreendê-las é necessário reconhecer outra dinâmica histórica (a dos grupos marginalizados durante e após a colonização), que se desenrolou paralelamente ao recorte histórico considerado oficial (o das elites coloniais e das oligarquias rurais, empresariais e políticas que dirigiram o Brasil pós-colonial).

Tratando-se das populações afro-brasileiras, essa outra história se desenhou através da oralidade e permanece latente nos documentos arquivados em museus, órgãos de administração pública, paróquias ou na posse de herdeiros, particularmente nos meios rurais. Tais fontes não podem ser vistas apenas como contrapontos da chamada história oficial, pois a compreensão de seus esquemas revela as tensões dialéticas que levam os grupos a construírem diferentes sentidos para os fatos históricos. O confronto entre as versões dos eventos acentua o significado da História como processo, no qual as várias vozes se entrecruzam, aliando-se ou rejeitando-se, mas, de toda maneira, sendo impelidas à cena dos diálogos sociais. A imposição de "uma história" baseada na voz de um grupo privilegiado constitui um ato de violência que reduz a lógica do diálogo, embora não seja possível dizer que interrompa de forma absoluta a geração dos discursos marginalizados. Para situar esse embate, é interessante analisar o modo como as culturas populares utilizam a festa para elaborar e reelaborar sentidos para os fatos, alimentando os caminhos de uma outra história e de uma outra literatura.

Um dos meios para apreender o que foi dito até aqui consiste em observar as relações entre as culturas populares e as atividades pedagógicas difundidas pela rede escolar oficial. Os representantes da cultura popular, sobretudo nas vertentes rural e de periferias urbanas (em certos lugares, ainda marcadas pelos traços rurais), articulam estratégias de ensino-aprendizagem que conflitam e dialogam com a escola instituída, em geral, de acordo com as perspectivas das classes dominantes. Não é novidade afirmar que o processo de aquisição do conhecimento se desenvolve através de múltiplos canais e em variadas situações. O ser humano, nos diversos ambientes em que se estabeleceu, organizou formas de comunicação que são, em síntese, métodos contextualmente considerados pertinentes para as relações de ensino-aprendizagem. Ensinamos e aprendemos na convivência familiar e nos locais de trabalho, nas horas de recreação, no trânsito pelas ruas, enfim, em ambientes aceitos como apropriados para a descoberta e o exercício do conhecimento.

Do ponto de vista institucional, a escola se apresenta como o ambiente ideologicamente construído para a experimentação dos processos de ensino-aprendizagem. É evidente que os ambientes da família, do trabalho, da recreação e das ruas também são construídos, mas sua dinâmica de ensino-aprendizagem possui mecanismos próprios, diferenciando-os da escola. Esta desenvolve-se a partir de determinados procedimentos pedagógicos e, em muitos casos, as distorções da ordem social que alimenta esses procedimentos se refletem na construção de uma escola divorciada da sociedade ou, em casos específicos, de alguns setores da sociedade. A consequência disso é a manutenção do distanciamento entre o que chamamos de *pedagogia da instituição* (responsável pelo ensino-aprendizagem na "escola do governo") e *pedagogia da experiência* (orientadora do ensino-aprendizagem na "escola da vida"). O que então se revela são situações marcadas pelo conflito. De um lado, a escola oficial (do governo) estabelece programas de ações universalizantes, entrando em choque com os anseios de grupos locais, que reivindicam o atendimento de suas demandas particulares. É plenamente conhecido o problema da alfabetização de teor formalista, cuja ênfase recaía sobre o estrato fônico da língua sem considerar as implicações de conteúdo e contexto da mensagem. Assim, um exemplo formal de oração, como "Ivo viu a uva", apresentava resultados pouco estimulantes (nem sempre percebidos pelos alfabetizadores) para o desenvolvimento psicossociolinguístico de crianças ilhadas nas áreas carentes em que se situavam e se situam muitas de nossas escolas.

Por outro lado, as pessoas da "escola da vida", muitas vezes, veem na escola oficial, e nos recursos que utilizam para transmitir o conhecimento, um campo de desafios intransponíveis. A escola oficial torna-se o lugar para os competentes, para os que são "doutores" e merecem admiração por terem superado testes difíceis associados ao domínio da escrita e das operações matemáticas. Paralelamente ao elogio do escolarizado, os excluídos da instituição tecem um discurso ambivalente, que salienta sua baixa estima ao mesmo tempo que deixa entrever outros modos de acesso ao conhecimento. A esse respeito, veja-se o comentário de um agricultor de Salto da Divisa, município de Minas Gerais:

Eu mesmo num sei lê, dona. Fico embaraiado com as letra e num dei conta. Mas o meu fio, o Romeu, esse lê sem gaguejá. Tem que sê assim desse jeito. Umas coisa a gente entende, otras num dá pra cabeça da gente. Mas dá pras cabeça dos otro. Deus pôs sentido no mundo. Tem que caçá jeito de descobri. Num tem ninguém que sabe tudo, nem os dotô. Mas os pequeno, que nem eu, sabe alguma coisinha tamém. Num existe esse que num sabe nada.[26]

Reconhecer as tensões existentes entre a "escola do governo" e a "escola da vida" implica uma etapa de um empreendimento mais amplo, que deve pensar a escola como decorrência da vida, portanto, como lugar de atitudes que superam as circunstâncias da cena política para atender às expectativas maiores da sociedade organizada. A escola da vida é a escola das pessoas interessadas na formulação de propostas humanistas que impeçam os governos de tomar medidas contrárias à justiça social. Nesse sentido, é interessante uma aproximação aos procedimentos adotados pelos vários agentes que participam dos processos de ensino-aprendizagem em diferentes contextos. Pensamos ser válido comentar alguns desses modos presentes na cultura popular, na medida em que abrem janelas para percebermos outras modulações da história. O aperfeiçoamento das experiências de socialização, considerando-se as linhas de interação e os conflitos inerentes a essas experiências, consiste numa das metas da ação pedagógica. Ela está implícita nas relações dos indivíduos entre si e destes com a história do grupo a que pertencem: o que ensinamos e aprendemos, isto é, o que intercambiamos sob a forma de conhecimento, está emoldurado pelas possibilidades de obtermos ou não respostas para os nossos anseios junto aos nossos pares sociais. Numa sociedade diferenciada, os grupos tendem a desenvolver seus próprios mecanismos de transmissão do conhecimento, conflitando, muitas vezes, com outros segmentos. Um recorte no quadro social brasileiro mostra que nem sempre as camadas mais pobres tiveram acesso aos setores da educação institucionalizada. No entanto, nem por isso deixaram de realizar suas interpretações da história do país, renegociando significados e instaurando óticas alternativas para a compreensão dos fatos.

Em um livro interessante, mas pouco considerado, Pedro Calmon destaca como a poesia popular é indicativa de "uma contribuição original do sentimento público às 'fases decisivas'" da sociedade brasileira.[27] A obra reúne textos satíricos editados na imprensa e cantigas de domínio público que abordam, sob a ótica dos representantes da cultura popular, os temas que marcaram a vida do país em várias épocas. Veja-se o cantopoema ouvido por Saint-Hilaire, em Minas Gerais, e que denunciava a opressão policial dos meirinhos contra a população pobre:

> Itabira, Itambé,
> Samambaia e Sapé,
> Meirinhos de Caeté,
> Libera nos, Dominé.

As agitações políticas, como a revolução maçônica e republicana do Recife, em 1871, também foram abordadas nos cantopoemas e revelam as orientações ideológicas que então permeavam os vários setores da vida social:

> No Campo da Honra
> Patrícios formemos,
> Que o vil despotismo
> Sem sangue vencemos.

Por sua vez, o progresso dos meios de transporte e comunicação virou tema para a poética dos negros carregadores do Recife, nos idos de 1870-1880. A mescla de conteúdos confere a esses cantopoemas um aspecto de texto-reportagem ou crônica de costumes, em que as informações sobre o cotidiano são filtradas pelos pontos de vista e pelo lirismo do *poietés*:

Iaiá me diga adeus,
Olhe que me vou embarcar
O vapor entrou na barra
O telegra deu siná...[28]

O vigor dessa atividade poética aponta para a articulação de uma rede comunicativa que permite aos representantes das culturas populares estabelecerem leituras de suas experiências sociais. A cotidianidade da comunicação faz com que se sintam relacionados à história de seu grupo, além de assegurar-lhes que essa história pode ser apresentada de diferentes maneiras (nos cantopoemas ou nas narrativas) e através de diferentes suportes (como a palavra cantada ou escrita). No que tange à vivência do sagrado, a realização da festa institui um momento forte de socialização e exercício das relações de ensino-aprendizagem.

Referimo-nos à festa gerenciada pelos grupos menos favorecidos, que são exilados das instâncias de poder à medida que se acentua o seu estado de marginalização socioeconômica. A festa organizada por esses segmentos populares é escrita como um livro de muitos e contraditórios capítulos, através dos quais é possível apreender os conflitos de classes que se exprimem de modo específico na linguagem da festa.[29] O conflito decorrente da distribuição da autoridade, por exemplo, é traduzido pelas tensões entre as lideranças populares (contendas simbólicas e reais entre capitães no Congado ou entre mestres nas Folias de Reis) e entre os grupos econômica e etnicamente diferenciados (pobres versus ricos, negros versus brancos). Os grupos devotos se encontram na festa, vivenciando-a como herança recebida dos ancestrais e como tradição veiculadora de certa ordem social. No espaço ritual, o encontro é revestido pelas forças da coesão e da dispersão, pois os grupos, por um lado, reafirmam os laços de pertencimento e solidariedade, por outro, confrontam-se para definir quem assume maior projeção no quadro da hegemonia local.

A festa ocupa lugar central nas elaborações discursivas, sendo o evento durante o qual se desenvolvem inúmeras práticas de ensino-aprendizagem. Herdar, fazer e viver a festa são atos contíguos que se tornam evidentes no exercício da metalinguagem, ou seja, à proporção que fala sobre a festa (em cantopoemas ou narrativas), o devoto o faz de maneira estética, imprimindo permanência à celebração que é temporária:

> A Festa é tudo pra gente aqui. É aquela alegria, aquela fé, todo mundo dançano e cantano. A gente esquece do trabalho, das doença, das dificuldade. Fica só lembrano das coisa boa, de papai, de mamãe. Dá uma saudade, uma dor...
>
> Quando acaba a festa dos escravo, a gente já começa a pensá na festa do Rosaro. Tem que vê as ropa, os instrumento, consertá as bandera... As vez a gente deita e fica lembrano de tudo. Das festa dos antigo, das festa que num chegô. No meio fica tudo sem graça. Mas quando junta um pouquim de gente, nós pega a falá da festa. Daí a pouco um canta, outro puxa de lá... ô saudade!
>
> Então no tempo do papai...[30]

As festas populares, além do caráter sagrado, são eventos pedagógicos que envolvem pessoas de diferentes gerações e localidades, abrindo a cena também para os contatos entre classes sociais distintas. As inter-relações entre velhos e jovens, crianças e adultos, os da casa e os visitantes, os pobres e os de classe média (ou remediados) ilustram um lugar e um período em que se estabelecem os intercâmbios de informações de sentido iniciático e social. Durante a festa, os atos de ensinar e aprender adquirem um sentido público; os devotos coordenam as lições do sagrado e, da mesma forma, os processos de ensino-aprendizagem se concretizam nos trabalhos comunitários que garantem a realização do evento. A "musa popular", no dizer de Pedro Calmon, amplia sua presença na festa, estimulando os devotos a buscar os conhecimentos relativos às práticas do sagrado e aos desdobramentos dos fatos sociais.

Os lugares de louvação (igrejas, capelas, casas, terreiros, caminhos, altares) e de trabalho (cozinhas, salas, quartos, varandas) são transformados em espaços-escola permeados pelas estratégias das relações pedagógicas, que permitem aos devotos discutir, concretizar e aperfeiçoar suas experiências de socialização. Para demonstrar isso, vejamos os cantopoemas do Congado, celebração em que os devotos, apesar de "limitados, em nível histórico, à dialética da questão da usura, do exótico, da subserviência e ao processo de aculturação da Negritude, impõem-se, em contrapartida, no exercício da cidadania e dão exemplo de afirmação política e de reivindicação de direitos".[31] Nos espaços-escola da festa, os devotos são informados (através dos cantopoemas e narrativas) sobre as condições tensas em que viveram e vivem as comunidades de negros e mestiços pobres. Diante disso, os cantopoemas sugerem procedimentos de resistência para reivindicar o direito dos menos favorecidos à cidadania:

Quando eu saí de casa	Todo negro se soubesse
Minha mãe me encomendô	Da força que o negro tem
Oi, meu fio, cê num apanha	Não tolerava
Que seu pai nunca panhô	Cativeiro de ninguém[32]

A violência policial (estimulada pela exclusão étnica que pressiona a população afro-brasileira) é denunciada nos cantopoemas do Congado, indicando a consciência social do *poietés*, cuja performance o situa como porta-voz de seu grupo. A concisão da linguagem e o realismo das descrições acentuam o aspecto de texto-reportagem que coloca os acontecimentos diante do interlocutor, interrogando-o e incitando-o a assumir uma postura em face das denúncias:

Ei, tava na rua de baxo
Eu tava na rua de cima
O Seo guarda mandô me prendê
Eu gritei: Ô, Sá Rainha!
Sinhô Rei mandô me soltá[33]

Para criticar a ideologia da "democracia racial" brasileira, o *poietés* aproveita o espaço da festa para apresentar um contrar-retrato dessa ideologia, revelando uma sociedade em que o fato de ser negro tem servido como um dos motivos para reprimir a população afro-brasileira. O texto-reportagem denuncia a atualidade desse conflito étnico-social, demonstra a consciên-cia dos autores do discurso e salienta uma outra via de refle-xão proposta através do sagrado. Ou seja, para um problema inserido no plano do real (a discriminação e a violência), é ne-cessário buscar soluções também ao nível do real (a denúncia), mas, além disso, o espaço ritual da festa sugere outra via, a da linguagem simbólica, que permite ao *poietés* intuir uma saída transcendente para o problema, invocando o auxílio divino:

Eu não matei
Eu não robei
Eu num fiço nada, oi, ai
Mas o povo tá dizeno
Que amanhã é dia do meu jurado
Vô pedi Nossa Senhora
Para sê minha adevogada[34]

No espaço-escola da festa, os afro-brasileiros se revitalizam como individualidade e grupo, ao atuarem como professores e alunos da história do país. A partir dos meios que a linguagem simbólica da festa possibilita, formulam a ideologia de contrarresposta à opressão, pleiteando transformações que ponham fim à violência e à exclusão étnico-social. Mais confirmações sobre a importância social da festa poderiam ser obtidas no Congado e em outros eventos das culturas populares, de modo a percebermos como os cantopoemas e as narrativas de preceito indicam a formulação de uma outra vertente histórica, segundo o ponto de vista dos desprivilegiados. A festa se apresenta, portanto, como um espaço social, político e pedagógico propício para o desenvolvimento dos processos de ensino-aprendizagem. A percepção de que a defesa da liberdade, o fortalecimento dos laços comunitários e o cultivo da reflexão crítica fazem parte do curriculum da festa é apelo suficiente para considerarmos que ela se refere a outra história e a outra literatura, capazes de fecundar experiências estéticas significativas.

No entanto, ao ignorar essa outra história, a literatura brasileira relacionada ao texto escrito e produzida por intelectuais foi instituída como a forma legitimada, exemplificando no campo literário a tese do monólogo a que nos referimos antes. Isso ocorreu na medida em que certos escritores utilizaram as culturas negras como elemento complementar dos textos escritos, impedindo que as tradições orais afro-brasileiras vincassem a literatura legitimada com sua autonomia, potencialidade dialógica e significação estética. Do ponto de vista das elites culturais, essas tradições "enriqueciam" os textos eruditos, atribuindo-lhes o colorido e o acento exótico, o que, ao final, evidenciava mais o distanciamento do que a aproximação entre a literatura legitimada e as outras formas de textualidade.[35]

O cânone literário brasileiro, desenhado a partir da primeira metade do século 19, reflete as tendências dominantes de seu tempo e as intenções de seus organizadores, aspectos marcantes quando se trata de estabelecer normas e modelos para a sociedade. Assim, é sob as lentes do historicismo romântico (mobilizador de busca das identidades nacionais e de compreensão dos aspectos particulares nos percursos históricos) que vemos nascer as linhas consideradas, até aquele momento, como indicadoras de nossa literatura nacional. Embora sejam evidentes os esforços de escritores e críticos para diferenciar a literatura brasileira de suas fontes ligadas ao colonizador português,[36] não se pode desconsiderar que a base do pensamento para explicitar o nacional em certo corpus aqui produzido ainda procedia da Europa. Um fato que demonstra essa relação, estremecida pelos embates entre autonomia e dependência, é a edição de *Niterói, Revista Brasiliense*, em Paris, em 1836. Dentre os fundadores da revista destaca-se Domingos Gonçalves de Magalhães, que (ao lado de Manuel de Araújo Porto Alegre, Sales Torres Homem e Pereira da Silva) tanto frisou uma possível direção autônoma através do nacionalismo indianista quanto reduplicou a dependência ao realizar uma leitura do local mediante o emprego da estética importada.

Os confrontos para criação do cânone literário brasileiro adquiriram outras conotações à medida que a própria sociedade brasileira se abriu às discussões de seus problemas e operou uma leitura mais crítica das ideologias importadas.[37] Porém, no que diz respeito às fontes estéticas das culturas negras, pouco se avançou para a sua inclusão no horizonte formador da literatura brasileira. Por isso, ainda é válido dizer que, se os desdobramentos de paradigmas euro-ocidentais exerceram, por um lado, a função de delinear e consolidar uma face da literatura brasileira legitimada, por outro, silenciaram valores que propunham outros eixos de representação. Em vista dos apelos que a sociedade moderna faz no sentido de compreender e estimular as trocas culturais, é questão de ordem atentar para as múltiplas sensibilidades que apontam distintos paradigmas de forma e conteúdo artísticos.[38] Sob esse enfoque, o conceito de literatura se alarga para incluir os "rumores" que, sendo diferentes proposições do fazer literário, ainda alarmam os analistas de bisturi instruídos para dissecar as textualidades em busca de afirmação de suas próprias convicções estéticas.[39]

Os termos literatura silenciosa, textualidade rejeitada e rumores merecem ser considerados em dois estágios. No primeiro, são colocados abaixo da literatura ou da textualidade legitimada e representam a diferença que é tratada como diferença fechada, isto é, aquela em relação à qual o modelo não alimenta expectativas de diálogo. Ao contrário, procura afastá-la, negando-lhe o valor estético ou reinterpretando-a para expurgá-la da diferença e ajustá-la aos cânones. Sob esse aspecto, a literatura silenciosa é percebida como antiliteratura, sendo confinada à esfera dos estudos etnográficos e antropológicos e erroneamente citada como elemento utilitário da comunicação entre os indivíduos que não exercitam o código da literatura legitimada. Isso explica a ausência dos cantopoemas e das narrativas de preceito nos cursos de letras, nos manuais de literatura e na esmagadora maioria dos ensaios de teoria literária.

No entanto, observada num segundo estágio, a literatura silenciosa ultrapassa o maniqueísmo estético (que define a literatura e a não literatura) para assumir a diferença como expressão da autonomia de outras identidades legitimadas a partir de outros paradigmas também significativos. A literatura silenciosa se apresenta como diferença aberta, isto é, aquela a partir da qual as identidades interrogam a si mesmas e, na medida em que admitem esse recurso, interagem com outras identidades, interrogando-as. Nesse caso, a literatura silenciosa situa-se frente a frente com a literatura legitimada, desafiando-se e desafiando-a. Isso evidencia que ambas são elaborações dinâmicas relacionadas à atribuição de sentido aos seus grupos, que a possibilidade do diálogo entre elas se desenha a partir das diferenças e que a concretização do diálogo alarga suas fronteiras de experimentação.

No entanto, o acesso à literatura silenciosa, urdida pelos grupos marginalizados, deve ser traçado pari passu à compreensão das outras formulações da História a que está vinculado. Ou seja, para apreender a lógica dos cantopoemas do Congado é fundamental levar em conta os cenários do escravismo brasileiro, seus desdobramentos após a abolição, as modalidades de linguagem articuladas pelos negros e as instâncias particulares em que se manifestaram (a exemplo do processo da educação pela festa). A percepção desses fatos implica a combinação de análises sincrônicas e diacrônicas ou, como veremos, a ênfase numa arqueologia do sagrado e da memória escrava, pois indicam aspectos que nos ajudam a perceber a constituição de outra vertente da história e de sua respectiva literatura no contexto da sociedade brasileira.

O qualificativo "outra", que acompanha essa literatura, refere-se a um significado estético por indicar a presença de traços não ocidentais em sua configuração, mas se impõe, também, por uma razão sociopolítica ao considerar a elaboração discursiva de grupos marginalizados durante e após as empreitadas coloniais. O qualificativo (que abrange os correlatos literatura silenciosa, textualidade rejeitada e rumores) nos permite relativizar o sentido do cânone literário ao nos remeter, segundo Martin Lienhard, às manifestações "de un amplio conjunto literario que cabe relacionar con las colectividades históricas 'responsables' de los textos o, cuanto menos, de las interferencias 'no occidentales' que se descubren en ellos".[40]

Em nosso enfoque, a outra literatura diz respeito à textualidade elaborada por comunidades negras situadas em áreas rurais ou periferias urbanas. Enfatizamos os grupos de Minas Gerais e, sempre que necessário, estendemos o conceito a outros estados brasileiros na intenção de reconhecer nessas "coletividades históricas" uma práxis discursiva impregnada de apelos socioculturais e realizações estéticas. Salientamos, desde o princípio, que se trata de textualidades localizadas fora do cânone literário brasileiro, e que seu corpus veio sendo constituído pelas comunidades em resposta a demandas sociais específicas. Em outros termos, os cantopoemas e as narrativas de preceito foram elaborados a partir de uma estética da pluralidade, resultante de cenas sociais caracterizadas por conflitos e sincretismos culturais.

Os conflitos decorrem, em última instância, do "contexto colonial" gerado pela expansão europeia na América.[41] Fazemos uma alusão aos primórdios da presença europeia no Brasil (quando negros, indígenas, brancos e a gama variada de indivíduos mestiços contracenaram em condições desiguais) para observar que a sociedade brasileira enraizada, daí em diante, nas diferenças entre homens livres e cativos, ricos e pobres, instruídos e analfabetos teve as suas perspectivas traçadas sob o signo dos conflitos. Era de esperar, como de fato aconteceu, que esses confrontos se refletissem em diferentes maneiras de expressão estética. A oposição entre o Catolicismo e a religião de grupos bantos, por exemplo, desdobrou-se em manifestações estéticas nas quais é necessário reconhecer a especificidade das linguagens que articulam uma missa católica e uma coroação de Reis Congos, respectivamente. Porém, nas cenas dos conflitos também foram tecidas as linguagens dos sincretismos, evidenciando certa permeabilidade nas fronteiras dos grupos em contato. Por conta disso, é possível mapear as realizações estéticas pluralizadas, a exemplo de uma linguagem banto-católica que preside a fundação de práticas rituais como o Congado e de textualidades como os cantopoemas e as narrativas de preceito.[42]

Os cantopoemas assumiram várias formulações, refletindo as situações de comunidades que reinventaram seus discursos específicos no espaço entre os discursos predominantes. Assim, entre as linguagens do Catolicismo e das tradições bantos ou do Catolicismo e das tradições nagôs percebe-se o desenvolvimento de uma linguagem poética que permaneceu praticamente intocada pela crítica literária e pelos próprios poetas. A exceção, como frisamos anteriormente, faz-se em relação à textualidade de procedência nagô. A título de demonstração, indicamos duas vertentes de cantopoemas: uma menos sincrética e outra majoritariamente híbrida. A primeira (explicitada através dos orikis do Candomblé e dos cantos dos Xangôs do Recife) apresenta uma interferência restrita de elementos católicos. Em alguns casos, pode-se dizer que não ocorreram interferências católicas, apontando uma nítida diferenciação entre os dois complexos culturais, tanto na concepção de mundo quanto nas formas linguísticas.

Na segunda vertente se incluem os cantopoemas banto-católicos (exemplificados pelos cantos do Congado, do Jongo e dos Vissungos) e os cantopoemas de fronteiras entre Catolicismo, Candomblé e Kardecismo (representados pelos pontos da Umbanda). Em ambos se entrecruzam as concepções de mundo banto e católica, bem como formas linguísticas de idiomas bantos e do português. Mas é justo destacar outro segmento de cantopoemas híbridos que abrange os cantos de Capina, de Folias de Reis e de Rodas. Nesses casos, os sincretismos não implicam tanto os complexos culturais banto e católico indicados pelas concepções de mundo e formas linguísticas. Verifica-se nesses cantopoemas um hibridismo étnico (com referências a negros, brancos e mestiços tal como ocorre nos cantopoemas banto-católicos e da Umbanda) e de formas linguísticas dentro de um mesmo idioma (com a mescla do português coloquial e do português padrão).

As fontes da outra literatura são as performances dos representantes das comunidades (que se identificam como realizadores e receptores de sua própria textualidade, veiculando-a na maior parte do tempo através da oralidade) e os documentos produzidos a partir das performances (que revelam os agentes intermediários, ou seja, pesquisadores responsáveis pela divulgação dessa literatura em outros contextos e para diferentes públicos: estudiosos, artistas, turistas, outras coletividades de devotos etc.). A maioria dos cantopoemas selecionados para este livro foi recolhida em pesquisa de campo, diretamente das fontes orais, tal como se passou nas obras que publicamos anteriormente (ver bibliografia). O complemento das informações se fez com as fontes escritas elaboradas por outros pesquisadores. A princípio, essa vasta bibliografia não apresenta os cantopoemas como obras literárias, pois resulta dos enfoques dados por folcloristas, etnógrafos, antropólogos e sociólogos que os analisam como documentos, a fim de desvelar a organização social, os percursos históricos e a estrutura simbólica das comunidades.

Ainda assim, a bibliografia reúne e preserva importantes antologias de cantopoemas e narrativas. Nem todas as obras citam os cantopoemas ou as narrativas, mas continuam sendo indispensáveis porque apontam as negociações que o *poietés* realiza para situar-se nos domínios da imanência e da transcendência, descrevem as cosmologias de onde emana a linguagem poética e explicitam as concepções de mundo do sujeito que a elabora. Para inventariar uma antologia de procedência nagô, sugerimos uma série brevíssima desses trabalhos, visto que a lista é extensa.

Destacamos as obras de Edson Carneiro, Arthur Ramos, Juana Elbein dos Santos, Pierre Verger, Roger Bastide, Monique Augras, Antonio Risério, José Jorge de Carvalho, Carlos Eugênio M. de Moura e Maria de Lourdes Siqueira.[43] Para uma antologia banto-católica, adotamos o mesmo procedimento, indicando os estudos de Élsie Girardelli, Frei Franciso van der Poel, Maria de Lourdes Borges Ribeiro, Bastide, Aires da Mata Machado Filho, Carlos Rodrigues Brandão, Gomes e Pereira, Maria Amália Corrêa Giffoni, Leda Maria Martins, Martin Lienhard, Edir Evangelista Gandra e Paulo Dias.[44]

Dentre os documentos produzidos a partir das performances, os LPs, CDs e vídeos merecem destaque. Os encartes apresentados pelos dois primeiros chegam a constituir verdadeiras antologias do texto escrito, além de permitir o acompanhamento sonoro dos cantopoemas em gravações ou regravações originais. O vídeo amplia o registro e o acesso aos cantopoemas, reatualizando para o espectador a atuação completa do *poietés* que, através da música e da dança, exprime os significados dos gestos rituais e da palavra poética.[45]

A tipologia dos cantopoemas e suas fontes, como todas as tipologias, está sujeita às alterações que podem decorrer dos diferentes parâmetros adotados para defini-la. Não queremos estabelecer tipologias definitivas, mas apontar paradigmas além daquele instituído como o cânone literário brasileiro. Compreender a constituição desses outros paradigmas implica uma mudança na maneira de sentir e pensar o objeto estético. Ou seja, não é possível ler-ouvir os cantopoemas com os mesmos instrumentos de leitura da poesia clássica ou romântica, mas é da aproximação a essa diferença que nasce o desejo de ampliar nossas faculdades de apreensão do mundo. Os cantopoemas, tecidos nas fronteiras do vivido e do recriado pelo *poietés*, exercem essa provocação. Por um lado, se estendem como fios dialógicos em direção ao cânone literário, por outro, nos levam a pensar as obras de ciências sociais, que os analisam, como suportes de uma textualidade simultaneamente documental e criativa. A tarefa que se impõe, de imediato, é o reconhecimento do tempo e do espaço em que os cantopoemas afloram, bem como dos sujeitos e dos valores estéticos que os dão à luz como obra poética.

ARQUEOLOGIAS PARA CANTOPOEMAS

O modo como se deu o trânsito das culturas negras para a América, firmado sobre a corrupção e a violência, contribuiu para alterar a lógica dos contatos que permite aos grupos se inter-relacionarem a partir das trocas culturais. A implantação do tráfico de escravizados restringiu a importância dos aspectos culturais, dando relevância aos fatores políticos e econômicos que justificavam — segundo a perspectiva do poder colonial — o investimento no sistema produtivo, na mão de obra e não no reconhecimento dos direitos individuais. Se as matrizes culturais indígenas e africanas produziram ressonâncias na sociedade brasileira, isso se explica, em parte, pelo fato de que nem mesmo os sistemas de produção mais tétricos são suficientes para extirpar do ser humano aquilo que o sublima como força criadora, isto é, as linguagens, formas, movimentos e significados de sua experiência cultural. Para que isso ocorra, é pertinente sustentar que a própria cultura gera, oferece, recebe de volta e torna a gerar mecanismos para a sua preservação e a sua mudança. Não se trata de uma suposição essencialista, mas de uma resultante histórica e social, pois é indispensável que sujeitos historicamente motivados tomem o leme dos acontecimentos para que o processo de morte e revitalização da cultura possa se tornar realidade.

Não há como negar que a redução dos escravizados à condição de objeto impôs aos atores que representaram esse papel o sinal distintivo da ruptura. Se os negros e seus descendentes, por um lado, reagiram à coisificação para afirmar sua dignidade humana, por outro, a experiência da ruptura se concretizou numa herança peculiar, evidenciada pela sensação de deslocamento que frequentemente força os afro-brasileiros a se indagarem sobre a sua identidade, apesar das mudanças sociais e dos debates sobre as questões identitárias que vêm estabelecendo, a bem da verdade histórica, o pertencimento, em sentido amplo, dos negros e seus descendentes à sociedade brasileira.[46] O deslocamento se inscreveu na memória das populações afro-brasileiras como símbolo negativo, porque exprimiu a viagem que retirou os africanos de uma ordem (aquela das suas sociedades de origem) para inseri-los no continente americano, onde suas concepções de ordem passaram a representar a desordem diante do modelo vigente. Porém, em outro sentido, positivo, o deslocamento foi retomado como símbolo dialético que permitiu aos africanos e seus descendentes estabelecerem reconfigurações de suas culturas e das culturas dos outros, contribuindo decisivamente para a instauração de uma complexa ordem social nas Américas.

Para apreender o deslocamento dialético, que aquece a gestação dos cantopoemas, é necessário percorrer os fios iniciais de sua tessitura. Em novo contexto, diante da negação de sua ordem de mundo, os negros experimentaram cadeias simultâneas de desordem: a *linguística* (ao se verem fora de sua ambiência idiomática e lançados em outra, desconhecendo a língua do colonizador e de outros escravizados, pertencentes a grupos distintos, com quem tomavam contato nos entrepostos do tráfico ou nos locais de trabalho); a *estética* (ao notarem que seus corpos, gostos e modos de procedimento eram detratados e submetidos à avaliação de acordo com os paradigmas brancos e europeizados); a *religiosa* (ao constatarem que seus deuses e suas cosmogonias eram transformados em demônios e superstições pela espada de fé do Catolicismo); a *moral* (ao depararem com um sistema jurídico que os desqualificava como seres humanos, identificando-os como transgressores e criminosos em potencial); a *cultural* (ao se darem conta de que seus valores e comportamentos eram considerados bárbaros por não corresponderem aos padrões da cultura eurocentrista); e a *afetiva* (ao se defrontarem com a perda da liberdade, a fragmentação dos núcleos familiares, a morte e a tortura de companheiros e conhecidos).[47]

As análises do sistema escravista que dão relevância aos coeficientes socioeconômicos nem sempre se voltam para a decodificação das sensações afetivas que mobilizam o escravizado, rompendo sua suposta neutralidade de objeto para insuflar-lhe a respiração de sujeito. As experiências de um africano capturado no Benim ou Angola e desembarcado nos portos de Salvador e Rio de Janeiro, bem como as do escravizado crioulo exposto nos mercados municipais para troca, compra e venda, constituem exemplos de violência que colocam em risco a capacidade do ser humano para atribuir sentido ao mundo em que vive. Essa desordem, em grau extremado, priva o sujeito do sentido do mundo, forçando-o à autodestruição ou à aceitação de outros modelos: ambas as situações, como se sabe, são ilustradas pelos suicídios de escravizados e pelo desconforto de muitos negros com sua própria identidade. Por outro lado, aquele que anseia tornar-se sujeito só pode se afirmar deste modo diante de um mundo que se lhe apresenta, simultaneamente, grávido de sentidos e acessível por conta dos sentidos já revelados. Considerando o desenho da sociedade escravista, esses dados indicam a existência de frestas (que chamaremos simbólicas, porque se insinuam mais nos elementos abstratos do que nas bases materiais da cultura) que os africanos e seus descendentes vislumbraram e alargaram como possibilidade para reverter a negatividade do deslocamento, na medida em que, diante da desordem ameaçadora, tornou-se evidente a necessidade de reinventar a ordem.

A reinvenção da ordem para os negros e descendentes teve de ser operacionalizada levando-se em conta as heranças da fragmentação, os encontros e desencontros das diferenças e o imperativo de constituir uma síntese que contivesse, em si mesma, uma lógica de transformações. O modus vivendi dos afro--brasileiros, portanto, estava configurado como um jogo de sentidos no qual interferiam elementos dos três continentes e uma diversidade de valores culturais; aspectos, enfim, desafiadores dos antigos modelos de ordem existentes na própria América, África e Europa. A fresta simbólica permitiu que os sujeitos afro-brasileiros articulassem bases de pensamento, teias afetivas e links de comunicação que funcionaram como modelo ideal de uma outra ordem; nesse ponto, o imaginário se tornou o lócus onde se desdobraram as negociações entre os valores culturais diferentes, consolidando procedimentos decisivos para a configuração de uma outra arquitetura de mundo. Nessa direção, o deslocamento negativo foi sendo transformado em deslocamento dialético, que pode ser demonstrado através das práticas culturais (ritos, danças, gestos) e explicado através das elaborações discursivas (cantos, narrativas, provérbios).

Os tipos de cantopoemas se relacionam às várias arquiteturas de mundo que alimentam a literatura silenciosa. O Congado exemplifica a arquitetura banto-católica; nela o *poietés* busca os temas de sua criação, a partir dela estrutura sua linguagem. Como realizamos estudos detalhados do Congado em outros trabalhos, limitamo-nos a situar seus aspectos gerais, a saber, marcos históricos, fundamentação mítica, sujeitos do discurso e da ação.[48] A experiência social do povo brasileiro foi fecundada pelo desejo de celebrar o sagrado a partir de diferentes linguagens, como se pode observar desde as coroações de Reis do Congo no Recife, em 1674. Essas linguagens atravessaram mares e terras longínquas para reconstituírem na América, de maneira nova, as antigas expectativas do ser humano de manter sua ligação com o divino. As vivências particulares dessas linguagens geraram múltiplos sistemas religiosos, sendo o de interfaces banto-católica um dos mais desafiadores.

Diante da complexidade do Congado, optamos por caracterizá-lo sob os pontos de vista da performance dramática (através da qual se concretiza num teatro do sagrado) e da concepção ideológica (por meio da qual articula os componentes éticos e religiosos que lhe dão a consistência de um sistema). Leda Maria Martins observa que no teatro do sagrado a "performance festiva nos remete ao cenário do ritual" e, citando Turner, afirma que esse cenário consiste numa "orquestração de ações, objetos simbólicos e códigos sensoriais, visuais, auditivos, cinéticos, olfativos, gustativos, repletos de música e dança".[49] Desse conjunto, destacamos três eixos que nos parecem decisivos para configurar o teatro do sagrado no Congado: a coroação de reis e rainhas, os cortejos e embaixadas, e as danças rituais. A coroação de Reis do Congo, como vimos anteriormente, teve registro já no século 17, no Nordeste brasileiro. Em Minas Gerais, as primeiras referências à coroação aparecem na obra *Cultura e opulência no Brasil*, que reúne relatos de viagem de Antonil, entre 1705 e 1706. O evento ocorria mediante a autorização concedida pelo Estado português e pela Igreja católica, que manipularam essas manifestações, até certo ponto, a fim de estabelecer maior controle sobre a população escravizada. Ou seja, ao permitir que os negros celebrassem suas festas religiosas, inibiam o seu desejo de rebelião; ao instituir uma autoridade sagrada (o Rei do Congo), tutelada pelo Estado e pela Igreja, obrigava os devotos negros à prática da obediência, que, nesse caso, se referia ao divino e também ao poder temporal.

Apesar da vigilância, a encenação das coroações ofereceu aos negros uma oportunidade para reinterpretar o próprio evento, atribuindo ao sagrado o papel de mediador entre as origens em África e as realidades brasileiras. Assim, como o controle exercido sobre os corpos dos negros foi contestado fisicamente pelas fugas e suicídios, o controle sobre suas almas foi contestado pela sua rebelião metafísica. Através dela os negros articularam os recursos necessários para se adaptar à catequese cristã, mas também para não perder totalmente suas heranças religiosas e, segundo as possibilidades, para engendrarem vivências do sagrado capazes de refletir suas expectativas.

Os cortejos e as embaixadas reconstituíram, no enredo sagrado, antigos embates dos grupos que rivalizavam antes mesmo do desembarque no Brasil. No novo contexto, as divergências foram retraduzidas para dar conta dos conflitos entre negros cristianizados e não cristianizados. Isso evidenciou uma estreita relação entre o imaginário cristão dominante e a realidade social. Ou seja, as tensões entre céu e inferno/ bons e maus serviram de pontes para desdobrar no imaginário as contendas sociais entre brancos (bons porque cristãos) e negros (maus porque não cristãos). Na síntese da relação entre imaginário e realidade se estabeleceu o código dominante, garantindo aos brancos bons cristãos o direito ao céu e aos negros maus não cristãos o exílio no inferno. Como discurso de catequese, essa ideologia apresentou alto rendimento, estendendo-se para a convivência dos negros. O combate simbólico ou real encenado durante as embaixadas reduplicou os confrontos sociais entre negros cristãos e negros não cristãos, seguindo a linha de síntese dominante, isto é, para negros bons cristãos, o céu;

para negros maus não cristãos, o inferno. Nessa sequência, a vitória se decidia em favor dos protegidos de Nossa Senhora do Rosário, são Benedito ou santa Efigênia — ícones totalmente católicos, tomando-se o ponto de vista das ações de catequese.

As danças rituais se relacionavam à comemoração da vitória dos devotos e à intervenção das forças divinas, ocasião em que a coreografia e a música apontavam para uma outra linguagem, não totalmente cristã, inserida no conjunto das celebrações. As evoluções do corpo indicam, a partir do modo como se executam os movimentos, certos sentidos e representações, isto é, ainda que todos os homens devotos reverenciem a terra e os ancestrais, a semelhança de seus gestos chamará a atenção para buscarmos neles certas particularidades. A tessitura do Congado alerta para as diferentes histórias que os corpos de negros e brancos narram no momento em que fazem, aparentemente, o mesmo gesto ritual.[50] Não há gesto melhor ou pior, mas distintos. Na medida em que essa distinção nasceu associada a um contexto, para se aproximar desse contexto, é necessário tomar os gestos como diferentes e intercomplementares. Assim, as danças rituais de negros, brancos e mestiços apresentam diferenças, mas, ao revelarem uma o que a outra não exibe, contam por complementação uma narrativa mais abrangente, que diz respeito aos processos de organização da sociedade brasileira.

Atualmente, o Congado apresenta diversas configurações, em vista da perda, transformação ou acréscimo de novos elementos. Em Minas Gerais, está articulado a partir de uma fundamentação mítica, que é reencenada através dos cortejos, embaixadas e danças rituais. O mito narra a ação dos negros que retiraram Nossa Senhora do Rosário das águas (segundo algumas variantes, de uma gruta) e, após uma disputa com os senhores brancos, assentam a santa numa capela. Desse episódio em diante, a Senhora do Rosário se torna a protetora dos homens negros. Os cortejos, embaixadas e danças reatualizam esse enredo. Os cortejos se subdividem em Reinado e ternos. O Reinado é formado por Reis e Rainhas, Príncipes e Princesas com várias designações (do Congo, Perpétuos, Festeiros etc.) e guarda-coroas, que representam a coroa de Nossa Senhora do Rosário. Os ternos ou guardas desempenham a função de proteger o Reinado; são constituídos pelos devotos que rezam, cantam, dançam e pagam promessas. Cada terno possui histórias, coreografias, músicas, vestes e instrumentos específicos. Os mais destacados são Congo, Moçambique, Catopê, Marujo, Penacho, Vilão, Caboclinhos e Candombe. Os ternos saem fora dos limites das comunidades para conduzir o Reinado, cumprir promessas e visitar-se uns aos outros. O Candombe apresenta uma série de particularidades, pois é venerado pelos devotos como a referência mais antiga do Congado; além disso, é identificado, simultaneamente, como tambores, como ritual e como terno, desafiando a perspicácia de devotos e pesquisadores.

O teatro do sagrado se apoia numa concepção ideológica responsável pela projeção do Congado como um sistema religioso híbrido e dialético, que se configurou no contexto colonial e pós-colonial, a partir de representações simbólicas e práticas culturais ligadas aos negros de origem banto e aos devotos do Catolicismo português. O relacionamento entre esses aspectos ocorreu, e ainda se desdobra, de maneira tensa e contraditória, convertendo o Congado em espelho dos processos de interação e conflito que marcam a sociedade brasileira. Do ponto de vista social, revela-se como uma experiência de comunidades menos favorecidas situadas em áreas rurais e periferias de centros urbanos. Como afirmam os devotos, trata-se de uma vivência religiosa de pobres, num ou noutro momento alterada pela participação de pessoas de classe média. Fato a se considerar é a presença de intelectuais que, durante ou depois da realização de trabalhos de pesquisa, se incorporam às comunidades por períodos contínuos ou intermitentes. Porém, relativizada a presença dos devotos flutuantes, confirma-se o predomínio de pessoas humildes, que fazem do sagrado um lugar múltiplo para construir sua identidade, dialogar com o divino e estabelecer a crítica das desigualdades sociais.

Do ponto de vista étnico, o Congado é constituído por negros, mulatos e brancos, embora o consenso afirme a dominância dos primeiros: Nossa Senhora do Rosário é consagrada como protetora dos negros, e nos discursos de autorreferência os devotos se definem como "pretinhos do Rosário". Mas é pertinente observar a formação particular das comunidades, já que é possível encontrar aquelas majoritariamente negras e outras com percentuais mais visíveis de mulatos e brancos. Nesse caso, o pertencimento à mesma faixa socioeconômica mobiliza laços de solidariedade no sagrado, ou seja, simbolicamente, todos (negros, mulatos e brancos) são "pretinhos do Rosário", na medida em que são também representantes das classes menos favorecidas. Além disso, os intercâmbios entre os grupos e a abertura para os casamentos fora das comunidades são fatos que merecem ser considerados, pois, a longo prazo, podem implicar mudanças no quadro de composição étnica do Congado. A ausência de dados censitários dificulta a análise das representações que incidem sobre os devotos e dá margem a observações que se apoiam na opinião consensual, tais como: o Congado é religião dos pobres, mas sem que tenham sido estabelecidos os sentidos de ser pobre nas áreas rurais e ser pobre nas cidades; e o Congado é religião dos negros, embora não tenham sido discutidos os conflitos interétnicos que, por vezes, afetam as relações entre negros e mulatos.

Do ponto de vista da ortodoxia, o Congado se articula a partir de matrizes que podem ser identificadas pelos símbolos da ingoma (o tambor ou o grupo de devotos) e do rosário. O primeiro designa as presenças de Zambi e Calunga, divindades do panteão banto, e a prestação de culto aos ancestrais, conhecidos também como "os antigos", que são identificados através de nomeações como *papai, mamãe, vovô, vovó, nego véio de Angola, Mãe Maria* etc. O segundo indica os vínculos com o Catolicismo através da devoção aos santos (Nossa Senhora do Rosário, São Benedito, Santa Efigênia e outros) e da observância dos preceitos eclesiásticos (adesão aos sacramentos, respeito à autoridade papal etc.).

O Congado se desenha no entrelugar gerado pelas interações e pelos conflitos entre os diferentes aspectos étnicos, sociais e de ortodoxia que lhe dão vitalidade. Para se ter uma ideia, vale frisar que os devotos se consideram católicos, inserindo-se na área de influência da instituição eclesiástica; todos são *filhos do rosário* ou *vassalos*, qualificativos tomados em função do culto prestado a Nossa Senhora do Rosário. Essa autodefinição pode ser atribuída, por um lado, à necessidade de delinear uma identidade social que seja aceita pelos grupos dominantes (lembrem-se as atitudes que demonizaram as religiões afro-brasileiras e agrediram os seus seguidores) e, por outro, à reivindicação do direito a uma história de negros cristianizados que os devotos atuais entendem como parte de sua herança (muitas vezes, nas comunidades, vê-se o discurso de valorização das práticas cristãs adotadas por "um dos antigos").

Simultaneamente ao modo de ser católico, os devotos cultivam o modo de ser apreendido das vivências religiosas africanas, como formas rituais, culto aos antepassados e processos específicos de iniciação. Nesse caso, se autodefinem como *pretinhos do Rosário* (isto é, são afeitos ao Catolicismo, mas não abrem mão dos laços étnicos e culturais que os ligam às perspectivas religiosas ancestrais), ou *filhos de Zambi* numa evidente alusão ao universo cultural negro-africano. De modo geral, os devotos são reservados quanto a essa autodefinição, preferindo manifestá-la no decorrer dos cantopoemas e narrativas ou, então, no interior das próprias comunidades. Mais do que o receio pela reprovação de suas tradições no contexto exterior, essa atitude parece refletir o interesse em resguardar conhecimentos rituais significativos. A não divulgação de certa forma de saber representa sua restrição ao círculo de iniciados no intuito de garantir a sobrevivência de valores considerados relevantes para a organização material e simbólica do grupo.

Recentemente, os contatos com militantes políticos dos movimentos negros, pesquisadores e a mídia têm interferido nessa concepção de mundo, indicando possibilidades de mudança no comportamento dos devotos. Para muitos deles, torna-se interessante evidenciar suas identidades, a partir do momento em que as matrizes antigas que as compõem são admiradas. Os agentes externos, quando atuam no sentido de reconhecer e respeitar a vida das comunidades, contribuem para dar visibilidade a essas identidades: as lutas pela cidadania empreendidas pelos movimentos negros, a valorização das culturas tradicionais levada a termo pelos pesquisadores e a difusão de imagens através da mídia audiovisual estimulam os devotos a se mostrar como portadores de um acervo cultural significativo. Assim, a herança de uma língua africana ou de uma vivência religiosa enigmática se converte em elemento através do qual os devotos se afirmam como cidadãos, defendendo, na medida em que as exibem, suas especificidades culturais.

Esses aspectos ilustram o caráter dialético do Congado, sistema capaz de se relacionar com as tradições bantos e com o Catolicismo, seguindo uma lógica que é, simultaneamente, de aproximação e distanciamento. Sua formulação é múltipla, híbrida, pois deriva da reelaboração das fontes banto e católica num contexto brasileiro, delineando o processo que Leda Maria Martins chamou, apropriadamente, de "cruzamentos transnacionais e multiétnicos".[51] O resultado consiste numa alquimia de verbos e gestos, valores e sentimentos, normas e liberdades, cuja permanência implica também a aceitação das mudanças. Daí a perspectiva da unidade na pluralidade que nutre o Congado e permite aos devotos transformarem o cotidiano em lugar de negociações, na medida em que uma ordem moral demarca seus comportamentos e uma orientação ética lhes propicia os argumentos para analisar o seu modo-de-estar-no--mundo. Sob esse aspecto, as loas do Moçambique, os apelos ancestrais do Candombe, os cantos de levantamento de mastro, as danças, as ladainhas, as promessas, as confissões e as rezas de terços são elaborações discursivas de um sistema que não é puramente banto, nem puramente católico. Possui algo de ambos, mas os ultrapassa para ser o Congado, sistema dotado de uma amplitude moral, ética e estética capaz de fundamentar a organização social de várias comunidades e de suas literaturas.

Trata-se de literaturas que remetem a histórias fragmentadas e reelaboradas, recriando esteticamente as rupturas geradas pelo tráfico e os esforços dos negros para se reorganizar em novo contexto. A leitura dos cantopoemas precisa levar em conta que essa poética nasceu dessas situações de fragmentação e vigilância, diante das quais o *poietés* era pressionado a dissimular seus discursos. O fim do escravismo não trouxe soluções definitivas para os problemas que afetavam os negros e seus descendentes, ao contrário, reconfigurou as antigas formas de opressão. Por isso, as noções de deslocamento, fragmentação e vigilância continuaram adubando o solo onde frutificavam os cantopoemas, de tal modo que a estratégia da dissimulação através do discurso não só foi mantida como aperfeiçoada pelo *poietés*. Em termos objetivos, isso significou que o *poietés* assumiu os fragmentos, as lacunas e os desliza-mentos como materiais de sua elaboração discursiva, e que buscou no sagrado os recursos para tecer sua linguagem enig-mática, eivada de poeticidade e alusões à realidade. Subjacente a essas duas atitudes, está a eleição da memória e do sagrado como pilares das narrativas de preceito e cantopoemas banto--católicos, evidenciando o *poietés* como um sujeito do tempo (passado, presente, futuro), da viagem (real ou imaginária) e da celebração (testemunha e praticante de ritos sagrados).

O acesso a essa literatura se torna inviável se não conside-rarmos os detalhes evocados pela memória através da linguagem do sagrado. Tal associação faz com que o sentido revelado pela leitura seja uma face, entre outras, de um sentido irrevelável em sua totalidade. Essa lógica nos induz a mergulhar constante-mente no texto, mas cientes de que a interpretação nos oferece apenas nuances da totalidade. Vale dizer também que a inter-pretação escava o texto, descobrindo nele as partes de uma urna sagrada, veículo de todo o conhecimento, que mesmo depois de restaurada já não exibe sua inteireza primordial. Nesse caso, a leitura e a interpretação se convertem em atividade arqueológica (que permite apreender os níveis de fragmentação e simbolismo dos textos) e lúdica (que nos leva a desenvolver uma sensibilida-de aberta à percepção da inércia como movimento, da unidade como diversidade).

Para visitar o interior das narrativas e cantopoemas, recor-remos à prática da arqueologia, que nos ajuda a analisar a cons-tituição do universo banto-católico a partir dos fragmentos resgatados pelos mergulhos da interpretação.[52] Os fragmen-tos assinalam o acesso ao sentido ou objeto que representam o *possível* de algo que pressupomos ter existido num Sentido e numa Forma maiores e mais plenos. O sentido e o objeto dis-postos no presente não se resolvem como realidades prontas ou definitivas, já que sua condição de fragmentos os qualifica para nos oferecer uma visão relativa da completude. Mas a vitalidade atual das narrativas e cantopoemas nos leva a minimizar o sentimento nostálgico diante da totalidade perdida, pois nos provoca com a possibilidade de perceber que os fragmentos foram reorganizados (à luz de novas experiências individuais e coletivas), adquirindo sentido e forma como outro sistema, tão dialógico quanto aquele primordial, que se tornou inalcançável.

Essa dinâmica relativiza a ruptura entre passado e presente, tempo mítico e tempo histórico, na medida em que o sistema primordial respira, transformado, nas reconfigurações geradas pelo sistema dos fragmentos. A lógica desse último reside no princípio das metamorfoses e dos deslocamentos, indicando que o prenúncio do novo e do diferente dialoga com as marcas do modelo tradicional. Sob esse aspecto, revigora-se a imagem do sistema primordial (rasurando-se a falsa ideia de seu simbolismo e ressaltando-se o caráter dialético das tradições), já que sua fragmentação não resultou no vazio cognitivo, mas, ao contrário, estimulou novas sínteses. Isso pode ser dito a respeito dos cantopoemas, que buscam nos fragmentos resultantes do tráfico e das relações (interativas/conflitantes) entre negros, brancos e índios os fios indispensáveis para sua tessitura. Essa poética se anuncia no entrelugar constituído pela permanência e mudança de referenciais bantos e católicos que lhe fornecem signos linguísticos como o quimbundo e o português; e míticos como as devoções a Zambi e Cristo, Calunga e Nossa Senhora do Rosário. Os aportes indígenas se explicitam, em alguns casos, pelas referências míticas ao lugar sagrado das matas; pelas citações visuais, através das plumagens, pinturas corporais e danças rituais; e pela reatualização de fatos históricos através do uso das armas (arco e flecha) em situações de conflito.

A concretização dessa poética pode ser observada na performance dos Caboclos do Serro, que apresenta na primeira parte um diálogo entre dois devotos e, na segunda, o cantopoema dedicado a Nossa Senhora do Rosário.[53] Os interlocutores emergiram da história colonial e pós-colonial, marcada por interações e conflitos. Por isso, exprimem o que ela gerou como cultura mestiça, forjada através das fusões que, no entanto, não puseram fim às formas de violência e discriminação nessas sociedades multiculturais. O cantopoema sugere a negociação como recurso para fundar um entrelugar, em que dialogam as etnias (os caboclos representam os indígenas, mas os atores do enredo são negros trajados como indígenas), as religiões (o enredo ressalta o domínio da catequese cristã, mas os caboclos, via o discurso dos negros, rememoram suas divindades) e os espaços civilizatórios (o discurso revela a distinção entre os habitantes da cidade e do interior).

1º caboclo: Ô da arumada

2º caboclo: Ô da...

1º: Olá da fragata!

2º: Olá da fortaleza!

1º: De onde vieste?

2º: Montes Claros

1º: Que trouxeste?

2º: Tonéis.

1º: Quantos dias de viagem?

2º: Vinte e cinco e meio.

1º: Grande sustã monarco,
ó grusso forense dessa mata temerana,
dizei-me caboclo de peito a peito, de
face a face, o que faz com esses anais
todos de arcos e frecha na mão?

2º: Sou um dos fiéis caboco permanente que vim
       visitá a Virgem Santa Maria e ser de-
       voto para sempre.

1º: Sim caboco, sim caboco. Se vem com fama ti te
       dou-lhe galardão; seguirá com seus
       anais todos de arcos e frecha na mão.

2º: Tupã e Tupã! São Pedro e São Paulo! Apóstolo
       de Jesus Cristo! Peço não me dexá
       morrê sem a água do batismo. Boa tar-
       de, Caboco Mestre, boa notícia vô lhe
       dá: o final desta embaixada só desejo
       lhe abraçá.

Todos: Liberdade!

       Entraremos nessa casa
       Entraremos nessa casa
       Com prazer e alegria
       Com prazer e alegria

       Agora que estou de dentro
       Agora que estou de dentro
       A minha Virgem Maria
       A minha Virgem Maria

       Que nós somos caboclinhos
       Oi, caboclinhos
       E viemos do sertão
       E viemos do sertão

       E a Virgem do Rosário
       Oi, do Rosário

Hoje é o vosso dia
Hoje é o vosso dia

Nós viemos festejá
Ô, festejá
A Virgem Santa Maria
A Virgem Santa Maria

Os cantopoemas refletem a orientação do teatro e da concepção ideológica que fundamentaram o Congado, indicando para os devotos a impossibilidade de vivenciar a inteireza dos mundos banto ou católico, mas frisando a possibilidade de participar de um outro sistema, cuja síntese dialética se exprime no universo banto-católico. Nas regiões onde as culturas indígenas ingressaram no processo de negociações, esse universo se amplia, como demonstra o cantopoema em que negros e indígenas interagem, de maneira especular, com o Catolicismo; ou seja, assim como negros e indígenas se ajoelharam no altar do Catolicismo, este — através do mito de Nossa Senhora do Rosário, que se assentou nos tambores dos negros — também se inclinou ante os discursos e as representações culturais dos oprimidos.

No entanto, esse quadro não se fixou em cores tão definidas. O cantopoema insinua a configuração de um entrelugar proteico, em que as interações e os conflitos geram significados provocadores, a saber: o batismo presidido por Tupã, são Pedro e são Paulo inscreve o devoto em outra ordem de transcendência, que supõe uma linguagem indígena-cristã para apreendê-la; o fato de os negros-indígenas passarem para "dentro" da igreja indica uma experiência cultural que se afirma em sua condição de movimento e de vir a ser; o mirar-se face a face dos interlocutores, interrogando-se, revela as tensões das sociedades multiculturais, em que os sujeitos negociam cotidianamente sua identidade e sua alteridade; a síntese (todos unidos em nome da liberdade) não se sustenta como relação definitiva, pois sua estrutura dialética mostra que está grávida dos conflitos latentes no discurso dos interlocutores: estes se sentem distintos, antes de firmar a aliança para aderir à mesma devoção (*1º*: "o que faz com esses anais todos de arcos e frecha na mão?/ *2º*: Sou um dos fiéis caboco permanente que vim visitá a Virgem Santa Maria").

A incidência de diferentes elementos na formação dos cantopoemas dificulta a determinação de seus aspectos temáticos e formais; além disso, a condição de textualidade rejeitada e o pouco interesse dos estudiosos em abordá-los como literatura aumentam ainda mais as sombras em torno de sua significação estética. Para viabilizar o acesso a essa literatura é necessário remover as camadas de silêncio que a exilaram e, ao mesmo tempo, propor caminhos para interpretar sua configuração. Trata-se de um trabalho para remover as camadas visíveis no presente, no intuito de atingir certas estruturas do passado para, a partir daí, estimular canais de diálogo e insinuar e reconhecer correlações entre as diferentes épocas, culturas e discursos. Com esse intuito, valemo-nos dos recursos oferecidos pela "arqueologia da memória escrava"[54] e de outra linha de escavações, que identificamos como arqueologia do sagrado.

A primeira, segundo Lienhard, deriva de grupos inseridos entre as "coletividades proteiformes" da América colonial e pós-colonial, que se encontram em "constante processo de redefinição e recomposição". O mapa identitário desses grupos, em geral de ascendências negras e indígenas, é desenhado a partir de suas etnias (entenda-se aqui essa categoria como "produto da história, mais do que manifestação de alguma 'essência' cultural"), que se revelam como fatores de sua exclusão ou inclusão na sociedade contemporânea. Vistas pela ótica dominante, essas etnias representam o atraso que impede os países latino-americanos de ingressarem definitivamente na modernidade; por isso, ou são excluídas dos avanços sociais, ou são utilizadas como culturas exóticas e objetos de consumo para a indústria do turismo e da cultura de massas. Porém, do ponto de vista dos marginalizados, a defesa da especificidade étnica representa um modo de reivindicar sua inclusão na sociedade. Isto é, a "etnicidade, baseada numa tradição ainda viva ou reinventada, vem a ser antes de tudo a resposta" desses grupos "a sua discriminação no seio de uma sociedade global".[55] Em linhas gerais, a ênfase na etnicidade aproxima os grupos que sofreram com as imposições da sociedade colonial e pós--colonial, explicitando o fato de negros e indígenas terem se tornado personagens da outra história por não se encaixarem na história oficial dos segmentos hegemônicos.

A arqueologia da memória escrava nos ajuda a reconstituir cenas da experiência que os negros e seus descendentes protagonizaram durante a diáspora e o cativeiro. O texto dos cantopoemas funciona como roteiro para uma leitura da outra história, costurada a partir de fragmentos e instauradora de um contradiscurso (o do oprimido), que reduplica e também rejeita o discurso dominante. Ao mergulhar nesse roteiro, o olhar arqueológico reencontra a sequência que se pode considerar como a versão da diáspora elaborada na perspectiva da poética banto--católica. O filme visualizado através dos cantopoemas é feito de lacunas e reconstruções; em sua primeira parte, abrange desde a viagem da diáspora até a abolição. São três séculos de história envolvendo África, América e Europa, gerando uma rede de experiências afetivas que se mesclam ao pragmatismo dos projetos econômicos e à instabilidade das tramas políticas. Nessa primeira fase, os negros protagonizam os seguintes episódios:

1 — *Prólogo: Tráfico e angústia da viagem para a América*

> Ô marinhero
> Lá no mar balanciô
> Ô marinhero
> Lá no mar balanciô
> Ô sereia, ô cai n'água
> Ô sereia, ô langô
> Ô Pai Xangô

2 — *Intermezzo: Ambiente do cativeiro no Brasil*

a) Cenário do sofrimento

> Papai num gosta
> De casca de coco no terrero
> Sá Rainha
> Eu alembrei do cativero

b) Opressão religiosa

> Quando branco ia à missa
> Era nego que levava
> Sinhô branco entrava pra dentro
> Nego cá fora ficava

c) Castigos e torturas

> Nego num podia falá nada
> Que de chiquirá inda apanhava

d) Resistência religiosa

> Ei, Calunga me leva
> pra minha terra

e) Resistência dos quilombos

> Ô, candombero bom
> É do quilombo

3 — *Epílogo: A abolição da escravatura*

Tava dormino	No dia 13 de maio
Sá Rainha me chamô	Fazendero todo chorô
— Acorda, nego	Chorô, chorô
O cativeiro já acabô	Cativero de nego acabô[56]

A segunda parte do filme aborda do período pós-abolicionista à contemporaneidade. O contradiscurso, nesse caso, utiliza a memória escrava como metáfora para se referir a questões atuais: para denunciar a opressão e a dureza do trabalho, recorre-se à violência aplicada contra os ancestrais; para ressaltar o orgulho e as habilidades dos negros e seus descendentes, retoma-se a ação dos quilombolas e a sabedoria dos que dominavam o sagrado. Nessa segunda fase, os canto-poemas se referem menos aos acontecimentos e destacam mais a simbologia das atitudes, ainda que estejam no passado. O filme adquire aspecto conceitual e as sequências apelam para o olhar analítico dos protagonistas e espectadores a fim de que apreendam as funções do *poietés*, a leitura do passado, os confrontos ideológicos e o reconhecimento das especificidades dos afro-brasileiros, traços, enfim, que ressaltam o caráter metalinguístico do filme histórico. Ou seja, o contradiscurso que contesta o discurso dominante acerca das populações afro-brasileiras coloca-se à prova durante as celebrações do Congado, sendo comentado pelos devotos, que o rejeitam (se não corresponde às expectativas) ou o aceitam e ampliam (se traduz suas ansiedades e lhes abre as portas para a interpretação dos fatos históricos).

O roteiro metadiscursivo assinala os embates ideológicos que presidem a construção da história, já que o *poietés* tem de analisar a versão gerada pelos autores do discurso dominante e ultrapassá-la, oferecendo outra versão, que seja significativa para os contemporâneos. Nessa fase, os cantopoemas sugerem um filme em aberto, no qual os afro-brasileiros e a sociedade brasileira se deparam com questões em processo de negociação. O roteiro, baseado em temas do passado, abre-se ao presente com um leque de provocações, a saber:

1 — *Afirmação da legitimidade do narrador*

> É divera, povo bão
> Agora eu vô falá
> Eu sô fio dessa ingoma
> Eu nasci nesse congá

2 — *Revigoramento dos laços com os ancestrais*

> Ih, essa gunga num é minha, ai, ai
> Essa gunga num é minha
> Num é minha, num é minha

Essa gunga é de vovó meus irmão
Pra nós conservá
Chora ingomá

3 — Os conflitos ideológicos

O sô Padro abre a porta

Ô! que o nego qué entrá

Qué ouvi a santa missa

Que o Padro Eterno vai
celebrá

Quando eu saí de casa

Minha mãe me encomendô

Oi, meu fio, cê num apanha

Que seu pai nunca panhô

4 — Valorização da etnicidade

Seo Moçambiquero

Segura a toada

Que o povo de Angola

Não é de caçoada

Nego de coroa

É nego batizado

Nego de coroa

Nego iluminado[57]

O convívio com o sagrado consiste numa experiência universal, embora suas práticas, ritos e linguagens adquiram características locais, refletindo percursos histórico-sociais específicos. Em diferentes contextos, o ser humano, individualmente ou em grupo, tratou de decifrar e coordenar suas ligações com o sagrado; para isso, estabeleceu códigos, organizou instituições, produziu discursos, ergueu templos ou tomou a própria natureza. As traduções do universal (a busca do mistério) se concretizaram em vivências histórica, social e esteticamente marcadas, resultando no cultivo e na exposição das diferenças a fim de particularizar os modos como os grupos se exprimem em relação ao divino. Isso demonstra a existência de vínculos entre as vivências do sagrado e as identidades étnicas, justificando, por um lado, a investigação das particularidades que dão sentido às experiências de grupos localizados e, por outro, a dos traços comuns às várias religiões.

O primeiro enfoque nos permite acessar a memória de afro-brasileiros centrada no percurso da diáspora, podendo ser assinalada como memória escrava, ou então memória de indígenas-brasileiros, rasurada pela colonização e que se torna legível também a partir da memória escrava. A etnicidade, nesses casos, sobressai como traço distintivo e evidencia as leituras específicas que esses grupos realizaram do sagrado. O segundo enfoque aponta o sentido universalizante, que confere ao sagrado a propriedade de abarcar as especificidades étnicas. Isso ocorre quando as feições históricas da memória escrava (de negros e índios) são filtradas através da linguagem do sagrado, fazendo com que as experiências religiosas interfiram nos processos sociais (vide comentários anteriores sobre a educação pela festa). A memória do sagrado, portanto, é mais abrangente que a memória escrava, mas essa abrangência se sustenta porque ambas desenvolvem uma relação intercomplementar. Ou seja, o universal do sagrado oferece recursos (como força de coesão e visão da imanência e da transcendência) para que as particularidades étnicas (como busca da identidade, defesa do território, afirmação da autoridade) possam ser pleiteadas no cenário da história cotidiana. Por outro lado, o reconhecimento das especificidades étnicas no plano da história reafirma a visibilidade do sagrado, seja para debater temas referentes à imanência, seja para sinalizar outros sentidos para a vida na transcendência.

Os cantopoemas exemplificam a interseção entre memória escrava e memória do sagrado, traçando um roteiro em que os fatos e a interpretação dos fatos se mesclam para gerar uma concepção de mundo simultaneamente universal (porque ressalta as relações entre o visível e o invisível, o concreto e o abstrato) e particular (porque destaca o negro, livre ou escravizado, como protagonista dessas relações). Por isso, recordar os eventos do cativeiro implica recordar o sagrado no qual os negros e seus descendentes encontraram meios para superar a desordem que os atingiu. A resistência à escravidão está inscrita na memória do sagrado, como indicam os elementos de outro filme conceitual sugerido pelos cantopoemas. Neste, os apelos simbólicos da linguagem são ampliados e o não dito se converte no texto principal, embora a superfície do discurso e das imagens pareça confirmar o discurso dominante. Através do sagrado, os negros e seus descendentes rezavam a seus deuses, apesar de rechaçados pela religião oficial; confrontavam a opressão ao apropriar-se do imaginário católico; reelaboravam seus valores culturais a partir da religiosidade e do convívio com os antepassados. Vejamos o roteiro:

1 — *Oração aos deuses sem templo*

Nego num podia falá nada
Que de chiquirá inda apanhava
Nego só ia rezá
Quando na sanzala chegava

2 — *Terra e céu para os oprimidos*

Sinhô Rei me chamô
Com chicote na mão
Ele qué me batê
Eu num quero apanhá
Eu num sô nego dele

Oi vivá, oi vivá

Chegô na porta do céu,
Estava trancado
Com cadeado de bronze.
O cadeado arrebentô,
Caiu no chão,
O chão tremeu,
A terra gemeu,

Viva Nossa Senhora
Oi vivá

Nossa Senhora disse:
— Entra meu filho
Vem vê o Rosaro de Maria.
Hoje chegô o nosso dia
Com prazê e alegria.

3 — *Guerreiros dos enigmas*

Oi, a roda do mundo
é grande
A de Zambi inda é maió

Me lembrei dos tronco véio
Canarim beija-fulô
Eu lembrei foi do passado
Do tempo do meu avô

Nego véio de Lugamba

É na língua de um nego
É na língua de Angola
Olha ninguém me entende
Olha a língua de Angola
Olha ninguém compreende[58]

As arqueologias da memória escrava e da memória do sagrado são procedimentos de investigação que restabelecem os vínculos entre passado e presente, mediante a percepção do dinamismo que os envolve. O sentido dessas referências espaçotemporais não está determinado de maneira irrevogável, embora por implicações ideológicas seja possível circunscrevê-las a um parâmetro restrito, tomando o passado como tempo-espaço das situações resolvidas e o presente como o das situações em curso. No entanto, as escavações sugeridas pelos cantopoemas evidenciam que o *poietés* os apreende como espaços e tempos em movimento, que implicam, via de regra, a possibilidade de expandir a sensação de presença do ser humano. Quer dizer, na medida em que os cantopoemas vitalizam o passado, ressuscitam também tudo que o constitui, em particular os indivíduos: assim, um antepassado se mantém vivo, e aquilo que parece ausência (o seu afastamento do presente) é convertido em reapresentação ou nova presença.

Simultaneamente, o *poietés* interpreta o presente como futuro dos antepassados e passado, dinâmico, de si mesmo. As noções espaçotemporais se alargam e se aprofundam, abarcando as antíteses que movem a existência humana, isto é, vida e morte, princípio e fim são tomados pelo *poietés* como sínteses que se abrem continuamente a novas sínteses: viver é morrer, morrer é nascer, iniciar é terminar, concluir é recomeçar — operações que exigem um contexto próprio para sustentá-las. O Congado vem a ser um desses contextos, no qual é possível sintetizar eventos históricos e experiências transcendentes, atualizar os ancestrais e levar os contemporâneos numa viagem ao passado. O *poietés* se associa ao Congado, como devoto, pois aí tem acesso às informações e vivências afetivas que lhe permitem transitar entre os espaços-tempos, acumulando percepções que serão traduzidas e socializadas através da linguagem.

Ao abrir essas janelas, as arqueologias da memória se tornam instrumento para realizar investigações objetivas que reconstituem as formas de vida e pensamento dos grupos sociais, e funcionam também como fontes para a criação artística. A memória escrava, por exemplo, permite que o historiador das culturas recomponha cenas nas quais os negros atuaram e que nem sempre foram narradas nos capítulos da historiografia oficial. Ao escavar a linguagem dos cantopoemas, pode-se chegar às camadas encobertas da vida social, que revelam outra formulação para as relações entre negros, brancos e mestiços no contexto da escravidão. Além disso, o aspecto fragmentário e não linear da memória reforça a elaboração de outras versões da história que circulam simultaneamente à versão oficial, gerando um jogo de contrapontos discursivos.

Esse jogo tem sido apreendido de forma ambivalente pela criação artística brasileira, em particular a literatura. Sobressai uma leitura determinista da memória escrava, quando os poetas cantam a dor e o sofrimento como signos absolutos da experiência dos negros, enclausurando-os atavicamente ao lamento e à obscuridade. Na poética de Castro Alves, favorável aos escravizados, é possível verificar esse determinismo, explicitado pela reduplicação do relato bíblico que amaldiçoa os descendentes de Cam: "Cristo! embalde morreste sobre um monte.../ Teu sangue não lavou de minha fronte/ A mancha original".[59]

Por outro lado, sem deixar de denunciar as atrocidades do escravismo, articula-se a visão que ressalta o princípio dialético da memória escrava, considerando-a como um tópos sujeito às transformações. Nesse circuito estão inseridos os poetas que se assumem como sobreviventes, apesar da violência cometida contra os ancestrais, e reivindicam essa história para si. A partir da reinterpretação da história, consolidam a crítica à exploração e reclamam os seus direitos como afro-brasileiros. A memória escrava, nesse caso, é incorporada à trajetória dos afro-brasileiros, tornando-se um dos fatores constitutivos de sua identidade. Solano Trindade (1908-1974), poeta nascido na cidade do Recife e depois radicado no Rio de Janeiro, exemplifica essa vertente. O autor aderiu às lutas pela justiça social, desenvolveu intenso trabalho com as culturas populares e reivindicou a posse da memória escrava num poema emblemático, "Navio negreiro":[60]

Lá vem o navio negreiro
Lá vem ele sobre o mar
Lá vem o navio negreiro
Vamos minha gente olhar...

Lá vem o navio negreiro
Cheio de melancolia
Lá vem o navio negreiro
Cheinho de poesia...

Lá vem o navio negreiro	Lá vem o navio negreiro
Por água brasiliana	Com carga de resistência
Lá vem o navio negreiro	Lá vem o navio negreiro
Trazendo carga humana...	Cheinho de inteligência...

O engajamento social de Solano Trindade o leva a situar a memória escrava no fluxo dialético da história. Com isso, a memória dos cativos, a princípio tomada como patrimônio dos negros e seus descendentes, passa a identificar todos os oprimidos contemporâneos. Sua poética condena a violência contra os antepassados e contra os operários, cujas precárias condições de vida os transformam em escravizados modernos. A revolta contra os senhores do passado é reelaborada para contestar os senhores do presente, que restringem os direitos dos menos favorecidos e exploram sua força de trabalho. A poética de Solano Trindade propõe a reconfiguração da memória escrava, de modo a superar o que ela tem de opressão e miséria para projetá-la como herança de sobrevivência e ponto de partida para a utopia de uma sociedade solidária. Daí, o seu compromisso com as lutas pelas transformações sociais e a afirmação da poesia e do poeta como anunciadores dos novos tempos: "Eu sou poeta do povo/ Olorum Ekê// A minha bandeira/ É de cor de sangue/ Olorum Ekê/ Olorum Ekê/ Da cor da revolução/ Olorum Ekê// Meus avós foram escravos/ Olorum Ekê/ Olorum Ekê/ Eu ainda escravo sou/ Olorum Ekê/ Olorum Ekê/ Os meus filhos não serão/ Olorum Ekê/ Olorum Ekê".[61]

Não é nosso objetivo analisar especificamente os desdobramentos da memória escrava, mas, ao apontar seu estímulo para a investigação objetiva e a criação artística, desejamos realçar a importância dos procedimentos apresentados pela arqueologia da memória. Eles nos ajudam a reconstituir a vida cultural, social e política em planos gerais, ao mesmo tempo em que podemos iluminar aspectos particulares dentro desses planos. Assim, sob as camadas de linguagem e sentido dos cantopoemas, redescobrimos as experiências dos negros escravizados que, embora ignoradas pela história oficial, se confirmaram como fatos e nos oferecem uma visão mais ampla da sociedade brasileira. Mas, além disso, a arqueologia da memória nos incita a reconstituir certos detalhes decisivos para a compreensão da sociedade, apesar de estarem mesclados aos acontecimentos considerados maiores. Referimo-nos, por exemplo, à passagem da textualidade banto-católica da oralidade para a escrita e, em etapa posterior, para a instalação da convivência entre os dois suportes.

O mergulho arqueológico reata os vínculos espaçotemporais, possibilitando a análise das vias históricas que relacionam passado e presente. No que concerne às tradições orais, esse exercício se torna possível quando emendamos as linhas visíveis das fontes documentais escritas, desenhos e pinturas com as linhas invisíveis das elaborações discursivas disponibilizadas através da memória coletiva. Esse método, evidentemente, não reproduz ipsis litteris o processo histórico, mas permite criar uma representação ou modelo para pensá-lo. Por se tratar de um modelo, é justo considerar que sua elaboração tem o objetivo de responder a certas indagações e de sugerir certo modo para atribuir sentido à realidade. Um esboço desse modelo está implícito na análise que Chamoiseau e Confiant estabelecem para explicar o surgimento do *conteur créole* das Antilhas. Os autores costuram a relação entre o Grito (cantos de trabalho e rebeldia dos escravizados nas plantações) e a Palavra que nutre as narrativas do *conteur*. Apesar de estarem em espaços e tempos distintos, o Grito e a Palavra estão interligados, correspondendo, em cada espaço-tempo, à ação discursiva de diferentes atores. Ou, como afirmam os autores, o herdeiro do grito será o *nègre marron* (o escravizado fugitivo, equivalente do quilombola brasileiro que nega o escravismo e se refugia nas matas), enquanto o "artista do grito, o receptáculo de sua poética" será o *Paroleur* ou *conteur créole* (situado numa faixa que o vincula à grande plantação, paralelamente à possibilidade de incursionar pelos espaços da casa).[62]

Para os cantopoemas, esse modelo pode ser reconfigurado a partir das indagações: em que espaço ecoavam? Quem foram, inicialmente, os seus enunciadores? Como se costurou a relação entre oralidade e escritura nos cantopoemas? Essa relação provocou mudanças no perfil de seus enunciadores? O que essa relação implica em termos estéticos? Apesar do paradoxo, é válido dizer que os cantopoemas ocuparam o espaço da margem, mas dentro do sistema social vigente. Isso se deve à sua origem, pois, sendo tecidos como discurso pertencente ao Congado, reduplicaram as ambivalências e a dialética desse sistema religioso. Ou seja, se desenvolveram no espaço da sociedade colonial e pós-colonial, simultaneamente às outras formas literárias e de discurso religioso, embora não tenham sido considerados nem como literatura nem como discurso religioso privilegiado. Isso se deve aos seus enunciadores, isto é, negros e seus descendentes, identificados com a imagem dos escravizados e depois homens livres. Nas duas condições, todavia, o estatuto dos enunciadores correspondeu àquele dos indivíduos socialmente menos favorecidos: pobres, negros e mestiços, habitantes de áreas rurais e periferias urbanas.

A relação da oralidade com a escritura nos cantopoemas revela a hierarquia que situou as culturas afro-brasileiras num plano inferior da ordem social, na medida em que os enunciadores da versão oral tiveram pouco ou nenhum acesso ao suporte da escrita. Os enunciadores iniciais dos cantopoemas foram os negros e seus descendentes, escravizados ou libertos, devotos do

Catolicismo e das heranças religiosas africanas. Entoavam os cantopoemas durante as celebrações (procissões, coroações de Reis Congos) e nos locais de trabalho (minas, plantações, terreiros de fazendas), relacionando essa modalidade discursiva ao grupo étnico formado por negros e mestiços pertencentes ao segmento social menos favorecido. Por isso, a evocação e a análise dos aspectos étnicos e sociais se tornaram traços distintivos dessa poética, na medida em que delineiam as trajetórias pessoal e coletiva de uma parte da população afro-brasileira.

De modo geral, foram os viajantes, sobretudo no decorrer do século 19, e os pesquisadores contemporâneos que efetivaram o registro escrito dos cantopoemas e narrativas, bem como dos ritos e condições sociais em que eram realizados. Prevaleceu, portanto, o ponto de vista "desde fora", responsável pela elaboração de interpretações etnocentristas e acadêmicas, que não davam conta da outra realidade estética incrustada nos cantopoemas. Só recentemente tem-se dado alguma atenção aos cadernos dos devotos, nos quais aparece o registro feito pelos próprios enunciadores dessa literatura. Mas isso ainda não é suficiente para realçar a estética dessa escritura, principalmente quando é utilizada para ilustrar as descrições e análises dos pesquisadores.

Apesar de limitado, esse quadro esboça uma costura entre oralidade e escritura que pode se desenrolar num espectro mais complexo. O primeiro sinal é a problematização que impõe para delinearmos o perfil dos enunciadores dos cantopoemas: enquanto criação estritamente oral, estiveram restritos ao *poietés* na área de sua comunidade, mas a escritura feita pelos devotos ou por viajantes e pesquisadores está criando novos meios de difusão e novos espaços de recepção para essa literatura. Além da performance do *poietés* com alcance local, ela ganha circulação através da mídia impressa (livros, fôlderes, cartazes, panfletos, encartes de discos e CDs) e audiovisual (documentários em vídeo, filmes etnográficos, coberturas jornalísticas durante as festas), culminando na rede mundial de computadores, através de sites (idealizados por pesquisadores ou instituições culturais) que se transformam em hipertextos. Sob esse aspecto, as produções da oralidade, em vez de sucumbir ao surgimento das novas tecnologias, têm se adaptado a elas, gerando novas redes de significação e ampliando nosso acesso a diferentes tipos de textualidade.[63] No tocante aos cantopoemas, coloca-se a questão da mudança no estatuto de gerenciamento da textualidade — como veremos adiante —, pois sua inserção nas novas mídias ocorre através de terceiros (pesquisadores, artistas etc.), em vista das restrições socioeconômicas que têm impedido, até agora, o *poietés* de manuseá-las.

O segundo sinal diz respeito à estrutura linguística dos cantopoemas. A versão oral do *poietés* flagra a palavra como objeto sonoro, caracterizada por flexões de ritmo e junções de sons que não são capturadas pela escritura. Esta, por sua vez, intenta um registro ou descrição fiel do canto, seja pela reprodução do modo de falar do *poietés*, seja pela grafia fonética. No entanto, o que parece em curso é a formulação de duas realidades poéticas, pois os contextos diferentes do ritual e da mídia impressa interferem nos sentidos evocados por quaisquer dos cantopoemas. Por exemplo, um cantopoema como "Óia a saia dela, Mariana/ Óia a saia dela, Mariana/ Mas ela faz assim, Mariana/ Oi, dá um jeito nela, Mariana", entoado no contexto de uma disputa ritual, adquire outros contornos na sobriedade do livro, distante das provocações de outro *poietés* que esteja cercado por seus parceiros, instrumentos, cores e linguagens.[64] Além disso, os cantopoemas escritos pelos devotos ou pesquisadores apresentam diferenças na ortografia, na divisão dos versos, no agrupamento dos textos, de modo que os conjuntos organizados constituem antologias peculiares.

As divergências suscitam uma situação particular, isto é, aparentemente se trata do mesmo texto que passou da oralidade para a escrita, mas a análise estilística aponta o desenvolvimento de formas poéticas distintas, que se estabelecem como variações sobre um mesmo tema. Na versão oral, o *poietés* trabalha frequentemente com a supressão dos ditongos, com a redução final dos gerúndios e infinitivos, e com a marcação de número nos artigos sem acompanhá-lo da mesma flexão nos substantivos. A transcriação realizada por terceiros oscila, ora registrando esses traços, ora "corrigindo-os" para adequá-los à língua padrão. Diante desse contraste, o cantopoema do *poietés* e o do transcriador se referem à mesma realidade, embora apresentem diferenças estilísticas do tipo *bandera/bandeira*; *cantano/cantando*; *falá/falar*; *os antigo/os antigos*. Considerando-se que o cantopoema resulta do amálgama entre palavra cantada e falada, espera-se que as alterações fonéticas promovidas pela escritura impliquem alterações em sua configuração textual. A mudança é quase imperceptível pois, semanticamente, não há diferença entre *falá/falar*, *cantano/cantando* etc. Contudo, ela se manifesta ao nível de concepção do cantopoema, pois a alteração fonética impõe modificações na duração dos sons e no registro das palavras (segundo a norma culta ou coloquial), aspectos que indicam diferentes maneiras de os sujeitos criadores se relacionarem com a linguagem.

A análise dos papéis exercidos pelo *poietés* e pelos transcriadores aponta mudanças nos perfis dos enunciadores dos cantopoemas. A principal delas, a mudança no estatuto de gerenciamento da textualidade, abre novas perspectivas e atribui novas funções aos cantopoemas. O *poietés* reduplica, cria e administra os cantopoemas para atender à demanda dos rituais, realizados, geralmente, por e para um público local. Os atributos estéticos e os significados da textualidade se reservam a um tipo específico de consumo, ou seja, aquele que transmite orientações fundantes da identidade dos devotos. Vale aqui a máxima da poesia como algo doce e útil, pois o prazer da celebração e a utilidade da informação perpassam o discurso do *poietés* e encontram a simpatia dos receptores. O transcriador, em acordo com as casas editoriais, reedita os cantopoemas para fazer um estudo crítico ou preservar um patrimônio cultural, mas não exatamente para atender à demanda dos rituais (isso pode ocorrer indiretamente, quando os devotos tomam os livros como objeto de interesse, já que foram escritos com elementos de sua própria história). A mediação do transcriador amplia a repercussão dos cantopoemas, lançando-os da esfera local para a global, o que implica a inserção dos cantopoemas em outros espaços (congressos universitários, bibliotecas), para a apreciação de novos públicos (estudiosos, artistas, estudantes), através de sua recriação em outros idiomas quando os ensaios, livros de pesquisas ou encartes de CDs são traduzidos para divulgação no exterior.

Embora permaneça evidente que os cantopoemas são gerenciados pelo *poietés* e pela comunidade de devotos, não se pode rechaçar o fato de que a ação do transcriador e das novas mídias interfere nesse estatuto e descreve outras fronteiras de representação para a literatura silenciosa. Os cantopoemas continuam sendo o discurso ritual da comunidade, mas sua inserção em outras mídias ressalta outras de suas características, como a possibilidade de serem pensados no âmbito das literaturas comparadas e das artes multimídias que mesclam teatro, dança, canto, poesia, narrativa. A par disso, o *poietés* e o transcriador assumem, por diferentes caminhos, a tarefa de trabalhar o discurso como elemento fundador das experiências do sujeito, permitindo-lhe estender pontes entre a transcendência e a realidade social, o indivíduo criador e o público, o local e o global.

Esses movimentos afetam a estética dos cantopoemas, a princípio, como vimos, no tocante à forma da linguagem. A passagem do suporte oral aos suportes escrito e audiovisual demonstra as possibilidades desta literatura, que se realiza através da palavra cantada e se adapta aos recursos da escrita nos livros e do hipertexto nas telas dos computadores. Além de mudança, é pertinente falar em expansão estética dos cantopoemas, pois o diálogo com diferentes suportes e modos expressivos é inerente à sua constituição. Os cantopoemas convocam, simultaneamente, as linguagens do canto, da dança e da representação no intuito de fazer fluir os significados da palavra, o que nos leva a pensar seu circuito estético como convivência a partir das diversidades e não apenas como percurso linear da oralidade para a escritura. Trata-se de uma estética que mimetiza os modelos da tradição, mas que é, ao mesmo tempo, antropofágica, estabelecida para sustentar as tensões inerentes aos processos criativos.

A dialética do Congado viabiliza a ação antropofágica do *poietés*, permitindo-lhe apropriar-se dos cantopoemas externos para ressemantizá-los no contexto de sua comunidade. Isso explica, em parte, o interesse dos grupos em gravar as performances uns dos outros. Essa tarefa, que no passado dependia da capacidade mnemônica para capturar os cantopoemas do outro, conta hoje com o reforço de aparelhos como o gravador e o vídeo. A ação antropofágica se exerce também sobre a textualidade do Catolicismo: o *poietés* se apropria de orações, benditos e cantos da instituição. Por exemplo, o canto "Mãezinha do céu/ Eu não sei rezar/ Só sei repetir/ Eu quero te amar" adquiriu novos apelos semânticos, rítmicos e coreográficos na performance dos ternos de Congo; o mesmo aconteceu com a canção "Porque o Senhor tem muitos filhos/ Muitos filhos ele tem/ Eu sou um deles/ Você também/ Louvemos ao Senhor", divulgada na mídia através de um representante eclesiástico (o padre Marcelo Rossi), que foi reinterpretada, no sentido da antropofagia oswaldiana, pelo terno de Moçambique da comunidade dos Arturos.

Ao divisarmos o roteiro de gênese e transformação dos cantopoemas, acompanhamos a configuração do *poietés*, cujo perfil mescla os procedimentos dos antigos com os apelos contemporâneos. São inerentes ao *poietés* as experiências com os embates, diálogos e sínteses a partir dos quais desenvolve seus exercícios de preservação e mudança das tradições. Sua imagem é fixada segundo pinceladas alternativas, pois é possível apreendê-lo tanto na pessoa de um Rei ou Rainha paramentados quanto na de um devoto em trajes de afazeres cotidianos. Nos cenários do Congado, não são os adornos rituais que necessariamente identificam o *poietés*, embora possa haver situações em que os capitães (usando bastões, rosários e a vestimenta ritual) e os reis (portando as coroas e os cetros) desempenhem as funções do *poietés*, gerenciando os cantopoemas e as narrativas de preceito. Os múltiplos termos que os devotos usam para fazer sua autodefinição acentuam a imagem deslizante do *poietés*, incluindo-o entre os capitães, pretinhos do Rosário, marujos, brejeiros, filhos do Rosário, filhos de papai e mamãe, filhos de Zambi, vassalos, macurandambas, angangas muquiches, devotos. As autodefinições refletem as personae que constituem a unidade em diversidade do *poietés*, bem como os diferentes pontos de vista que assume para observar o mundo. Assim, a humildade do vassalo contrasta com a sabedoria do macurandamba; o contentamento dos brejeiros, com a austeridade do anganga muquiche. Esses atributos não são rígidos ou incompatíveis entre si, mas perspectivas psicológicas em movimento, que ampliam as possibilidades do sujeito para analisar a realidade e para interferir nela através de sua capacidade criadora.

Se a autodefinição ressalta os caracteres psicológicos do *poietés*, não é capaz de delinear a sua performance, ou seja, não explicita a obra que ele reduplica ou cria, nem exatamente como desempenha essas funções. Para evidenciar o devoto que trabalha os cantopoemas temos utilizado o termo *poietés*, por designar, de maneira geral, o sujeito criador que tem acesso aos meios fundantes da *poiésis*. Nesse sentido, é possível alinhar como *poietés* (sujeito criador), entre outros, o devoto do Congado, o *griot* africano, o *troubadour* medieval e o *songman* australiano. Porém, vale estar atento ao fato de que o caráter universal do criador se explicita a partir de experiências locais, que revelam trajetórias histórico-culturais específicas. Por mais que existam pontos comuns entre os sujeitos criadores, não se pode ignorar os apelos particulares que diferenciam as performances de um devoto (executando cantopoemas ao som do tamboril no terno de Congo) e de um *griot* (exibindo-se ao som do *kora* no centro de uma aldeia): as paisagens naturais e culturais, os meios de organização socioeconômica e os sistemas simbólicos (em especial, as vivências do sagrado) estimulam a tessitura de linguagens específicas para referenciar os vários modos de ser *poietés* no Brasil (Minas Gerais) e na África (Senegal, Gâmbia, Guiné-Bissau, Mali).

Os nomes locais, contextualizados, atribuídos ao sujeito criador, tornam-se importantes, na medida em que dizem respeito a um mapa cultural, histórico e social com contornos visíveis. Existe uma relação umbilical entre o sujeito criador e seu lugar, pois um fala através do outro, estabelecendo a cumplicidade necessária para que um seja definido em função do outro. Assim, não cabe nomear o *griot* senegalês como *troubadour* medieval ou vice-versa; nem chamar o devoto do Congado de *songman* australiano ou vice-versa. É a partir do nome local que se abrem os diálogos com as representações universais do sujeito criador, pois esses nomes transportam bagagens, a um só tempo, gerais (porque frutos da experiência social humana) e particulares (porque resultam de cultivos adequados às diferentes situações ecológicas, políticas, econômicas e sociais). No que se refere ao *griot*, ao *troubadour* e ao *songman*, há certo consenso quanto à relação entre os seus nomes locais e os tipos de textualidade que produzem.

No entanto, o mesmo não ocorre com o devoto do Congado, pois os mergulhos em sua textualidade e em suas performances ainda não se aprofundaram. Isso dilui sua individualidade em meio à dos outros devotos, contribuindo para que sua habilidade ao trabalhar o cantopoema sob um ponto de vista pessoal seja pouco percebida e reforçando somente sua competência para reduplicar os modelos fornecidos pela tradição. Não estamos autorizados a escrever "o nome" do *poietés* do Congado, já que a dinâmica de seu grupo através da autodefinição se encarregou disso, optando pela nomenclatura deslizante. Mas como procedimento analítico, para ressaltar os laços entre o nome local e a bagagem histórico-cultural específica, queremos sugerir um termo que nos permita realçar a postura artística desse devoto em face de sua produção textual. Daqui por diante, identificaremos o *poietés* do Congado pelo termo "cantopoeta", relacionando-o à sua obra de cantopoemas e narrativas. Para esboçar os contornos locais do autor e da obra, vamos retomar a caracterização dos cantopoemas (lembre-se de que comentamos as narrativas em outra oportunidade) e traçar, a partir de analogias, uma representação do cantopoeta.

Os cantopoemas constituem um corpus literário híbrido, pois mesclam diferentes elementos formais (versos livres, esquemas de estrofes e rimas variáveis), estilísticos (repetições de fórmulas conhecidas e improvisos) e de expressão (canto, coreografia, dramatização), além de utilizarem a oralidade e a escritura como suportes. A performance com os dois suportes — enfatizando mais a oralidade — é desenvolvida pelos cantopoetas, enquanto os transcriadores dos cantopoemas, em geral pesquisadores, atuam no nível da escritura. Como apontamos, existem diferenças entre as ações do cantopoeta e do transcriador, fato que exigirá, em estudos posteriores, um cotejamento crítico entre as duas performances, a fim de estabelecer uma notação capaz de apreender as versões que melhor correspondam às realidades e aos agentes fundadores dos cantopoemas. Quando trabalhamos com os textos recolhidos junto aos cantopoetas e com os textos registrados pelos transcriadores, entendemos que é necessário fazer duas considerações a título de autocrítica: a primeira é que, ao atuarmos como transcriadores, por maior que seja a pretensão de manter o registro fiel dos cantopoemas, também interferimos em sua estrutura; a segunda é o fato de que, ao lidarmos com antologias de outros transcriadores, deparamo-nos com uma textualidade reelaborada, apesar do interesse dos investigadores de realizar um registro fiel dos originais.

No entanto, esses traços — anunciados como dificuldades mais para o estudioso que para o cantopoeta — emergem como uma das riquezas dos cantopoemas, pois indicam que seu processo de criação se baseia na diversidade das performances. O cantopoema original está sempre nascendo durante a ação do cantopoeta, gerando a metáfora de uma textualidade cuja fonte tem como característica a constância da movimentação. O mesmo cantopoema apresenta variantes que se adaptam aos diferentes momentos da comunidade sem que isso implique a destruição de um possível modelo original. Compete ao cantopoeta conectar as variantes aos diferentes contextos, de modo a sustentar a rede comunicativa que permita aos devotos apreenderem os aspectos rituais e estéticos dos cantopoemas.

Diante desse corpus, torna-se complexa a tarefa de definir a figura do cantopoeta, visto que suas ações se assemelham às de outros performers sem, contudo, serem exatamente iguais a elas. Similaridades de âmbito geral, como o uso da oralidade, são frequentemente consideradas para identificar os cantopoetas aos *griots* africanos. É justa a intenção de reconstituir as ligações entre as culturas afro-brasileiras e seus berços africanos, mas é importante também reconhecer a originalidade que pertence ao patrimônio africano (os *griots*) e aquilo que se articulou como originalidade do patrimônio afro-brasileiro (os *cantopoetas*). Isso nos leva a pensar, por um lado, na existência de aspectos comuns entre os vários performers (tais como a práxis do sujeito multimeios que se vale de canto, dança, teatro, instrumentos, poesia e narrativa como suportes para a palavra; a atividade que mescla preocupações rituais e lúdicas, responsáveis por uma configuração órfica dos performers; a representação social que os legitima como embaixadores e porta-vozes do patrimônio cultural do grupo; a iniciativa estética que lhes possibilita fazer uma leitura pessoal desse patrimônio ao mesmo tempo que o reiteram), por outro, na afirmação de aspectos particulares decorrentes dos contextos socioculturais que os geram e alimentam. Por isso, procuramos observar as características gerais de alguns performers e a partir delas delinear uma representação que ressaltasse os contornos específicos do cantopoeta.

As informações acerca dos *griots* são complexas, posto que se relacionam a diversas organizações sociais inscritas no continente africano. Considerando que nos referimos aqui a características gerais dos *griots*, sem detalhar as redes de formação e atuação com as quais estão envolvidos, vale ressaltar, conforme Hampâté Bâ, que a "tradição lhes confere um status social especial [...] têm o direito de ser cínicos e gozam de grande liberdade de falar".[65] No tocante às regiões do Mali, Senegal,

Gâmbia e Guiné Bissau, o *griot* consiste num cultivador de textualidades, que se desloca de um lugar a outro, no caso dos itinerantes; ou se destaca em sua própria região, no caso daqueles que desenvolvem ofícios como a pesca e a agricultura.[66] Através de sua performance, enraizada em várias gerações e nutrida pelos vínculos familiares, tornou-se o agente responsável pela preservação e transmissão de esquemas de conhecimento, fatos históricos e vivências sociais que legitimam as identidades do grupo ao qual pertence. Tendo a oralidade como suporte fundamental, o *griot* ofereceu ao seu grupo modelos de textualidade que funcionaram como contraponto aos discursos da colonização. Esse aspecto acentua a importância dessa textualidade, na medida em que remete o *griot* e seus receptores a uma organização social densa, capaz de exprimir sua coesão apesar do esfacelamento imposto pela violência colonial.

Ao *griot* competem várias atividades decorrentes do espaço social em que vive; espaço este que colabora para configuração do *griot* como um sujeito multimeios. Defini-lo segundo uma ou outra função reduz o alcance de sua expressividade, visto que sua significação é articulada a partir da simultaneidade de funções que desempenha. O *griot* se apresenta como um sujeito de múltiplas faces (historiador, genealogista, musicista) requisitado para celebrações e rituais, instâncias nas quais se consagra sua atuação como voz da coletividade. Pode-se dizer que a legitimação de seu prestígio individual traça uma relação intercomplementar com o fato de que ele representa um grupo, ao qual está ligado por laços familiares, religiosos, políticos e econômicos. Para atender a essas demandas do grupo, o *griot* atravessa um longo período de aprendizagem e treinamento, em geral, sob a tutela de alguém mais velho, um pai ou um tio, por exemplo. O aprendizado, basicamente oral, inclui o domínio de histórias, músicas e instrumentos (*kora*, espécie de harpa; *koni*, mandoline de quatro cordas; *filé*, flauta de madeira; *bala* ou xilofone; e tambores) que constituem o repertório de suas apresentações e o patrimônio pelo qual se torna responsável.[67]

As performances dos trovadores medievais responderam à complexidade de seu tempo, forjando-se entre os apelos temporais e a ascese espiritual, entre o favor dos senhores feudais e a expressão lírica dos sentimentos. O fazer trovadoresco, acompanhado das modulações cênicas e musicais, atingiu tal relevância que implicou o desenvolvimento de tipos específicos de performers, isto é, o *troubadour* e o *jongleur*: ao primeiro couberam os trabalhos de composição da textualidade e, ao segundo, as funções de execução. Essa distinção, no entanto, nem sempre se manteve rigorosamente, e em alguns casos o *troubadour* se encarregou ele mesmo de executar suas composições.[68] Para realizar suas performances, que se baseavam em composições elaboradas para a difusão oral, o *jongleur* se movia de um povoado a outro, incluindo os castelos dos nobres. O reconhecimento social para esse fazer artístico resultou em sua profissionalização, distinguindo "el mester de juglaría" dentre as demais atividades de produção. Essa categoria moldou-se refletindo diferenças sociais, pois demarcou no *jongleur* a imagem do artista itinerante, enquanto fixou para o *menester* a imagem do artista vinculado a uma atividade de caráter estável junto a uma corte ou a um senhor.[69]

Entre os aborígenes australianos, a performance do *songman* se exprime através de uma textualidade múltipla, que inclui a pintura, a dança e a palavra. Constituída para fins rituais, essa textualidade aborda temas relacionados às origens do ser humano, ao seu contato com as divindades e aos assuntos que dizem respeito ao funcionamento da comunidade (sexo e religião, importância social do amor, amor e natureza etc.). A ação do *songman* se desenvolve no contexto da organização cerimonial, tendo a palavra, a música e a gestualidade corporal como suportes de deflagração de significados que reestabelecem os laços entre o mundo dos homens e o mundo dos deuses. A ponte entre esses mundos é sustentada pela noção de que as mudanças ocorrem dentro de uma ordem fundamental, que implica um certo sentido de permanência.[70] A performance do *songman* projeta concretamente, como experiência social, o campo de representações religiosas de seu grupo, fato que o distingue como portador da linguagem de fundação e agente dessa fundação sempre que a reatualiza como procedimento ritual.

Por analogia, o cantopoeta se aproxima do *griot*, do *troubadour*, do *jongleur* e do *songman*, especialmente se observarmos que esses performers gozam de prestígio em suas sociedades; desempenham um mester com feições rituais e estéticas legitimadas; exprimem de modo concreto o corpus de representações simbólicas pertencentes ao sagrado; realizam a crônica das experiências históricas do grupo; integram o uso da palavra à dança, ao teatro e à música; e fazem de sua textualidade as linhas que costuram o tecido de determinada tradição cultural. Se reconhecemos as tradições culturais evocadas pelos *griots*, *troubadours*, *jongleurs* e *songmen*, as questões que se colocam em relação aos devotos do Congado são: que tradição evocam os cantopoetas e como fazem isso? Se a primeira pergunta tem como resposta a tradição banto-católica (comentada anteriormente), a segunda, no entanto, só poderá ser bem respondida se soubermos como se caracteriza o sujeito enunciador dessa tradição.

A performance do cantopoeta vela e revela os modos de vida e as relações que os representantes do Congado estabelecem com a sociedade brasileira; ao mesmo tempo, esses modos de vida e essas relações com a sociedade constituem o terreno propício para a textualidade do cantopoeta, impregnando-a com os signos de um contexto sociocultural específico. O cantopoeta desempenha funções similares às do *griot*, do *troubadour* e do *songman*, mas seu pertencimento a um contexto específico leva-o a distinguir-se — assim como os outros se distinguem em função de seus contextos — como sujeito de uma textualidade particular. É imprescindível considerar o universo da tradição banto-católica para que se possa visualizar as ações do cantopoeta, lembrando que, paralelamente, é importante apreender a tradição banto-católica no conjunto da formação histórica e social brasileira. Em síntese, os vínculos da tradição banto-católica com a estrutura da sociedade brasileira nos autorizam a situar o cantopoeta como um sujeito inerente à realidade histórica, social e literária do país, de maneira que essa constatação agrava ainda mais o fato de a sua produção textual (assim como a das sociedades indígenas) ter sido ignorada até hoje pela crítica literária e pelos cursos de letras.

Se o *griot*, o *troubadour* e o *songman* estão colados à organização de suas respectivas sociedades, interpretando-as e conferindo-lhes identidade, também o cantopoeta está entranhado na organização da sociedade brasileira, exprimindo-a segundo determinado ponto de vista. Isto é, o cantopoeta interpreta a realidade cultural decorrente da expansão europeia na América e que se apoiou sobre o tráfico de escravizados, as relações compulsórias de trabalho e a implantação do Catolicismo, entre outros fatos. Portanto, o cantopoeta atua no âmbito de uma realidade que tem como cenário a América Latina e, mais especificamente, o Brasil das áreas rurais e periferias urbanas. Os atores dessa realidade são falantes, alfabetizados ou não, da língua portuguesa, mas sua textualidade mostra a interferência, mais ou menos intensa, dependendo do agrupamento, de fragmentos de idiomas bantos e das formas coloquiais presentes na comunicação oral.

Emergindo desse cenário, o cantopoeta se caracteriza como um sujeito pertencente às camadas mais pobres da população, em geral, negra ou mestiça. Desempenha profissões de menor rendimento salarial, sendo que, em alguns casos, os mais velhos vivem de parcas aposentadorias pagas pelo Estado. Apesar das condições sociais desfavoráveis, o cantopoeta representa a linha de contato entre seu grupo e a sociedade abrangente, entre o passado e a contemporaneidade, entre a língua oral e a língua escrita, entre os valores rituais e as criações estéticas do Congado. Sua atividade nasce da vivência religiosa, pois o cantopoeta é um devoto do Congado, competindo-lhe a função de traduzi-la para os demais representantes do grupo. O cantopoeta, assim como os outros performers, também goza de prestígio social. Por isso, ocorrem disputas, ainda que veladas, entre os cantopoetas, na medida em que cada um procura conquistar um espaço de destaque ao exercer suas funções.

A importância atribuída ao cantopoeta evidencia a necessidade de uma preparação para que o devoto possa desincumbir-se dessa atividade. À primeira vista, não se observa uma rede iniciática como a de formação do *griot* (submetido a longo período de aprendizagem sob os auspícios da família a que pertence e que, tradicionalmente, foi encarregada desse ofício). O cantopoeta é um iniciado, ocupando cargos sagrados como os de capitão, rei ou rainha no Congado. São postos imbuídos do sentido da mediação entre os mundos imanente e transcendente, na medida em que restabelecem e sustentam a comunicação entre os ancestrais e os seus descendentes, entre os mitos de fundação do Congado e a sua reatualização.

Em geral, o cantopoeta procede de um mesmo tronco familiar, seguindo os passos de outros parentes. Comunidades marcadas pela preponderância de um núcleo familiar como as dos Arturos (Contagem), dos Bianos (Jequitibá) e de Mato do Tição (Jaboticatubas), por exemplo, experimentam esse tipo de iniciação vinculada à linhagem familiar, pois os descendentes assumem as funções de cantopoeta em substituição a seus antepassados. Em locais onde não prepondera um núcleo familiar e várias famílias dividem entre si as atividades rituais, abre-se a possibilidade para que um indivíduo originário de outro agrupamento seja legitimado como cantopoeta da comunidade. Nesse caso, prevalece o conceito ampliado de família no sagrado, mais do que o conceito biológico ou social de família, uma vez que, através da iniciação, transmite-se ao indivíduo as qualificações para que possa atuar como cantopoeta. A iniciação implica o conhecimento dos modos de vida do Congado, mediante o compromisso de respeitá-los e praticá-los. Só depois de completá-la, num período que varia de acordo com a orientação de cada comunidade, o indivíduo será considerado apto a assumir as funções de capitão, rei ou rainha e, consequentemente, de cantopoeta.[71]

O cantopoeta realiza suas performances durante as celebrações e rituais, que ocorrem em espaços públicos (ruas, praças, adros de igrejas) e privados (casas, capelas, terreiros). Nessas ocasiões, testa diante do grupo — do qual é considerado o porta-voz — suas habilidades para dançar, tecer o discurso e tocar os instrumentos. A solenidade do momento exige atenção, o que leva o cantopoeta a ser cuidadoso com os objetos rituais: no caso dos capitães, é indispensável exibirem a veste ritual e o bastão, que lhes confere o direito para assumir o discurso e conduzir os ternos de devotos; no caso dos reis, devem portar a indumentária sagrada, na qual se destacam os mantos, as coroas e os rosários. Os reis não tomam a palavra em público, para exprimi-la em alta voz; no entanto, suas orações feitas no decorrer dos cortejos e no interior dos templos constituem um contraponto ao discurso pronunciado em alta voz pelos capitães. Nesse jogo de vozes altas e baixas, os cantopoetas vão urdindo uma teia comunicativa permeada de informações históricas (que aludem à escravidão, às lutas dos negros pela liberdade e à formação de uma memória afro-brasileira), sociais (que legitimam uma identidade para os afro-brasileiros e denunciam a exclusão que lhes é imposta), rituais (que explicam os mitos de fundação e os procedimentos diante do sagrado) e estéticas (que evidenciam uma atitude metacrítica do enunciador, empenhado na realização da melhor performance).

No dia a dia da comunidade, fora das ocasiões rituais, o cantopoeta permanece ativo de maneira discreta. Os reis e os capitães, embora não portem os objetos rituais, contribuem para a elaboração dos discursos sobre temas cotidianos, ilustrando-os com referências aos cantopoemas e às narrativas de preceito. Isso indica uma concepção de mundo aberta à interação entre o sagrado e o profano, de modo a desenhar para o sujeito um horizonte de valores absolutos, ainda que ele transite também pelas vias fragmentárias da modernidade. Sob esse aspecto, o cantopoeta se configura, à semelhança dos outros performers, como um agente multimeios (já que o seu discurso pessoal e o discurso do grupo adquirem solidez e plasticidade através de suas performances como cronista, coreógrafo, ator, cantor e devoto) e de mediação (uma vez que interpreta as cenas de interação e conflito estabelecidas entre a sua comunidade e os outros grupos sociais).

Voltando às indagações feitas anteriormente, é possível dizer que o cantopoeta evoca uma tradição banto-católica marcada pela tensão, na medida em que é forjada a partir de valores étnicos, religiosos e sociais distintos. Essa tradição tem se sustentado através de um processo complexo, que ressalta as possibilidades da interação e do conflito. O cantopoeta pode ser caracterizado como o sujeito que faz dessas possibilidades o tema de suas performances. Ao articular os cantopoemas e as narrativas, lança mão de recursos que o tornam um agente multimeios, como observamos. Porém, para coordenar esses recursos com eficácia, é fundamental que tenha o domínio da palavra, sabendo empregá-la em diferentes circunstâncias, explorando seus matizes de sentido e fixando ou alterando suas formas. Por isso, o poeta-devoto assume a palavra como uma presença viva que analisa a si mesma e lhe permite interpretar o mundo; que se lhe oferece como instrumento para construir paisagens, simultaneamente à perspectiva de ela mesma funcionar como uma série de paisagens. Ao ressaltar esses aspectos da palavra, vislumbramos outra face do cantopoeta: a do pintor, que utiliza o verbo para registrar visualmente os fatos histórico-sociais, as formulações míticas, os espaços concretos e imaginários.

PALAVRAS COM PAISAGENS

A palavra é a porta de entrada e de saída para as representações sociais do Congado, uma vez que o sistema se organiza a partir da textualidade relacionada a um mito fundador e aos trajetos históricos dos devotos. Isso faz com que as narrativas de preceito e os cantopoemas sejam constituídos como tradução e interpretação das vivências míticas e históricas. O exercício da interpretação, por sua vez, abre aos devotos a possibilidade de criar novas representações, que inserem o Congado na sociedade contemporânea. O funcionamento dessa lógica está ligado à dinâmica da palavra, célula que — associada ao canto e à dança — alimenta a tessitura das narrativas e cantopoemas. A palavra do Congado é articulada como recipiente conceitual e mediador ontológico, além de ser uma estrutura linguística. Conforme o primeiro aspecto, aquilo que o devoto enuncia através da palavra se refere à organização social da comunidade, identificando seus valores morais e éticos, cadeias hierárquicas e tendências estéticas. O segundo aspecto mostra a palavra como ponte, que permite a circulação de mensagens entre o mundo sobrenatural e o cotidiano. Simultaneamente, é dentro da estrutura linguística — reveladora dos níveis fônico, sintático, semântico e gráfico da palavra — que se abrigam os conceitos e a ontologia do Congado, de modo a transformar as narrativas e cantopoemas em textos de informação/formação (traço conceitual) diretamente ligados a uma concepção de mundo (traço ontológico).

Essa densidade foi sintetizada por Leda Maria Martins, ao observar que nos "circuitos de linguagem dos Congados, a palavra adquire uma ressonância singular, investindo e inscrevendo o sujeito que a manifesta ou a quem se dirige em um ciclo de expressão e de poder". Além disso, a palavra atualiza-se para o sujeito como experiência concreta, pois é "sopro, hálito, dicção, acontecimento e performance, índice de sabedoria".[72] Tais aspectos, inerentes ao universo banto, levam a autora a considerar a similaridade entre a "palavra proferida" no Congado e sua representação nos rituais nagô. Para isso, aproxima-nos de Juana Elbein dos Santos, que afirma: "Se a palavra adquire tal poder de ação, é porque ela está impregnada de *àse*, pronunciada com o hálito — veículo existencial —, com a saliva, a temperatura; é a palavra soprada, vivida, acompanhada das modulações, da carga emocional, da história pessoal e do poder daquele que a profere".[73] Quanto à percepção da palavra como elemento vital, podemos direcionar as aproximações no rumo de algumas sociedades africanas. Os Peul comentam "Dieu n'arien créé plus grand et de plus opératoire que la parole"; os Bambara, "Le Tout-Puissant créa la parole et la parole contraignit le Tout-Puissant"; os Malinkes, "on lie les boeufs par les cornes et les hommes par la parole". Para os Dogon, "celui qui connaît la parole", "il est celui qui connaît le monde".

Segundo um ditado conhecido em Ruanda, "La connaissance spirituelle vient exclusivement de la parole".[74]

Esse quadro nos permite aludir a uma espinha dorsal que sustenta as culturas afro-brasileiras e africanas, na medida em que revela a palavra como fato social e fato simbólico. Essa pluralidade mostra a constituição da palavra como eixos (signos dos movimentos) e pontes (signos das inter-relações) que ajudam os homens a compreender as ligações estabelecidas entre a sociedade e o mundo transcendente. Nesse contexto, a palavra é uma realidade sagrada — pois emerge da fonte original, o Criador — e os homens que a utilizam tornam-se responsáveis pela preservação desse atributo. Por isso, o acesso a essa palavra, muitas vezes, só é permitido após o cumprimento de um percurso iniciático. À proporção que essa palavra é convertida em veículo de uso cotidiano, vai-se configurando um grupo social profundamente marcado pela sacralização das atitudes, dos gestos, das formas de pensamento, enfim, dos procedimentos que se relacionam aos processos de comunicação.

O Congado demonstra como a vivência do sagrado, mediada pela palavra, interfere na organização do grupo social. A palavra permite o acesso ao mundo sobrenatural e, ao mesmo tempo, institui os modos de relacionamento dos indivíduos com a realidade. Daí, o zelo no uso da palavra, considerada como portadora de força, poder e movimento, aspectos ligados à criação da vida, aos enigmas da morte e às transformações do mundo. Há palavras com mais e menos peso, no contexto sagrado, ou seja, umas são reservadas para os momentos de embates ou "porfias", outras para os instantes de entretenimento ou "bizarria". Quando se trata de afirmar a proximidade com os ancestrais, os devotos recorrem novamente à palavra: através dela recuperam os discursos de "papai", "mamãe", "vovô" e "vovó", fios de um tecido histórico, social e religioso configurado pelo empenho de diferentes gerações. A palavra identifica também os ancestrais a partir das heranças banto--católicas que estes legaram aos descendentes. Para alcançar essas heranças (entendidas como o cerne que fundamenta a vida atual da comunidade), os descendentes se valem de uma categoria específica de palavra. Essa palavra se insere num campo linguístico que recebe diferentes designações ("língua de nego da costa", "língua de preto", "língua de jongo", "latim de preto" etc.) e alude a concepções de mundo relacionadas aos grupos menos favorecidos, empenhados na vivência do sagrado como forma híbrida e dinâmica.

No circuito banto-católico, a palavra estabelece vínculos entre passado e presente, sagrado e profano, ascendentes e descendentes, fazendo com que seja percebida como elemento importante no desenho das identidades dos devotos. O indivíduo integrado à ordem social do Congado tem o conhecimento de (ou, pelo menos, é informado sobre) uma modalidade discursiva que se assenta sobre a palavra sacralizada. Palavra que remete ao próprio indivíduo, na medida em que se refere aos seus ancestrais; que remete à história de sua comunidade, à proporção que se relaciona com os processos de formação da sociedade brasileira. Sob esse ponto de vista, a palavra consigna-se como um dos lugares onde o devoto do Congado trabalha para construir seu perfil identitário, realçando o fato de que as narrativas e os cantopoemas são tecidos para o diálogo ou para o embate com os outros discursos presentes na sociedade.[75]

Tais aspectos ressaltam o caráter fundador da palavra, evidenciando sua relevância para a organização da sociedade, bem como para a condução do indivíduo às terras transcendentes do sagrado. Abordada por esse ângulo, a palavra se apresenta como elemento funcional, operador de significados que inserem o indivíduo e seu grupo no espaço das práticas religiosas.

Nesse caso, sobressai o seu valor mítico, recorrente em diversas culturas, sobretudo naquelas que mantêm o sagrado como instituinte da ordem social. A essa palavra plena se dirigem sacerdotes e devotos, em diferentes latitudes, para sustentar diálogos com diferentes representações das esferas divinas. Em vista disso, a palavra do Congado pode ser pensada como resultante de uma experiência religiosa global, pois se relaciona aos procedimentos universais que traduzem a experiência transcendente em prática social e elaboram uma leitura social dessa mesma experiência, mas também como um sistema religioso local, pois atende aos apelos das instâncias histórico-sociais específicas que presidiram sua articulação.

Para a análise dos cantopoemas, consideramos que o sentido mítico da palavra recebe um tratamento local, gerando uma textualidade própria, identificada às performances do cantopoeta e aos contratos de recepção que estabelece com o seu grupo. Nessa direção, cabe observar que a palavra do Congado apresenta uma configuração particular, à parte suas vinculações com os ritos nagôs ou as culturas africanas. Essa configuração é fundamentalmente híbrida, uma vez que interferem nela os elementos linguísticos e as concepções de mundo das tradições culturais banto e católica. Trata-se de uma palavra banto-católica, que se refere a uma ontologia banto-católica produzida e interpretada nos labirintos da sociedade brasileira, e que exibe, como um de seus traços marcantes, os jogos de interação e conflito decorrentes dos contatos entre diferentes matrizes culturais. Exemplo concreto dessa hibridação são os cantopoemas que, ao invocar os santos católicos, o imaginário e as regras concernentes à Igreja, utilizam como suportes a rítmica dos tambores e as interferências linguísticas, vocais e corporais dos cantopoetas negros e mestiços (retomaremos este tema com mais detalhes no capítulo "Uma ingoma toda em flor"). Veja-se os cantopoemas recolhidos em Minas Gerais, nas comunidades de Fidalgo e Quinta do Sumidouro, respectivamente:

No Rosário de Maria	Santo Antônio é que abre caminho
Candombe mandô me chamá	Santo Antônio é que abre Congado
Deixa eu cuendê	Segura tua cantiga, meu Santo Antônio
Deixa eu cuendê	Não dexa o Candombe virá

Para ampliar o debate sobre a constituição dos cantopoemas, tomemos como contraponto o panorama da música colonial mineira, que vicejou no período Barroco. A ambiência histórico-social foi decisiva para a configuração da música produzida por negros e mulatos, na medida em que nas Minas Gerais do século 18 contracenaram negros e mestiços (escravizados ou libertos), brancos (ricos proprietários de minas ou pobres marginalizados), práticas religiosas de origem africana e procedimentos ditados pela liturgia católica.[76] Nesse cenário, as hierarquias pareciam delimitar os papéis dos sujeitos, encerrando-os num quadro geral que situava, de um lado, os grupos dominantes (representados pelo poder do Estado, da Igreja Católica e homens brancos ricos) e, de outro, os dominados (representado pela marginalidade dos homens negros, mestiços e pobres, bem como de suas vivências religiosas). Segundo esse esquema, negros e mestiços, considerados inferiores étnica e culturalmente, tinham como perspectivas romper com o modelo dominante ou integrar-se a ele, reduzindo a expansão de seus próprios valores. As rebeliões de escravizados e a formação de quilombos apontam para a primeira perspectiva; a adesão às irmandades religiosas, para a segunda. Em ambos os casos, verificou-se a criação de complexas redes de negociação entre os excluídos e os poderes dominantes. No entanto, é necessário levar em conta as variações no modo como se processaram essas negociações. No caso das rebeliões e dos quilombos, a ruptura com o sistema vigente implicava a busca da identidade numa faixa social alternativa (a dos homens livres), reivindicação que restringia as possibilidades de conversação com o modelo escravista em vigor. Por sua vez, as irmandades — assinalando parcialmente o ingresso de negros e mestiços nos espaços dominantes — convocavam ao alargamento dessas possibilidades, adotando estratégias como a dissimulação das identidades de negros e mestiços no interior das associações religiosas.

O Brasil, em geral, e Minas Gerais, em particular, vieram a comportar uma linguagem "pós-barroca e rococó, que excluía todos os temas da Bíblia e se limitava a servir a liturgia católica romana", em vista da aliança estabelecida entre a Coroa portuguesa e a Igreja contrarreformista no controle administrativo e religioso da colônia. Processo diverso do que ocorreu nos Estados Unidos, onde a fé se exprimiu no "âmbito estrito da liturgia anglicana e reformada", cuja salmodia, apropriada "pelas comunidades religiosas negras daria origem, mais tarde, ao negro spiritual".[77] Minas Gerais, além da liturgia católica romana, herdou uma série de barreiras que impediam o acesso dos negros às instituições de ensino. Salvo exceções, negros e mestiços estavam relegados ao exílio, no tocante à educação formal. Em relação ao aprendizado musical, o musicólogo Jean-Christophe Frisch observa que muitos negros e mestiços excluídos das instituições "tiveram como modelo apenas as partituras importadas da Europa" ou receberam "conselhos de padres, que em todo caso não eram verdadeiros mestres de música". Esse percurso indica que houve "uma ruptura [...] na tradição do ensino musical", fato que, segundo Frisch, "constitui o principal interesse da música de Minas Gerais, pois determinou sua originalidade, sua linguagem própria".[78]

O contraponto entre os cantopoemas e a música de negros e mestiços se estabelece à medida que a problemática de sua elaboração gira em torno da moldura histórico-social e da linguagem. O primeiro aspecto indica que ambas as textualidades adquiriram têmpera a partir das tensões que as ameaçaram com o desaparecimento e, ao mesmo tempo, as justificaram perante a sociedade. A ameaça sobre os cantopoemas vinha das restrições que a Igreja fazia à vivência religiosa dos negros e mestiços, pois, ao esvaziar o contexto favorável a essa poética híbrida e ao limitar as performances dos cantopoetas, colocava em risco a sua execução. Simultaneamente, a conivência da instituição eclesiástica com as vivências de negros e mestiços (sustentada pelos argumentos de que isso evitaria suas revoltas e de que, sendo vigiados, cometeriam menos "desvios" religiosos) tecia o contexto propício para a elaboração dos cantopoemas; veja-se a realização de cortejos com danças, instrumentos e a coroação de Reis e Rainhas do Congo nas festas promovidas pelas irmandades de negros e mulatos, desde o século 17 até a contemporaneidade. Quanto à linguagem, os cantopoemas foram urdidos em meio à imposição da língua portuguesa e do latim aos devotos das irmandades, que, por sua vez, prosseguiam utilizando elementos linguísticos de suas regiões de origem, sobretudo o vocabulário. Daí, como vimos anteriormente, pode-se rastrear a constituição de uma textualidade híbrida, cifrada com elementos linguísticos diversos e, por isso mesmo, reveladora da identidade de certo segmento étnico e social.

A ameaça sobre a música sacra de negros e mestiços provém da mesma moldura histórico-social, embora deva ser lida por outro ângulo. A princípio, a música sacra, de feição erudita, não pertencia ao repertório cultural de negros e mestiços da colônia. Ela foi incorporada por aqueles que viram nas irmandades, gerenciadas por leigos mas ligadas à Igreja, uma possibilidade de obter amparo em ocasiões de necessidade (encargos com doenças, ritos fúnebres, compra de alforria) e certa aceitação perante os sujeitos do modelo dominante (ocupação em ofício especializado, aquisição de prestígio decorrente da atividade artística). O acesso a essa atividade se abriu para uma minoria, considerando-se a larga população de negros e mestiços no Brasil, e de modo limitado em vista das dificuldades que encontravam para ingressar nas escolas de música. De modo geral, as composições tiveram de se prender aos cânones recebidos da Europa — incluindo partituras antigas, do tipo Palestrina ou Lassus, e composições recentes de Pergolesi, Haydn ou Mozart —,[79] o que, em tese, obliteraria a interferência de uma linguagem local nas composições sacras.

Contudo, a afirmação do significado social da música religiosa elaborada por negros e mestiços talhou frestas a partir das quais se insinuou uma linguagem híbrida, na qual ecoavam vozes de negros, mestiços e brancos no contexto brasileiro. As autoridades eclesiásticas perceberam os traços não propriamente católicos dessa linguagem — atravessada por aspectos religiosos oriundos de heranças africanas e práticas populares ibéricas que aportaram na colônia — e se mobilizaram, especialmente os bispos, solicitando "a proibição de obras inconvenientes, 'tanto no texto como na música'", sob a alegação de que "os músicos são quase todos homens de cor geralmente viciosos".[80] Essa linguagem tornou-se o lócus cultural onde habitaram autores como Ignácio Parreiras Neves (Ouro Preto, 1730?-1794?, filiado à Irmandade de São José dos Homens Pardos, destinada aos negros forros) e Manoel Dias de Oliveira (Tiradentes, 1734?-1813, mulato, militar, filho do organista Lourenço Dias de Oliveira e de uma escrava, membro de diversas irmandades religiosas).

Considerando-se as circunstâncias em que foi gerada, a linguagem híbrida dos cantopoemas e da música sacra se identifica com um grupo delineado a partir de seus contornos étnicos (negros e mestiços), econômicos (pessoas menos favorecidas) e sociais (comunidades e indivíduos marginalizados). No entanto, a interferência desse grupo na sociedade brasileira o torna articulador de um discurso específico de negros/mestiços pobres marginalizados, mas que dialoga, também, com as experiências de outras coletividades. Ou seja, o tecido da linguagem híbrida agrega fios específicos (como aqueles pertinentes aos negros e mestiços, isto é, a luta contra a escravidão, o reatamento das pontes afetivas entre Brasil e África e a reelaboração dos panteões banto e iorubá em terras do Novo Mundo) e fios universais (como os que dizem respeito às mais diferentes coletividades, por exemplo, o trato com o sagrado, a denúncia das injustiças sociais e os enfrentamentos entre a vida e a morte).

A linguagem dos cantopoemas e da missa sacra de negros e mestiços se realiza como estrutura linguística, patrimônio cultural e instrumento de negociação ferido pelas tensões, pois surge na voz de sujeitos em processo de interação e conflito com a sociedade em que vivem. A partir de sua experiência histórico-social, os cantopoetas e os artistas sacros negros e mestiços fizeram da linguagem híbrida um modus de construção comunicativa que, em vez de se constituir como uma exceção, na verdade, explicitou-se como uma prática social recorrente, definida a partir das trajetórias de cada grupo social. Por isso, trata-se de uma linguagem, simultaneamente, familiar e estranha; reconhecida e desconhecida, seja do ponto de vista de negros e mestiços, ou de outros grupos étnicos. O que se tem de ressaltar é a presença dessa linguagem no corpo da sociedade; injetada através das inúmeras práticas desenvolvidas pelos indivíduos e suas coletividades. Tal presença, por um lado, evidencia o dinamismo da linguagem construída a partir das tensões e contradições; por outro, acentua o sentido pleonástico da expressão "linguagem híbrida", à medida que as realizações da linguagem são constantemente atraídas pelos processos de fusões, rupturas, decantações e associações. Nesse caso, a linguagem é ela mesma e também uma outra linguagem; mais do que um lócus definitivo, ela se desenha como um entrelugar desafiador para aqueles que pretendem erguer aí a sua casa e o seu posto de observação do mundo. Habitar a linguagem é assumir os riscos do entrelugar, é aceitar a tarefa de preservar a realidade utilizando um suporte afeito também às leis da mudança. Por isso, aqueles que assumem inteiramente esse risco se alçam à condição de criadores, pois, diante daquilo que a linguagem constrói e destrói, se posicionam como seres em movimento, perdendo-se e reencontrando-se na e através da linguagem.

A abordagem da música sacra nos instiga a considerar a linguagem dos cantopoemas e a performance dos cantopoetas sob um ponto de vista que revela o seu pertencimento a um mapa estético amplo, uma vez que podem dialogar com diversos contrapontos culturais, tais como: a música sacra do século 18; as textualidades do Candomblé, Umbanda, Jongo, Música Popular Brasileira, da literatura escrita (poesia e prosa) e das artes plásticas (cf. Arthur Bispo do Rosário, Emanoel Araújo, os pintores naïfs, entre outros). Ao mesmo tempo, cantopoetas e cantopoemas estendem suas relações em direção às performances e textualidades dos *griots* africanos, dos *troubadours* medievais, dos *songmen* australianos, da literatura afro-hispano-americana e dos spirituals norte-americanos. Isso demonstra que a apreensão dos cantopoemas requer o cruzamento de pontes fundamentais (aqui chamadas de linguagem e identidade), que dão acesso ao sistema do Congado e permitem vislumbrar a diversidade de suas paisagens sociais e as frentes de contato que estabelecem com outras realidades.

Para atravessar a ponte estruturada a partir dos elementos linguagem-identidade, é válido considerar, uma vez mais, a moldura que presidiu a gênese dos cantopoemas. No contexto colonial e pós-colonial brasileiro, os negros foram assinalados com uma dupla ausência de identidade: primeiro, porque aportaram como africanos, condição que os situava como uma diferença face aos mundos europeu e americano; segundo, porque os descendentes de africanos, nascidos em conjuntura brasileira, estavam enquadrados em tal situação de marginalidade que a sociedade não admitia ver neles os signos de uma identidade brasileira. Assim, como africano e como negro pobre, os negros ocuparam o lugar da diferença, da alteridade tolerada para sustentar a organização e o desenvolvimento da sociedade dominante. Deste modo, explica-se a escassez de mecanismos criados para mergulhar na tessitura dos discursos identitários dos negros brasileiros, ainda que já tenham sido realizados importantes estudos sobre as culturas afro-brasileiras. Apenas a concessão da alteridade aos negros, e a qualquer grupo ou indivíduo, impõe-se como uma farsa social na medida em que esse atributo não tem valor absoluto, pois sua significação social está relacionada de modo imprescindível ao atributo da identidade. Tão somente os indivíduos e os grupos que podem dispor de sua identidade experimentam plenamente sua alteridade, e vice-versa; além do que, a experimentação desses atributos deve ser entendida como um processo marcado por interações e conflitos, afirmações e contradições. Em outros termos, a identidade e a alteridade não se impõem como fatos absolutos e autônomos, mas se articulam como construções sociais relativas e interdependentes.

A tentativa de apagamento da identidade, ou identidades, dos negros brasileiros resultou na ruptura desse processo, o que transformou a alteridade num referencial fechado, destituído de elementos para abrir-se ao diálogo. Daí, as constantes alusões ao negro como "o outro", porque africano, porque escravizado, porque descendente de africano, porque pobre, enfim, porque negro. Sob esse aspecto, o negro-sempre-e-somente-outro constituiu-se como um "problema" para si mesmo, na medida em que foi encarcerado em sua aparência física e na estigmatização de sua linguagem. A complexidade desse enredo foi sintetizada em expressões de domínio público, como as piadas, frases e abecês de negros, aceitas e divulgadas como uma verdade natural que reduzia os negros e sua linguagem à condição de uma alteridade estreitada.[81] No entanto, a articulação das textualidades afro-brasileiras mostra que a alteridade imposta sofreu reelaborações a fim de dialogar com as diferentes formas de identidade que os negros desenvolveram nos contextos colonial e pós-colonial. Os cantopoemas explicitam alguns lances desse jogo, indicando como os devotos do Congado assumiram seus atributos de alteridade em face dos demais grupos étnicos (autodefinindo-se como negros do rosário), consolidaram seus atributos de identidade (abrindo-se ao diálogo com os outros grupos mediante o conhecimento de si mesmos) e estenderam os significados do processo identidade/alteridade às suas textualidades (fazendo dos cantopoemas e narrativas de preceito os meios de criação de sua própria linguagem).

A travessia da ponte linguagem-identidade nos leva ao percurso que os negros brasileiros traçaram para reapropriar-se de sua alteridade e de sua linguagem, no intuito de criar condições para instaurar os discursos de suas identidades. Os negros, ao vivenciar a alteridade e a linguagem como realidades dinâmicas e provocadoras, estimularam as perspectivas de ser apreendidos pelos outros grupos como sujeitos também portadores de identidade, não obstante as dificuldades decorrentes do contexto histórico brasileiro. Ao se mostrar como outros

— através das práticas culturais, das interferências legais ou ilegais na sociedade —, os negros se mostraram também como sujeitos geradores de uma ou várias identidades, recuperando a posse do processo identidade/alteridade que pertence, por direito, a todos os grupos sociais.

À luz desse processo, a ação dos cantopoetas teceu uma textualidade que os cânones literários brasileiros encarceram no âmbito da alteridade, alijando-a dos diálogos que caracterizam o dinamismo da criação literária. Contudo, os cantopoetas reelaboraram essa alteridade, fazendo dela a face complementar da identidade, de modo que os cantopoemas e as narrativas de preceito se desenvolveram mediante o reconhecimento de sua significação social. É evidente que a aceitação floresceu no coração das comunidades do Congado, demonstrando os confrontos dessa literatura com a indiferença dos meios acadêmicos e da mídia, que ressoam, na maioria das vezes, apenas as vozes de alguns setores da sociedade. As comunidades de devotos, apesar de tudo, reúnem milhares de sujeitos, que interagem com os valores da sociedade abrangente e vivenciam as tensões decorrentes dos contatos entre as visões de mundo tradicionais e contemporâneas. São sujeitos que desenham um extenso labirinto de experiências afetivas e estéticas, sobressaindo-se como criadores e receptores dessas experiências que têm a história e a sociedade como palcos. Portanto, só se pode ignorar a produção literária circulante nessas comunidades mediante uma opção ideológica, embora para nós a opção ideológica mais inteligente seja aquela que considera os diálogos com as alteridades como princípio para estabelecer a compreensão das identidades.

Nessa direção, os cantopoemas e as narrativas de preceito constituem uma outra literatura e, a partir desse atributo, configuram-se como a literatura de um grupo social que, por sua vez, é tão mais brasileiro quanto mais consegue reconhecer suas especificidades. Ou seja, os devotos do Congado investiram no processo identidade/alteridade para articular com ele uma realidade social em que os papéis eu/outro são costurados por uma lógica cujas linhas são a permanência-na-mudança e a mudança-na-permanência.[82] A confirmação disso está na produção de uma literatura cuja têmpera resulta na linguagem que é uma e outras, simultaneamente: uma, porque se apresenta aos devotos sob *a forma híbrida* (com fragmentos de línguas africanas e do português, em registro oral ou escrito); outras, porque os cantopoetas podem mover as peças linguísticas *da forma híbrida*, gerando múltiplos retratos do mesmo objeto. A partir disso, é possível dizer que a literatura do Congado se apresenta como uma unidade em diversidade ou como uma constelação, onde a ideia de conjunto agrega diferentes corpos que se atraem e se repelem. Os cantopoetas identificam os mesmos e diferentes elementos que constituem essa textualidade (nomeando-os como língua de preto, latim de preto, língua de jongo, língua de nego da costa etc.) e, ao fazer isso, explicitam que a vivenciam como realidade ímpar, porque a compreendem também como realidade plural.

Os cantopoemas são uma textualidade que traz à tona uma série de embates sociais, além de se oferecerem como rica experiência de elaboração estética. Mas o fato é que essas instâncias estão interligadas, de modo que analisar os embates sociais implica compreender as opções estéticas dos cantopoetas, enquanto discutir os resultados dessas opções implica compreender os embates que se exprimem através delas. Trata-se, portanto, de uma textualidade cuja linguagem exibe paisagens naturais ou imaginadas e cenas da vida coletiva ou pessoal. Por isso, aquilo que os cantopoemas exprimem como textualidade está tecido com uma linguagem — una e múltipla — na qual se manifestam relações interdependentes do tipo: a) *linguagem e diferença* (ou seja, a relação que exibe os embates entre o eu e o outro, o dominante e o dominado, o negro e o branco, o africano e o brasileiro etc.); b) *linguagem da diferença* (isto é, a relação que se projeta como um meio através do qual os sujeitos interpelam o processo identidade/alteridade); e c) *linguagem: a diferença* (ou seja, a relação que se refere ao lugar da sociedade a partir do qual os sujeitos se manifestam).

Os desdobramentos dessas relações estão vinculados à possibilidade de os cantopoetas exercitarem o seu ofício e de as comunidades se organizarem para acolhê-los. A linguagem que visibiliza os conflitos vivenciados pelos cantopoetas, que serve a eles como meio de expressão e que os revela como sujeitos de grupos menos favorecidos, funciona como um organismo vivo que reflete e amplia as experiências de seus usuários. Por isso, participa com eles dos enredos sociais, de modo a interferir nos espaços que a história delineou como lugares de negociação e onde ocorrem as encenações dos discursos. A encenação de um discurso pressupõe uma série de práticas sociais levadas a efeito por atores situados em condições histórico-sociais específicas. A recuperação de certas encenações depende de nossa capacidade para reconhecer "quem diz o quê, a quem, por que e como", indicando-se com isso que a não visibilização de tais elementos dificulta a tentativa de apreender as histórias dos grupos excluídos do modelo social dominante. Como afirma Lienhard, "em grande medida, é o conhecimento da encenação de um discurso que permite descobrir o que ele 'diz' ou significa".[83]

No tocante ao patrimônio literário do Congado, é importante considerar o cenário que presidiu sua configuração e os atores que o articularam. O cenário dessa literatura se relaciona diretamente às regiões fundadas sobre o regime escravista, cujo modo de organização circunscreveu para negros, brancos e mestiços os diferentes lugares de negociação públicos e privados. Exemplos de lugares públicos são as cidades e vilarejos, com seus respectivos mercados de especiarias, gêneros alimentícios, animais e, obviamente, escravizados. As igrejas e locais de trabalho (minas, plantações, engenhos) consistiam em pontos relativamente abertos à observação pública, visto que o espaço sacro solicitava a deferência ritual, e o espaço de trabalho, o cuidado para evitar a dispersão da mão de obra. Entre os lugares privados, conta-se sobretudo a casa e seus arredores (pátios, pomares, senzalas, capelas).

Todavia, não se pode tomar essa divisão do espaço ao pé da letra, uma vez que as negociações se formulam, acima de tudo, como uma rede simbólica. Daí que, dependendo das exigências e das possibilidades dos agentes envolvidos, muitas vezes os lugares públicos se convertiam em espaços onde circulavam informações de natureza privada, e os espaços privados recebiam dados provenientes do meio público. A rua e a casa, as plantações e a sede da fazenda, as minas e o sobrado formaram um tecido de lugares em que as informações circulavam ou eram censuradas. Tais circunstâncias exigiram, e exigem, grande atenção do indivíduo, pois indicam que o espaço ultrapassa sua dimensão física para se converter em código, ou seja, em instância de comunicação. Ocupar este ou aquele espaço demonstra que os indivíduos e os grupos desenvolvem esta ou aquela maneira de apreender o mundo, as relações pessoais e coletivas — aspectos que revelam, enfim, sua maneira de produzir e negociar os enunciados da comunicação.

Por conta dessa densidade de significados, os lugares de negociação têm como característica marcante a tensão, haja vista a diversidade de forças que os atravessam. Chamoiseau e Confiant designaram esses espaços como *zone d'acculturation* e ressaltaram sua ambivalência. Tomada como exemplo, a casa representa uma abertura para o mundo (a partir dela os sujeitos saem para entretecer relações de comércio, interesses e afetos na cidade) e também um lócus de exílio (em particular para os estrangeiros, que se sentem europeus ilhados na colônia).[84] Levando em conta os fatores socioeconômicos, pode-se dizer que os lugares de negociação mostram e superam a dicotomia que situa escravizados/negros/pobres de um lado e senhores/brancos/ricos do outro. Ou seja, as negociações nem sempre resolvem essa dicotomia, mas indicam que as tensões geradas pela proximidade entre os diferentes segmentos socioeconômicos sinalizam à necessidade de alimentar o jogo que caracteriza o processo identidade/alteridade. Vale dizer que só é pertinente sustentar esse jogo quando existe inter-relação entre os grupos e quando o muro das distinções (por motivos étnicos, políticos, econômicos etc.) é minado pelas iniciativas individuais ou coletivas. A evidência dessa realidade está no fato de que os lugares de negociação se convertem também em zonas de aculturação, apesar das forças que se opõem a isso e a despeito das contradições que afetam as próprias formas de aculturação. Nesses espaços, os conflitos entre *eu* e *outro* estão grávidos da possibilidade de se transformar num diálogo entre *eu* e *outro*, segundo a perspectiva que sublinha os papéis do *eu* e do *outro* como representações relativas e dinâmicas.

A propósito das negociações que presidem as formas de aculturação, Chamoiseau e Confiant observam que sua ocorrência em lugares-chaves da sociedade permitiu aos escravizados do Caribe legar aos seus descendentes "une culture créole de résistance".[85] De maneira aproximativa, podemos considerar os cantopoemas e as narrativas de preceito como parte de um legado maior — o complexo sociocultural do Congado — que os negros escravizados transmitiram aos descendentes afro-brasileiros. Uma herança caracterizada também como cultura de resistência, inicialmente aos mecanismos que oprimem negros e mestiços, mas, em sentido amplo, de resistência às pressões que restringem os direitos de outros grupos menos favorecidos. Isso faz com que o Congado e sua literatura se explicitem como unidade em multiplicidade, pois abordam temas específicos aos negros ao mesmo tempo que se solidarizam com as dificuldades de outros segmentos. Esses aspectos, que situam os negros pobres ao lado de todos os pobres na luta contra as agressões sociais, estão evidenciados nos comentários do capitão Leontino Geraldo de Souza, da comunidade dos Arturos, para quem o Congado consiste numa "festa de gente humilde [...] festa de gente pobre, de gente cativa".[86]

A encenação dos discursos do Congado se concretiza em lugares de negociação públicos e privados, como frisamos anteriormente. A esses lugares já conhecidos somam-se atualmente os canais oferecidos pela mídia (televisão, vídeo, jornais, revistas), pelas instituições culturais (teses de pós-graduação apresentadas nas universidades, exposições em museus) e pelas organizações editoriais (livros, álbuns fotográficos, CDs). Trata-se de lugares de negociação e de aculturação cujas modalidades de inter-relacionamento ainda estão se delineando, em função dos sujeitos que se apresentam para os diálogos. Nesses lugares contemporâneos, o cantopoeta se defronta com os segmentos historicamente reconhecidos (os representantes da Igreja, as classes mais ricas e os devotos de outras comunidades de Congado), mas, além disso, os avanços tecnológicos que dão suporte a esses lugares o colocam em contato com diferentes públicos, simultaneamente. Os impactos dessa realidade sobre o Congado e sobre as performances do cantopoeta, bem como os procedimentos que ele desenvolve para interpretar os novos lugares, constituem pontos em aberto. O acompanhamento dessas negociações passa a ser, portanto, um dos desafios para os interessados em compreender a lógica do Congado, que vai se definindo, cada vez mais, como um sistema dinâmico, situado em regiões de fronteira, entre o sagrado e o profano, o tradicional e o contemporâneo.

Os lugares de negociação adquirem contornos de cenário social na medida em que são mantidos e alterados pelos atores e pelos enredos que o atravessam. Em se tratando da literatura do Congado, dentre os atores se destacam os cantopoetas e os devotos, em geral reconhecidos pela sua condição social menos favorecida. Essas duas categorias se multiplicam à proporção que agregam atributos de gênero, etnia, faixa etária e funções no sagrado. Isto é, as tensões entre o masculino e o feminino subjazem às negociações que apontam o tipo de influência de um devoto na comunidade; os contrastes entre a autoimagem (negro, branco ou mestiço) e os perfis veiculados pelos meios de comunicação acirram a problemática da aceitação ou rejeição que os devotos desenvolvem em relação a si e a sua cultura; as relações entre idosos e jovens incidem sobre os processos de preservação e mudança das estruturas tradicionais; o fato de um indivíduo ser ou não ser um iniciado interfere no jogo de forças que o envolve mais diretamente com as experiências do sagrado.

Nesse contexto, o cantopoeta se destaca como um dos atores mais importantes do Congado, na medida em que diferentes perfis concorrem para a formação de sua identidade. Referimo-nos ao cantopoeta em cuja face se refletem o homem ou a mulher; o idoso ou o jovem; o negro, o branco ou o mestiço; o devoto ou o iniciado pertencentes às camadas socioeconômicas menos favorecidas. O despojamento de bens materiais é um dos atributos caracterizadores desse ator múltiplo, que habita os lugares de negociação e se move em várias direções, desenvolvendo um discurso que abrange experiências referentes ao individual e ao coletivo, aos antepassados e aos contemporâneos, ao sagrado e ao profano. Olhando o canto-poeta sob esse prisma, vemos de que maneira o pai e a mãe de família, o operário e a operária, o trabalhador e a trabalhadora rural se reinscrevem na sociedade como agentes de um discurso enraizado na trajetória histórico-social do país. Os encargos decorrentes da exclusão imposta ao cantopoeta não foram suficientes para apagar de nosso campo discursivo as marcas de sua participação na sociedade brasileira. Ao contrário, seu discurso se estabeleceu como uma elaboração religiosa que se configurou de acordo com recortes estéticos específicos e se voltou para as questões relacionadas à nossa realidade. Nesse sentido, quando o cantopoeta fala de si e de sua comunidade, fala também sobre a realidade brasileira, reafirmando seu discurso como um mecanismo de evocações sociais, políticas e culturais.

O discurso do cantopoeta reflete, entre outros aspectos, sua visão crítica dos fatos aliada à sua preocupação de tecer uma rede de valores para orientar a comunidade. Trata-se de um discurso que evita a neutralidade, já que é emitido para interferir diretamente nos temas postos em questão. Isso transforma o cantopoeta num agente que exprime suas opiniões, ao mesmo tempo que se apresenta como um formador de opinião. Por um lado, seu discurso constitui um ato dramático, pois a performance do cantopoeta se desenrola nos espaços físicos das comunidades (cenários), diante de um público (devotos e visitantes) e seguindo a fluência de um ou vários enredos (eventos religiosos, históricos, pessoais etc.). Por outro lado, os conteúdos do discurso também se tornam encenações, que são provenientes das interpretações dos enredos realizadas pelo cantopoeta. Para ilustrar esse último caso, vejamos três exemplos em que a realidade histórico-social é encenada nas linhas do discurso, ou seja, no âmbito das narrativas de preceito e dos cantopoemas.

Encenação 1: A abolição do escravismo

Uma visão geral do sistema escravista brasileiro indica que as relações entre escravizados e senhores foram atravessadas por conflitos e tensas negociações. Estudos recentes têm demonstrado a existência de situações que resultaram dessas negociações e estabeleceram uma relativa convivência entre escravizados e senhores de modo a garantir a vigência do sistema e o mínimo de dignidade para a população cativa.[87] Não obstante essa realidade, os fatos históricos, as conclusões de outros estudos e os relatos orais dos descendentes de escravizados denunciam as cenas de violência que marcaram o cotidiano de nossa sociedade. As narrativas de preceito elaboradas pelos cantopoetas captaram fragmentos dessas cenas, utilizando o recurso narrativo que mescla referências históricas e míticas. Esse discurso híbrido se revela aos contemporâneos como uma antiga cena reencenada através da palavra. Eis o que nos mostra o cantopoeta Jair de Siqueira (comunidade de Mato do Tição/Jaboticatubas), ao revisitar a cena da abolição:

São Benedito é que tirô o cativero:

> Pai Benedito num qué
> Casca de coco no terrero
> Se num foi Benedito
> Num acabava o cativero

São Benedito é do cativero. Ele era cozinhero. Ele tinha as mulhé — mãe solteira — que num tinha família, num tinha quem tomasse conta delas. Elas ia lavá ropa na praia e São Benedito — que era cozinhero — ia buscá água na bica aonde é que elas tavam lavano ropa. E com dó daqueles nenê tudo com fome pegava aquelas sobra de comida e punha dentro do pote, e tampava com aquela rodilha e levava. Chegava lá, dava às mãe aquelas sobrinha de comida pra num dexá os menino com fome. Ali ia levano.

Quando foi um dia, um nego (desses tal nego aguieiro, puxadô de saco) falô com o sinhô deles:

— Cê tá bobo? Benedito tá carregano comê daqui da cozinha pra dá as mulhé à-toa lá na praia.

— Mas e ocê viu?

— Vi, vi. Benedito tá carregano comê pra dá as mulhé à-toa lá na praia.

Aí ele falô:

— Eu vô vê. Eu vô vê só.

Tinha mirante. As senzala tudo tinha mirante que o sinhô ficava lá de cima pra podê avistá pra toda parte.

São Benedito primero levô os comê pra servi todo mundo, voltô e juntô aquelas sobra de comida, aqueles restinho de feijão, de arroz, de abóbra e pôs no pote. Pra levá pra dá os menino lá na praia. Ele pegô e botô a rodilha tampano o pote (com medo). Gente pobre tem muito medo de mexer com trem dos otro. Ele foi pegô e tampô a boca do pote com a rodilha. Desceu pra escada abaxo, sem sabê que o sinhô tava olhano. Quando ele foi saino lá de dentro, o sinhô falô:

— Ô nego! Vem aqui. Com que é que ocê lá vai aí?

— Ô sinhô, é flores. É flor.

— E ocê lá vai levano flor aonde, Benedito? Dexa eu vê!

E desceu lá do mirante. Os braços já tava esperano lá pra vê... Se fosse comida que ele tivesse levano, pra degolá ele. A corda já estava armada.

— Dexa eu vê, nego sem-vergonha, atrevido. Dexa eu vê.

Ele foi pegô, na hora que ele chegô perto dele, destampô, tirô a rodilha da boca do pote e entornô aquele buquê de flor. Entornô aquele buquê de flor da boca do pote!

— O que que ocê vai fazê com isso, nego à-toa?

— Levá pros menino brincá, sinhô.

— Então leva suas bandalhera pra lá.

Ele tornô a botá a rodilha em cima e foi embora. Quando chegô lá na praia (os menino já tava tudo com fome e acostumado), ele tirô a rodilha da boca do pote e entregô pras mãe lá. Era comida de toda qualidade que tinha. Entregô pras mãe. Foi lá na bica, lavô o pote e uma dona falô assim:

— Ô Benedito, ocê lava sua vasilha e num joga fora essa água não. Põe na toalha pra mim, pra mim dá meus menino. Ao menos pra chupá.

Pegô a lavage do pote, despejô na toalha, ela dobrô e pôs lá. Toda hora que os menino queria, que os menino chorava, ela abria a toalha e a comida tava lá. A mesma coisa.

Ele voltô. Pegô sua água dele e voltô. Quando chegô lá na senzala os nego tava tudo alegre. O sinhô falô:

— O que será?

Eles contaro o milagre de Benedito.

— Benedito num pode sê! Benedito num é santo! Se Benedito é santo, se ele é cativo, vamo acabá com o cativero!

É. São Benedito é que acabô com o cativero.

O narrador Jair de Siqueira reduplica uma tendência marcante no discurso dos cantopoetas, que consiste em apreender os conflitos do passado para reatualizá-los de maneira dicotomizada. Assim, as evidentes oposições entre negros e brancos, escravizados e senhores, fé dos negros e fé dos brancos acirram as dificuldades para se articular as negociações. O cantopoeta assume o ponto de vista dos ancestrais e, simultaneamente, evidencia o papel de algoz encarnado pelos senhores. No entanto, o discurso tecido à distância, no tempo e no espaço, permite ao cantopoeta observar as cenas sociais como um quadro menos rígido, que se move em função de várias dobradiças geradas pela própria sociedade. Sob esse aspecto, a narrativa de Jair de Siqueira é exemplar, pois trabalha a partir de três dobradiças importantes, a saber: a relatividade das relações étnicas, as mediações do sagrado e a competição social entre os discursos.

As relações étnicas no contexto escravista brasileiro incluíram e ultrapassaram as oposições interétnicas, que resultavam nos enfrentamentos entre negros, indígenas e brancos. Como salientamos em outra ocasião,[88] ao conflito interétnico se somaram as contendas intraétnicas, evidenciando como as relações entre negros e mulatos podiam se organizar em meio a fortes tensões. A narrativa acima aponta a verticalização dos embates intraétnicos ao mostrar de que maneira os negros cultivavam adversidades entre si: "um nego (desses tal nego aguieiro, puxadô de saco) falô com o sinhô deles". Esse conflito sugere que os laços de solidariedade étnica não possuem um valor absoluto; ao contrário, são relativos, pois o valor que adquirem resulta do diálogo dos indivíduos e grupos com o cenário histórico-social que habitam. Nesse sentido, as condições degradantes impostas aos negros estimularam ações que reforçavam os vínculos de solidariedade; afinal, tratava-se de aproximar os negros escravizados e forros na resistência ao sistema que os discriminava. Porém, além disso, as mesmas condições insinuavam que a formação de alianças com os senhores poderia gerar benefícios para alguns indivíduos negros, ainda que isso significasse a ruptura com seu grupo étnico. Ao indicar esse aspecto, o cantopoeta relativiza o conceito de solidariedade étnica e realça a interferência de fatores ideológicos e socioeconômicos no processo que define os papéis desempenhados pelos indivíduos na sociedade.

Essa encenação, no entanto, não esteve imune à interferência de agentes mediadores. Nesse caso, o sagrado se apresentou como um mediador fundamental, pois através de sua linguagem e dos procedimentos exigidos para vivenciá-lo, os negros puderam reinterpretar o espaço histórico-social que lhes foi destinado. Para além do trabalho compulsório, através do sagrado articularam funções relacionadas à festividade, ao lazer, à criação estética e à crítica social. Quanto a esse último aspecto, uma das experiências marcantes consistiu na inversão da ordem social, de modo que a fragilidade do negro no plano material foi convertida em força no plano simbólico. Eis o que enuncia o cantopoeta, ao transmutar o negro pobre ("São Benedito é do cativero. Ele era cozinhero.") em agente de mudança social ("São Benedito é que acabô com o cativero.").

A presença do sagrado na ordem social oferece respostas para demandas imediatas dos indivíduos, tais como a cura de uma doença, a resolução de um problema afetivo e a superação do isolamento. Além disso, situa os indivíduos na sociedade, indicando qual é sua posição diante dos fatos e de que maneira esse posicionamento se exprime como atitude vinculada a um grupo. Por exemplo, os procedimentos dos indivíduos diante da morte, por um lado, revelam suas expectativas em relação à vida neste e no outro mundo; por outro lado, indicam as orientações ideológicas do grupo a que pertencem.[89] O caráter mediador do sagrado estimula a criação de pontos de tangência entre a ordem social e o mundo sobrenatural, embora ressalte os conflitos que permeiam as negociações entre essas duas instâncias nas quais os indivíduos projetam suas expectativas.

O cantopoeta vale-se do caráter mediador do sagrado para delinear o seu discurso, de maneira que se apropria de um fato histórico-social (a abolição) e o reconfigura como fato que transcende essa moldura para se converter em mito. Contudo, essa reelaboração mitificada retorna à moldura histórico-social para ser reapresentada como uma outra textualidade. Nesse processo, o cantopoeta se firma como o diretor do enredo, conduzindo a atuação dos personagens, bem como a marcação, o desenvolvimento e o desfecho das cenas. A reinserção da narrativa na ordem social demonstra a dupla origem que a vincula à moldura histórico-social e ao mundo sobrenatural. A eleição do santo como agente de libertação dos escravizados atesta a eficácia desse modo de encenação discursiva, pois Benedito pertence simultaneamente às duas instâncias: como homem (imerso nos conflitos histórico-sociais) e como santo (elevado à condição de figura exemplar), trafega pelas águas da história e do mito, fornecendo aos devotos modelos de atuação que têm sentido em ambas as dimensões.

Por conta disso, a narrativa de preceito adquire o duplo valor de documento histórico, que descreve e analisa os acontecimentos, e de súmula religiosa, que orienta a conduta espiritual e moral dos devotos. É imprescindível ressaltar que se trata de um documento e de uma súmula religiosa decodificados desde o ponto de vista dos negros, atores cujos papéis são desprestigiados pelo modelo social dominante. Compreender as cenas da história e do sagrado presentes nesse discurso significa considerar que elas foram construídas a partir de outro ângulo e com elementos específicos: o ângulo é o de quem está ao rés dos acontecimentos (ou seja, dos pobres) e os elementos são as mudanças introduzidas no idioma e na ideologia dos dominantes (ou seja, fala-se a língua de preto para exprimir o modo como seus agentes apreendem a realidade).

As encenações propostas pelas narrativas e cantopoemas adquirem sentido na medida em que se relacionam com outras encenações apresentadas por outras textualidades. Essa relação instaura um processo de competição social entre os discursos, uma vez que seus pontos de convergência e divergência são estabelecidos de acordo com determinadas circunstâncias externas e internas. Externamente, pode-se dizer que o prestígio político-econômico delineia as condições para uma maior visibilidade de certos discursos, ao passo que a restrição desse prestígio limita também os modos de produção e divulgação de outros discursos. Internamente, a coerência do discurso contribui para que a atenção dos interlocutores seja atraída mais para um enunciado do que para o outro. A coerência, nesse caso, não pressupõe a linearidade ou a transparência do discurso, mas sua adequação às demandas que o grupo e os indivíduos manifestam num contexto específico.

Sob essa perspectiva, o discurso se constitui como uma realidade abrangente que, a partir da expressão mediada pela língua, se articula para abarcar outras formas de expressão (gesto, dramatização, imagem, sonoridade etc.). Entretanto, as tendências ideológicas, os aparatos morais e as indagações éticas relativizam esse tipo de discurso. Ou seja, retiram-lhe a possibilidade de estar acima do bem e do mal para situá-lo como mediador das ações coletivas e individuais; esse fato torna o discurso susceptível a exprimir as noções de bem e mal que são estabelecidas como realidades históricas. Isso demonstra que outras noções (como as de prestígio e coerência) são elaboradas dentro de uma moldura histórica, de acordo com o empenho dos indivíduos e da sociedade, que se encarregam também de demarcar as regras para identificar os discursos a serem aceitos ou rejeitados. Em outros termos, a relatividade do discurso o configura como uma realidade histórico-social que se torna pertinente a partir das encenações que o indivíduo e o grupo expressam através dele. As encenações feitas através do discurso são igualmente afetadas por essa lógica, de modo que é possível considerar a existência de uma competição social entre as encenações. Esse é o quadro que nos evoca a relação estabelecida entre o discurso do cantopoeta (narrativa de preceito) e o do Estado (lei impressa) no tocante aos fatos que desencadearam o fim do escravismo no Brasil.

Os discursos se opõem estruturalmente. De um lado, o do cantopoeta, que tomamos como metonímia das classes populares. Vale notar que a ideia de povo como um aglomerado anônimo é relativizada pela importância que assume o cantopoeta ao ser legitimado como porta-voz de sua comunidade. Assim, quando Jair de Siqueira fala, ele fala por seu grupo e seu grupo fala através de sua atuação pessoal. De outro lado, situa-se o discurso do Estado, que figuramos como metonímia das autoridades e grupos dominantes. Ao contrário do povo — sempre sujeito a ser considerado como aglomerado anônimo —, os grupos dominantes fazem com que o Estado seja identificado como a sua face mais pública. Assim, quando esses grupos se expressam, procuram fazê-lo de modo a sublinhar uma voz maior, a do Estado instituído, fórmula que resulta na sustentação desses mesmos grupos, situados em postos-chave da máquina estatal. Em síntese, a narrativa anterior opõe diferentes atores (cantopoeta versus princesa imperial regente, povo versus Estado), diferentes representações dos fatos (para o cantopoeta, São Benedito aboliu a escravidão; para o Estado, quem efetivou o acontecimento foi a princesa imperial) e diferentes qualificações do discurso (o do cantopoeta é visto como alternativo e imaginário; o do Estado, como oficial e objetivo).

Os elementos que configuram a encenação dos fatos nos dois discursos enfatizam essa oposição. O *cenário* apontado pelo cantopoeta é a fazenda (território dos embates diretos entre senhores e escravizados); os atores são os negros cativos e o senhor; o *tempo* é o do mito, a-histórico; o *suporte* do discurso é a oralidade; sua *base de legitimação* é o sagrado; por fim, o agente da libertação é São Benedito, personagem híbrido que propicia o diálogo entre história e mito, o mundo imanente e o mundo transcendente. O *cenário* indicado pelo Estado é o Palácio do Rio de Janeiro (território também vinculado ao escravismo, mas, até prova em contrário, atravessado pelas discussões de teor político sobre o sistema e não pelos enfrentamentos concretos que se verificavam entre escravizados e senhores nas áreas de plantação e mineração); o *tempo* é cronológico, histórico, confirmado pela data de divulgação do documento (13 de maio de 1888); os *atores* são os representantes da elite nacional (a princesa imperial regente, atuando em nome do imperador d. Pedro II, e o Secretário de Estado dos Negócios da Agricultura, Comércio e Obras Públicas e Interino dos Negócios Estrangeiros); o *suporte* do discurso é a escrita; sua *base de legitimação* é o poder do Estado organizado (lei n. 3 353, divulgada através de carta assinada pela princesa imperial com o objetivo de executar o Decreto da Assembleia Geral declarando extinta a escravidão no Brasil); por fim, o *agente da libertação* é um sujeito histórico, a princesa Isabel, investida de poder para governar a sociedade brasileira naquele período.

Essas encenações indicam os conflitos — evidentes ou latentes — que perpassam as relações entre os grupos que constituem a sociedade brasileira. Em linhas gerais, o discurso do Estado exerce maior influência sobre a sociedade do que o do canto-poeta, pois a força político-econômica do primeiro lhe permitiu sustentar a coerência interna, além de garantir sua divulgação, implantação e legitimação. Por outro lado, as restrições político-econômicas do segundo não o impediram de manter a coerência interna, embora o tenham impossibilitado de implantar ou legitimar de modo abrangente sua visão dos fatos.

No entanto, a oposição entre os discursos engloba outro aspecto além desse que identifica e congela os grupos nos papéis de dominantes e dominados. Vale dizer, a sociedade brasileira não se resume a uma paisagem uniforme. Em sua configuração há grupos (referimo-nos àqueles de caráter popular, compostos por operários e pequenos agricultores) que se articulam para negociar com o modelo dominante (este, sim, visto de maneira reducionista como "a imagem" da sociedade brasileira) a partir de uma autonomia relativa, já que mantêm vínculos de dependência com ele ao mesmo tempo que vão dando corpo às próprias formas de organização local. As comunidades que sustentam o Congado pertencem a essa modalidade de grupos, de modo que podem oferecer público, espaço histórico, legitimação e condições materiais para justificar a demanda pelo discurso do cantopoeta. Essa ambiência sociocultural faz com que o discurso do cantopoeta gere um mecanismo de relativização para o significado do seu próprio discurso, que pode gozar de uma baixa ressonância na sociedade abrangente, mas apresenta um alto grau de aceitabilidade e ressonância no interior de sua comunidade.

Se considerarmos que o sujeito adquire dimensão social a partir de seu grupo de origem, vale dizer que a comunidade do cantopoeta é, simultaneamente, restrita (se comparada à sociedade abrangente) e abrangente (se observada como o lócus fundamental de inserção do sujeito no mundo). Diante disso, os modos de encenar a abolição do escravismo se tornam pertinentes para as duas instâncias em que ocorrem, pois garantem ao sujeito a concretude histórica do fato. A narrativa de preceito e a lei n. 3353 são discursos reais inseridos na experiência coletiva e citados como ponto de referência para que nós, brasileiros, analisemos as transformações de nossa sociedade, levando em conta os processos de negociação gestados em sua tessitura.

A noção de pertinência cria um ponto de contato entre os dois discursos, pois reforça o princípio de que os grupos sociais constroem representações específicas para os fatos pretendendo que essas representações figurem como uma certa identidade reclamada por esses grupos. Nesse sentido, a lei desenha um perfil identitário do Estado, nomeando seus representantes e visibilizando sua estrutura jurídico-administrativa; ao passo que a narrativa de preceito segue caminho semelhante, exibindo os contornos éticos, morais e religiosos de um segmento da população afro-brasileira. Contudo, esse ponto de contato não atenua as diferenças nos processos de legitimação dos dois discursos. A partir do confronto social que ambos exprimem, verifica-se que a legitimação do discurso do Estado restringe o raio de ação do discurso do cantopoeta, reinstaurando o jogo no qual o privilégio político-econômico interfere no tipo de encenação discursiva que será mais ou menos considerada pela sociedade. No que tange à abolição, a lei se torna porta-voz da realidade e do fato histórico, consagrando a princesa Isabel como agente político do evento; por seu turno, a narrativa aceita esta versão, mas acrescenta-lhe uma série de representações míticas que conferem a São Benedito o papel de abolicionista. Em termos de construção de um perfil identitário, o cantopoeta estabelece uma *ars combinatoria* através da qual se vincula ao estatuto do discurso dominante, mas também exercita seu direito de interpretação da realidade. Esse exercício cotidiano, como temos observado, permite às comunidades do Congado enfrentarem o exílio que a sociedade abrangente tenta lhes impor, antes como resultado do sistema colonial e escravista, hoje como decorrência da globalização da economia e das atitudes de consumo.

Encenação 2: A visão ambivalente do matrimônio

Dentre os temas que os cantopoemas e as narrativas encenam destaca-se o das relações interpessoais voltadas para a constituição do núcleo familiar. Essas encenações discutem a formação da família (referindo-se às fases do namoro, noivado e compromisso matrimonial) e os desdobramentos decorrentes dessas etapas, em particular do matrimônio. O que chama a atenção nessa encenação é o debate em torno dos aspectos morais que colocam os sujeitos em face dos valores que regem o matrimônio e a gestão da família. Podemos ver tais proposições através do cantopoema de Candombe apresentado por d. Maria das Mercês Santos, residente no povoado do Açude, situado na Serra do Cipó:

Uma limeira bem plantada
Toda vida ela é limeira
Uma moça bem-casada
Toda vida ela é solteira

De acordo com d. Maria, esse cantopoema era tirado com frequência pelo patriarca, sr. Sabino Félix, que insistia com os filhos para repeti-lo sempre que se apresentasse uma oportunidade. O pai argumentava dizendo que se tratava de um belo cantopoema, daí o gosto em preservá-lo. No entanto, além do jogo estilístico do cantopoema — responsável pela sua fluência rítmica e sedução estética —, há que se observar o conteúdo e o modo como esse conteúdo é encenado através do discurso. O cantopoema aborda o matrimônio valorizando a noção de "mulher bem-casada". Segundo esse parâmetro, "mulher bem-casada" é aquela que se esposa virgem, com as bênçãos da instituição eclesiástica e com a aprovação da família. Além disso, deve conviver com um esposo trabalhador e se responsabilizar pela expansão e manutenção da família, gerando e educando os filhos. Enfim, a "mulher bem-casada" corresponde a um padrão social que se exprime publicamente através de uma imagem em que se agregam os papéis de esposa, mãe e dona de casa. Esse padrão estabelecido a priori por uma ordem patriarcal visa à manutenção do grupo conforme sua concepção de bem-estar e segurança, restringindo a expansão dos anseios individuais. Nesse caso, a mulher e o homem são instigados a dar uma resposta geral (ou seja, devem formar uma família) em vez de apresentar uma resposta particular (escolher entre casar ou não casar, casar por amor etc.) ao problema de como se situar na sociedade, assumindo este ou aquele perfil diante dos outros.

A pressão social faz com que a própria mulher legitime esse modelo, gerando uma difícil encruzilhada para a interpretação de sua postura. Ou seja, será que aceita o papel "de mulher bem-casada" porque, em alguma medida, ele atende às suas expectativas, ou porque, na maioria das vezes, vive em condições desfavoráveis que a impedem de manifestar discordância em relação ao modelo estabelecido? Os dados empíricos nos mostram os esforços de mulheres que se preocupam em realizar seus anseios pessoais e percebem o matrimônio como um meio para atingir esse objetivo. Isso muda o enfoque sobre o matrimônio, pois para determinados agentes sociais ele não funciona como um esquema repressor em si mesmo, embora possa tornar-se símbolo de repressão a partir das interpretações articuladas segundo a perspectiva do modelo patriarcal. Nessas circunstâncias, a contestação que a mulher leva adiante refere-se à estruturação do mundo patriarcal, considerando que sua maneira de estabelecer a divisão do trabalho, a distribuição do poder e a gerência dos bens materiais e simbólicos parte de uma perspectiva excludente, que restringe a interferência de outras maneiras de organizar a sociedade.

Retornando ao cantopoema, vemos que a justificação do casamento é apresentada de forma explícita, enquanto as críticas ao seu esquema são articuladas de forma subliminar. É interessante notar que o modo de apresentar esses conteúdos repousa sobre uma elaboração ideológica ambivalente que, por um lado, sustenta a indissolubilidade do matrimônio e, por outro, acena para sua relativização. O valor absoluto do matrimônio é justificado mediante um mecanismo de comparação com a natureza, tomada como fonte inspiradora e legitimadora das construções sociais. Num primeiro momento, o discurso informa que uma "limeira bem plantada" é semelhante a uma "moça bem-casada". O discurso é configurado para indicar o paralelismo entre dois procedimentos bem fundamentados — o plantio da árvore e a aceitação do casamento —, ambos assinalados pela lei da natureza que assegura as funções de procriação e reiteração de expectativas. Assim, é esperado que uma moça passe de solteira a casada e que gere filhos, tal qual uma limeira passa de muda a árvore e oferece seus frutos na estação adequada.

Num segundo momento, o cantopoema encena a ruptura dessa contiguidade, instaurando uma contradição na ideologia que sustenta a indissolubilidade do matrimônio. Ou seja, se uma "limeira bem plantada" dá lima a vida inteira, a expectativa é de que uma "moça bem-casada" continue casada para gerar os frutos do matrimônio. Isso estaria de acordo com a expectativa do mundo patriarcal, visto aqui como o terreno onde essa modalidade discursiva fincou e desenvolveu suas raízes. Porém, o mundo patriarcal, entrando em conflito consigo mesmo, acena para a ruptura do matrimônio ao enunciar que "uma moça bem-casada/ toda vida ela é solteira". Essa relativização do critério de indissolubilidade do matrimônio reduplica o dito popular "Ajuntado com fé, casado é", que funciona como premissa para a construção de vias alternativas para as relações afetivas.[90]

No entanto, o modo de apreender esse enunciado demonstra que mulheres e homens não partilham a mesma liberdade para colocá-lo em prática. Em geral, as mulheres enfrentam maiores dificuldades quando contestam o esquema do matrimônio, ao passo que os homens encontram na lógica patriarcal a legitimação para manter o casamento ou optar por relações extraconjugais. O cantopoema alude a uma concessão que a lógica patriarcal poderia fazer à mulher, ampliando sua participação no esquema do casamento, seja do ponto de vista afetivo (incluindo a escolha do parceiro como atitude pessoal e não como obediência ao padrão social), seja do ponto de vista material (considerando seu direito de discutir o gerenciamento dos bens da família e de aspirar a seu próprio percurso profissional e intelectual). Trata-se, como dissemos, de uma alusão, pois a prática social em relação ao matrimônio reitera a encenação que iguala a mulher à natureza e estreita os canais para que ela articule suas críticas ao modelo estabelecido. A prova disso está em outra encenação que invoca a imagem do feminino santificado para legitimar a indissolubilidade do matrimônio. Vejamos o cantopoema entoado pelo terno de Caboclo, do município do Serro:

Ó Senhora do Rosário
Com seu manto cor de anil
Todos os brasileiros pedem
Não deixe o divórcio entrar no Brasil

A rejeição do divórcio aponta, por um lado, a afirmação da indissolubilidade do casamento vinculada ao modelo patriarcal, que rechaça a prerrogativa do divórcio, sobretudo se reivindicado pela esposa; por outro, a percepção das mudanças em andamento, relacionadas a uma ordem social alternativa, que solicita o direito de legitimar sua lógica de compreensão do mundo. O discurso encena essa problemática em dois planos: no social (em que o conflito é enunciado e vivido) e no simbólico (em que se espera encontrar uma solução para o impasse nascido da prática social). No primeiro, o cantopoeta interfere diretamente, difundindo a orientação ideológica de seu grupo;

no segundo, atuam os entes exemplares (santos e almas), referendando o apelo dos devotos. A coincidência entre a orientação ideológica do grupo e a atuação dos entes exemplares configura um campo de valores difícil de ser atravessado pelos sujeitos discordantes. A opinião da sociedade legitimada pelo sagrado confere à indissolubilidade do matrimônio um sentido quase absoluto, pois sinaliza uma dupla aceitação de compromisso, isto é, perante a lei dos homens e perante a lei divina.

Mas vale lembrar que os cantopoemas e narrativas se constituem como lugares de encenação, portanto, como lugares de negociação. Por isso, mesmo no caso de temas complexos como o matrimônio, é possível verificar a existência de fraturas no discurso que se pretende absoluto e um desejo de legitimação no discurso que se sabe alternativo. Isso nos permite dizer que os cantopoemas e as narrativas encenam situações dinâmicas, que colocam em confronto as relações entre o conservadorismo e a mudança, o individual e o coletivo, o casamento e o divórcio, o sagrado e o profano. Na medida do possível, essas encenações lançam para o plano do simbólico o desafio de encontrar a resolução para os embates. De modo particular, esse procedimento avaliza uma estratégia compensatória (o que não se resolve na terra, se resolve no céu; o que o homem não pode, Deus pode) característica de uma sociedade que reprime o sujeito, ao mesmo tempo que lhe fornece elementos para construir esquemas alternativos a fim de confrontá-la. Ou seja, a mesma ideologia patriarcal que impõe um tipo de matrimônio acena para outra via, por onde caminham aqueles que são capazes de perceber essa fresta. De modo geral, o procedimento citado demonstra uma maneira de viver em grupo que não separa drasticamente o plano social do plano simbólico, isto é, na medida em que a sociedade gera os conflitos, obriga os devotos a resolvê-los num espaço transcendente para voltar a viver bem na sociedade.

Para depreender as proposições encenadas através do discurso, é válido nos situarmos como alguém que se esforça para "construir um relato da estrutura imaginativa de uma sociedade".[91] Não há garantia de que os cantopoetas estejam argumentando exatamente como frisamos, mas a articulação que fazem do discurso, encenando de modo ambivalente os fatos sociais, funciona como um convite à interpretação desse discurso e dessa encenação. A estrutura imaginativa das comunidades do Congado perpassa as tramas dos cantopoemas e narrativas, ora como uma imagem objetiva, ora como uma sucessão de reflexos. As encenações se constituem como contrapontos umas das outras, negando-se e afirmando-se, justificando as evidências e insinuando as possíveis significações do mundo.

A encenação através do discurso se alimenta dos temas considerados relevantes para as comunidades, bem como dos aspectos fugazes do cotidiano. A abordagem de fatos relevantes e fugazes demonstra a preocupação do cantopoeta em trabalhar a tessitura de uma cena social abrangente, através da qual observa as relações entre os diferentes fatos e os diferentes sujeitos. As encenações atuam como elemento de mediação para que se possa compreender os eventos relativos ao mundo histórico e ao mundo sobrenatural. O primeiro contato mostra esses eventos cobertos por uma camada de névoa que o cantopoeta atravessa a fim de alcançar o significado que julga ser o mais importante para o seu grupo. Trata-se de uma névoa que tem raízes históricas (pois a marginalização dos afro-brasileiros restringiu suas possibilidades de estudo e de melhoria socioeconômica) e também simbólicas (pois o acesso às informações do sagrado depende de um percurso de iniciação, às vezes longo e complexo).

Em vista disso, a encenação através do discurso resulta de uma combinação de fatores que podem ser resumidos, mais ou menos, da seguinte maneira: a partir da capacidade do cantopoeta para superar as restrições histórico-sociais e atingir a maturidade do conhecimento através da iniciação, desenvolve-se uma tessitura estética e ideológica que abrange os fatos relacionados à comunidade. A tessitura da encenação se torna, simultaneamente, um ato de compreensão do funcionamento do mundo e um ato de proposição de como o mundo poderia funcionar. Como vimos, a abolição ocorreu de um modo, mas poderia ter ocorrido de outro; o matrimônio é vivido de uma forma, mas pode ser vivido de outra. Nessa perspectiva, a encenação através do discurso implica uma produção de saber a partir da realidade local das comunidades, muito embora esse saber esteja inter-relacionado com os demais saberes da sociedade. Ou, como aponta Geertz, é pertinente estar atento à possibilidade de "descobrir princípios gerais em fatos paroquiais".[92]

Isso faz com que o cantopoeta e as encenações se configurem como contrapontos de um diálogo social restrito (quando direcionados para a interlocução com os devotos do Congado) e abrangente (quando impulsionados para a interlocução com outros grupos religiosos, com os políticos, com a mídia e, mais recentemente, com as atividades de turismo). As interações e os conflitos decorrentes desses diálogos asseguram a complexidade das encenações feitas através dos cantopoemas e narrativas, bem como do universo cultural que é apresentado e representado através deles. Ignorar esse fato é assinalar, uma vez mais, o caráter excludente da sociedade brasileira — pelo menos de um certo modelo que se impõe como a sociedade brasileira. O contrário — atentar para esse universo — significa ampliar e aprofundar nosso repertório sociocultural, na medida em que nos abrimos para a experiência de negociação das comunidades do Congado, cujo objetivo, até agora, tem sido não o de anular as diferenças, mas o de compreendê-las para criar espaços de convivência.

Uma ingoma toda em flor

Já não somos, como na chegada
calados e magros, esperando o jantar.
Gilberto Gil e Capinam[1]

MARGEM, CENTRO E OUTROS LUGARES

O universo simbólico das culturas afrodescendentes no Brasil foi e continua sendo articulado levando-se em conta — às vezes de maneira explícita, outras, nem tanto — as relações que os africanos e os seus descendentes estabeleceram com outros agentes sociais durante a vigência do regime escravista no Brasil e no período posterior à abolição da escravidão. Dadas as circunstâncias do regime escravista, caracterizado simultaneamente pela reificação de homens e mulheres negras e pelas reações destes à violência sofrida, há que se considerar o cenário adverso à implementação dos valores africanos e afrodescendentes como referenciais expressivos para a cultura brasileira. Referimo-nos aqui ao cenário posterior à Independência do Brasil em 1822, norteado pelo idealismo romântico que, no plano da política, influenciou a formação das nações emergentes do século 19, dentre elas a nação brasileira. Nesse modelo de nacionalismo estavam incluídos cidadãos que, movidos por interesses civis, esforçavam-se por delinear um conceito de ordem e de convivência comunitários voltados para a valorização do homem e de suas aspirações. É óbvio que nesse modelo não havia lugar para não sujeitos, ou seja, para escravizados e ex--escravizados, em suma, para africanos e seus descendentes.

Por conta disso, os referenciais das culturas negras em nosso país receberam diferentes e conflitantes interpretações que, permeadas pelo preconceito, sublinhavam de modo geral os aspectos negativos dessas fontes culturais. Para não nos alongarmos nesse tema, abordado com propriedade em diversos trabalhos,[2] tomemos como exemplo algumas interpretações do corpo de homens e de mulheres afrodescendentes em nosso meio social. Por um lado, as elites desqualificaram-no como realidade humana, privando-o de sua história e de suas configurações socioculturais. Interpretado sob essa perspectiva, o corpo negro foi transformado em alvo de espoliação através do trabalho e da agressão sexual. Para assegurar o domínio sobre esse corpo, visto como "estranho", o sistema escravista imprimiu sobre ele cortes (resultantes de atos contínuos de tortura) e escritas (indicadores da posse do senhor sobre o seu escravizado) — sinais, enfim, de uma ordem social que fez da violência sobre o corpo negro uma de suas formas de expressão pública e privada. Por outro lado, os africanos e seus descendentes contestaram esse processo, que tentou negar a pluralidade de sua história e de sua cultura — e, por extensão, contestaram a marginalização que o sistema escravista impôs ao corpo negro. Embora mutilado e vigiado, o corpo negro foi reconfigurado física e ideologicamente como um território no qual homens e mulheres, negros e não negros, se reencontram para reescrever os modos como são organizadas algumas das relações sociais no Brasil.

Uma das estratégias de reapropriação e de ressignificação do corpo negro consiste na transmissão, preservação e reelaboração de um vasto acervo de literatura oral de devotos, afro-brasileiros ou não, vinculados ao sistema religioso do

Congado.[3] Nesse sistema — de caráter sincrético, no qual dialogam heranças de grupos africanos (linhagem banto) e europeus (linhagem católica) —, a literatura oral tornou-se o suporte através do qual o corpo negro foi esteticamente reconstruído para expressar, dentre outros aspectos, as tensões étnicas da sociedade brasileira, os processos de elaboração da memória como patrimônio individual e coletivo e a proposição do diálogo entre corpo/verbo/movimento para a formação de uma literatura performática. Os cantopoemas,[4] textos sagrados inseridos nas cenas rituais do Congado — cujos veiculadores identificamos como cantopoetas —, podem ser analisados a princípio como uma textualidade situada fora do cânone literário brasileiro, portanto, como uma textualidade circunscrita a uma condição de marginalidade estética e social. Isso ocorre, por um lado, em função da dificuldade que ainda temos para vislumbrar relações que possam superar os esquemas polarizados do tipo centro/periferia e cânone/não cânone, não obstante os aparatos teóricos — como aqueles gerados pelas discussões em torno do multiculturalismo — que nos ensinam a tratar essas questões com mais equilíbrio e bom senso; por outro lado, em vista do recrudescimento das polarizações, que continuam a ser uma tática ideologicamente eficaz para legitimar certas experiências sociais, em detrimento de outras.

Nessa linha, consideramos que os cantopoemas não são apenas a diferença que é definida em relação ao cânone literário brasileiro a partir do ponto de vista paradigmático, que legitima um modelo (o centro), entendido como um significado em presença, embora levando em conta outros modelos (a periferia) que, entretanto, são constituídos como um significado em ausência. Nossa proposta é estabelecida a partir do ponto de vista sintagmático, segundo o qual os modelos são colocados um em presença do outro e, mediante os conflitos que estimulam as negociações, se articulam para gerar uma gramática plural. Essa aproximação desfruta das mesmas tensões que presidem a aproximação entre a experiência e a elaboração discursiva, revelando que está em jogo não somente a demarcação das diferenças, mas a legitimação de "uma diferença" que terá maior espaço nas relações sociais. Os meios de comunicação, por exemplo, pressionam o sujeito a se decidir por acreditar no fato (experiência) ou nas versões sobre o fato (discurso), embora essa pressão esteja dissimulada sob o pretexto de prestar uma informação objetiva ao sujeito. Ao fim e ao cabo, a informação (que procura se avizinhar ao máximo do fato refletindo seus sons, cores, formas, imagens, movimentos etc.) se impõe como a experiência, de maneira que o sujeito se esquece ou é levado a se esquecer de que ela foi produzida como uma elaboração discursiva sobre a experiência.

Nas relações entre o cânone literário brasileiro e os cantopoemas, a tensão se traduz por uma situação, em tese, resolvida. No confronto entre as diferenças já se definiu "a diferença legitimada" (isto é, a literatura escrita) e se estabeleceu a norma para negociar os conflitos, segundo a perspectiva das elites econômicas e intelectuais. Em geral, essa norma restringe a projeção da literatura oral, pois a reduz à condição de documento de grupos sociais menos complexos. Fazendo isso, restringe também o campo de significação dos documentos e delineia a postura excludente das camadas dominantes em relação aos grupos menos favorecidos. Prova disso é a dificuldade de inserir a textualidade oral como contraponto para a análise da literatura escrita em nossos cursos de graduação e pós-graduação, e mesmo de habituar os leitores a se aproximarem dos textos veiculados em suportes que vão além da página impressa.

Nossa análise sintagmática pretende situar a literatura oral em face da literatura escrita. Para tanto, é importante frisar que estamos falando de produções textuais articuladas por sujeitos inseridos em cenários histórico-sociais reconhecidos, o que vem a ser uma condição básica para levarmos em conta os respectivos problemas das literaturas oral e escrita e para apontarmos alguns aspectos que estimulem o diálogo entre elas. Ressaltamos o discurso poético, em meio ao cenário amplo da literatura oral, por considerarmos a vivência poética como um fio, dentre outros, que constitui o tecido social. Por isso, ao mesmo tempo que essa vivência se exprime de maneira autônoma através dos elementos formais que a diferenciam de outras modalidades de discurso, ela se entrelaça com a sociedade e revela o quanto há de histórico e concreto em seus próprios elementos formais. Sendo assim, por um lado, a resistência à opressão contra os afrodescendentes pode ser vista como algo inerente à poética gerada por esses sujeitos, pois se articula no interior dos sistemas de linguagem, propondo representações que transcendem as funções pragmáticas desses sistemas — e, aqui, de modo particular, nos referimos ao campo de linguagem herdado do colonialismo lusitano. Nesse caso, o desejo de desmascarar as armadilhas da linguagem de matiz colonial se converte em força vital da experiência poética dos afrodescendentes, que a entendem como instrumento de reapropriação de sua própria identidade social, política e cultural. Por outro lado, a historicidade da experiência poética (que nos recorda a inevitável, mas por vezes esquecida, historicidade do devoto que se liga às práticas do Congado) pode transformá-la em resposta a contextos específicos. A resistência estética e social, nessa condição, vem a ser o prolongamento das expectativas compartilhadas entre o devoto e o grupo com o qual ele se identifica. Em geral, essas expectativas se nutrem de certas tendências ideológicas, cujo rastreamento crítico demonstra, em algumas situações, a frutífera dimensão política do discurso poético e, lamentavelmente, em outras, a perda de rumos desse discurso, quando associado a propostas degradantes, que restringem o diálogo entre os diferentes grupos da sociedade.

No trato crítico dos cantopoemas, é necessário levar em conta a possibilidade de sua inserção num ambiente literário que ultrapassa os limites do registro etnográfico para ressaltar o que, de fato, torna literária essa expressão textual. Apenas para tangenciar essa questão — que permanece à espera de análises mais rigorosas —, vejamos que interpretações críticas podem ser elaboradas quando relacionamos os embates entre os estilos de época, as reivindicações de autores negros representantes da literatura escrita (poetas da Negritude, da poesia negrista hispano-americana e da poesia afro-brasileira) e a produção poética dos cantopoetas do Congado.

Ao considerar os estilos de época consagrados pela crítica literária, é interessante notar que as obras que se opunham aos estilos estabelecidos eram apresentadas como textos literários. Os autores que reivindicavam o valor desses textos não se esmeravam em provar que faziam literatura, pois sua ação principal consistia em demonstrar que já estavam propondo outro modelo de literatura, cuja caracterização (clássica ou moderna, conservadora ou vanguardista etc.) era definida pelas circunstâncias em que era apresentado e pelo estilo ao qual se opunha.

Nesse contexto, os esforços de muitos autores eram no sentido de provar a eficácia do "novo" em relação ao modelo visto como ultrapassado (veja-se a crítica que a vertente historicista dos românticos teceu sobre o anacronismo dos escritores árcades ou neoclássicos), ou a validade da "tradição" em relação ao novo modelo entendido como supérfluo e excessivamente lúdico (veja-se a rejeição que o racionalismo dos árcades cultivou pela estética multiforme do Barroco). Em resumo, os embates entre os estilos de época demonstram que as várias formas de elaboração do texto eram apresentadas umas diante das outras como obras literárias, apesar de manifestarem entre si diferenças de ordem estilística e ideológica.

Os poetas negros que fixaram os passos iniciais da Negritude literária se viram instigados a trabalhar em duas frentes simultâneas: a político-social e a literária. A primeira se relacionava às reivindicações contra o colonialismo na África, contra a discriminação racial sofrida pelos negros na Europa e nas Américas e em favor do reconhecimento dos direitos humanos das populações negras e do respeito ao seu patrimônio cultural. A segunda frente se abriu para que os poetas expressassem, segundo o ponto de vista dos negros, a trajetória existencial do sujeito negro, sua luta contra a discriminação e suas experiências estéticas. A atuação de autores como Léopold Senghor, Aimé Césaire e Léon Damas não indica a separação entre essas duas frentes, mas a conjunção entre elas sustentada pelas circunstâncias históricas e pelos apelos estéticos. Para os autores da Negritude, a inserção dos negros na vida político-social estava ligada à necessidade de reconhecer o seu caráter humano, menos como um favor que se lhes fazia, mas sobretudo como um direito devido a todos os homens. Essa prerrogativa, aparentemente óbvia, não era tão evidente para os negros massacrados pelo colonialismo europeu na África, pela segregação racial nos Estados Unidos e pelas diversas modalidades de exclusão (étnica, social, econômica) que atingiam os negros no Brasil e nos países do Caribe. Por outro lado, a inserção da textualidade dos autores negros no espaço literário europeu impunha-lhes a tarefa de provar a "qualidade literária" de suas obras, seja porque abordavam temas e sonoridades distintas do cânone ocidental, seja porque interferiam no idioma do colonizador para representar as vivências de suas respectivas coletividades.

A bandeira dos experimentalismos e das rupturas alçada pelos movimentos de vanguarda no início do século 20 contribuiu para que as vozes da diferença se fizessem ouvir nos salões e revistas da Europa, não obstante as atitudes reacionárias que se bateram contra as vanguardas. Diante disso, os poetas da Negritude proclamaram o "orgulho da singularidade" do negro, de sua arte e de sua cultura como um modo de afirmar sua condição humana e, por conseguinte, suas aspirações à participação na vida político-social. Essa singularidade, que procurava evidenciar "l'intimité des rythmes ancestraux par delá le langage accidental du Blanc",[5] teve na escrita um suporte decisivo para a criação de um corpus literário que pudesse ser confrontado com os cânones da literatura ocidental. Sem avançar nas questões relativas à Negritude, visto que este não é o tema de nossa análise, é interessante destacar os desafios que se impuseram de imediato ao poeta negro: ele precisava provar que o negro era um ser humano, em seguida, que poderia ser o criador de uma expressão estética e, por fim, que a textualidade produzida pelo negro constituía uma obra literária.

Entre os autores da Poesia Negrista hispano-americana (movimento desencadeado em países do Caribe e da América Latina nas décadas de 1920 a 1940, influenciado pelo experimentalismo e pela busca do "primitivismo" que caracterizou certas atitudes de vanguarda na Europa) se destacam nomes como Nicolás Guillén (1902-1989) e Emilio Ballagas (1908-1954), em Cuba; Luis Palés Matos (1898-1959), em Porto Rico; e Adalberto Ortiz (1914-2003), no Equador.[6] Em linhas gerais, esses autores enfrentaram o problema do intelectual que se afirma como mestiço, além de reivindicarem a afirmação do negro como ser humano e de sua textualidade como literatura. A constituição dessa literatura representa a proposta de uma relação entre negros e brancos que seja estabelecida fora da estrutura colonial. Enquanto essa estrutura hierarquizou os vínculos étnicos e sociais, impedindo a legitimação das interações entre negros e brancos, a sociedade pós-colonial — ainda que não tenha superado de todo essa velha estrutura — aponta, pelo menos, um horizonte para maior debate sobre essa problemática.

Nessa direção, os autores da Poesia Negrista hispano-americana valorizaram as experiências cotidianas das populações negras e mestiças, realçando o significado estético de suas práticas culturais (vivências religiosas, cantos, danças, festas, modos de falar) sem esquecer os conflitos que atravessam as sociedades construídas sobre as amarras do escravismo. Assim, o ideário das sínteses étnicas e culturais (bem expresso por Guillén no poema "Balada de los dos abuelos") não pôde fugir também aos questionamentos impostos pelas contradições que caracterizam as sociedades mestiças. Os conflitos étnicos abordados por Guillén em poemas como "Negro Bembon" e as tensões religiosas tematizadas por Palés Matos em composições como "Candombe" revelam os perfis de literaturas que procuraram se afirmar explorando os entrelugares onde se localizam sujeitos como o mulato (nem negro, nem branco), realidades histórico-sociais como as dos países do Caribe e da América Latina (nem colônias, nem totalmente autônomos) e criações artísticas como a própria literatura produzida nos ex-territórios coloniais.

A literatura articulada por poetas afro-brasileiros toca, em diferentes momentos, em aspectos recorrentes nas obras de escritores da Negritude e da Poesia Negrista. Não é nosso objetivo discutir aqui as relações entre as três vias de criação literária, apenas mapear a maneira como os autores dessas vias se apresentaram diante dos modelos literários dominantes.[7] Assim, se tomamos as obras de Solano Trindade (considerando sua produção no decorrer dos anos 1960) e alguns dos nomes que se destacaram a partir dos anos 1980 (Luiz Silva Cuti, Geni

Mariano Guimarães e Esmeralda Ribeiro), podemos observar a atualidade e a urgência dos temas que atravessaram os textos da Negritude e da Poesia Negrista. Contudo, não se trata de uma reduplicação e sim de uma leitura desses temas à luz da realidade brasileira, fato que evidencia rupturas entre as três vias de criação. Como exemplos, veja-se, por um lado, que a Negritude fechou questão em torno da "cor negra" como signo de identidade de um determinado sujeito "africano", o que ocasionou problemas quando esse critério foi aplicado às regiões de mestiçagem do Caribe. O mesmo dado se impôs aos poetas afro-brasileiros, embora a busca de uma identidade fundada em traços fenotípicos esteja presente em muitos de nossos textos. Por outro lado, o modo como a Poesia Negrista "valorizou" a mulher negra e mulata, ressaltando a sensualidade como atributo de sua personalidade, contrasta com a maneira pela qual as poetas brasileiras denunciam a violência sobre o corpo feminino, reivindicando o direito de gerenciar sua própria sexualidade.[8]

Por agora, é interessante citar alguns pontos que permeiam essa ampla textualidade, ainda hoje observada com reservas pelos meios acadêmicos e pela crítica literária em mais uma prova do encastelamento dos setores dominantes da cultura brasileira. Um primeiro ponto relevante diz respeito à implicação social que os poetas afro-brasileiros imprimem à sua textualidade, quando se trata de confrontá-la com o cânone literário. É inerente a essa textualidade a reivindicação do valor estético, voltado para o reconhecimento do caráter literário da obra. Ao mesmo tempo, essa reivindicação exprime um engajamento social, na medida em que o texto literário denuncia o racismo, afirma a identidade dos afro-brasileiros e reclama seu direito ao trabalho, à saúde, à educação e à justiça. O outro ponto se refere à dimensão psicológica, que exibe através do texto a dor resultante do escravismo e da marginalização; paralelamente, evidencia-se o desejo de superar a dor, sinalizando que, além da sobrevivência, os afro-brasileiros são sujeitos competentes para viver e organizar a história, para amar e se realizar como indivíduos e coletividade. De fato, os pontos acima estão inter-relacionados, constituindo uma perspectiva psicossocial que se imprime como traço estético a partir do qual os poetas afro-brasileiros se apresentam diante do cânone que excluiu ou restringiu a abordagem desses eventos integrantes de nossa sociedade e de nossa literatura.

Quando consideramos os cantopoetas, verificamos que sua imagem de sujeito criador e sua produção textual estão excluídas do jogo que permite o confronto entre as diferentes formas literárias. Pode-se dizer que os embates dos estilos de época, dos autores da Negritude, da Poesia Negrista e da Literatura Afro-brasileira são travados num campo em que mesmo a ideia de marginalidade tem a sua legitimação. O que é classificado como marginal adquire um valor ambivalente, pois pertence às franjas do modelo dominante, mas se situa como uma possibilidade de interferência e até de superação desse modelo. Isso ocorre porque as tentativas do modelo dominante para esvaziar o significado do que é marginal transformam sua ausência de significado em perspectiva de representação. Com esse procedimento, o que é marginal é chamado (voluntariamente ou não) para a órbita das relações sociais, onde se entrelaçam os conceitos de representação e significação. Além do mais, os sujeitos envolvidos com a realidade marginalizada tecem suas próprias representações, confrontando-as com o modelo dominante. Esse movimento amplia a expressividade dos fatos marginalizados, revelando-os como frutos da sociedade, o que os autoriza a reivindicar o espaço da sociedade como seu espaço pertinente. Por isso, a marginalidade que afeta os estilos de época e as poéticas da Negritude, da Poesia Negrista e da Literatura Afro-brasileira se exprime como um fato construído socialmente, que pode ser, por isso mesmo, modificado. Poderíamos dizer que se trata de uma marginalidade dialética, cuja montagem se torna mais ou menos visível no jogo entre as diferentes formas literárias. Esse traço permite aos marginalizados estabelecer estratégias de contestação ao modelo dominante, negociando fórmulas que dão fôlego aos criadores situados fora dos centros privilegiados.

Mas o que dizer dos cantopoetas e de sua literatura silenciosa? O modo como têm sido tratados priva-os, inclusive, da marginalidade literária. No sentido amplo dos termos, os cantopoetas não são vistos como criadores, nem sua textualidade observada como literatura. Por um lado, não exercitam o discurso triunfal de sua singularidade e não discursam para provar que sua textualidade é literatura; por outro, sua textualidade já exprime o que é o cantopoeta (um ser humano capaz de vivenciar e de traduzir em linguagem estética as suas vivências) e a sua estrutura de mundo (uma ordem social mediada pelo sagrado, na qual os homens são *filhos de Zambi/pretinhos do Rosário* e as divindades são forças ativas na vida cotidiana). Esses caracteres são analisados, em geral, como temas da antropologia, da sociologia e do folclore, e raramente como componentes da tessitura literária. Daí que, no âmbito literário, os cantopoetas e sua textualidade estão relegados a um espaço além da margem, o que os impede de ser considerados como peças do jogo entre as diferentes formas literárias.

No entanto, o fato de os cantopoetas não estarem inseridos nesse jogo não os impede de atuar em outra variável cultural, articulando um rico patrimônio de linguagens, formas e representações estéticas. Como frisamos anteriormente, os cantopoetas e os cantopoemas se ramificam dentro de um sistema significativo, o Congado, presente em diversas comunidades que, por sua vez, oferecem aos indivíduos uma estrutura para desempenhar suas atividades sociais, econômicas, políticas e religiosas. Portanto, o cantopoeta vive e cria num âmbito no qual sua autoafirmação já é reconhecida e a demanda estética se associa integralmente à função religiosa. Isso não quer dizer que a textualidade gerada fora desse ou de outro sistema religioso esteja esvaziada de um sentido sagrado, nem que a textualidade nutrida no seio do sagrado esteja desamparada de um profundo interesse estético. No tocante aos cantopoetas, vale observar que sua exclusão dos jogos de formas literárias levou-os a delinear um campo de jogo próprio, ainda que não tenham descartado a possibilidade de diálogo com as outras textualidades. Na prática, é interessante compartilhar a satisfação que manifestam os cantopoetas quando reconhecem suas narrativas ou cantopoemas em meio a outros textos, tais como os encartes de CDs e discos ou os livros escritos pelos pesquisadores.

Além disso, a experiência dos cantopoetas nos recorda que os aspectos da produção textual são múltiplos e um ou outro pode se sobressair a partir das possibilidades ou das exigências que o contexto histórico-social lhe propuser. Assim, a sociedade ocidental alimentou nos autores negros representantes da literatura escrita o anseio pela declaração de um engajamento político e social, embora sejamos obrigados a considerar sempre as maneiras particulares como os vários autores desenvolveram essa tarefa. Em linhas gerais, seus esforços para construir uma nova identidade ou para recuperar a identidade perdida situou-os no plano histórico como sujeitos fragmentados, razão pela qual se explicam as incursões em busca de uma totalidade que se exprimiu através de signos como a África-mãe, a religião, a dança e a música. No sentido oposto a essa busca, afirmou-se uma textualidade em que os autores negros assumiram a fragmentação infiltrada nos processos de mestiçagem, ainda que tais processos relativizassem o projeto de recuperar integralmente as origens negras.

Se a poética de Senghor nos aproxima da primeira tendência, a de Nicolás Guillén enfatiza as negociações inerentes aos processos de mestiçagem. As origens, para Guillén, mais que o retorno à África-mãe, correspondem à recuperação das práticas populares caracterizadas por intercruzamentos culturais capazes de exprimir a diversidade do mundo pós-colonial. Por isso, afirmou: "Mis *poemas-sones* me sirven además para reivindicar lo único que nos va quedando que sea verdaderamente nuestro, sacándolo a luz y utilizándolo como un elemento poético de fuerza".[9] Os *sones* remetem para uma realidade social e étnica que tem as camadas populares como sujeitos da ação, ao mesmo tempo que revelam formas de trabalho e entretenimento, valores e aspirações relacionados às pessoas negras ou mestiças. Os apelos dessa realidade dialogaram na poética de Guillén, pois suas reivindicações étnicas (mais agudas entre 1930 e 1934, no auge da poesia negrista) estiveram sempre vinculadas a questões sociais, indicando o engajamento do poeta em prol de uma sociedade mais justa para todos.

Apesar do emprego da expressão poesia negrista, autores como Adalberto Ortiz e Palés Matos também investiram nos aportes da mestiçagem, gerando uma poética permeada por tensões. Enquanto Ortiz advogou em defesa do mulatismo étnico e cultural permeado pelo estereótipo da instabilidade ("Mulato soy, hijo de mulatos. Como resultante se puede apreciar fácilmente que toda mi obra literaria es, en cierto modo, fragmentada o fragmentaria, porque corresponde a una intención de una personalidad no muy bien identificada ni unitaria"),[10] Palés Matos, ainda sob a ótica do naturalismo, insistiu nas referências à África e aos ingredientes que considerava como caracterizadores da cultura antilhana, embora o próprio autor tenha reconhecido que sua poética derivava de "Algo entrevisto o presentido/ poco realmente vivido/ y mucho de embuste y de cuento".[11] Essas palavras podem ser tomadas como uma fresta que evidencia a complexidade de se estabelecer o diálogo entre a realidade multiétnica do Caribe e os textos da poesia negrista, aspecto que despertou a seguinte reflexão crítica de Guillén: "Para algunos esa salida *es moda*, porque no alcanzan el profundo sentido que tiene la aparición del hombre oscuro en el escenario universal, su imperativa, indetenible necesidad; para el resto es, además, *modo*: modo entreñable de lucha en que hoy se debaten oprimidos y opresores en el mundo".[12]

Essa fresta se alarga quando a abordagem de temas considerados "não literários" (que associamos aqui às vivências culturais de negros e mestiços pertencentes às camadas socialmente menos favorecidas) se converte não em *modo* de representação do mundo, mas em *moda* artística, revestindo-se, nesse caso, de um caráter circunstancial e passageiro. Diante disso, os temas "não literários" assumidos pela literatura legitimada passam por uma depuração a fim de se tornar palatáveis ao gosto dominante. Dito de outra maneira, os conteúdos e a estética das culturas populares são minimizados, revelando, em linhas gerais, o desinteresse de críticos e autores eruditos em dialogar com os modos de pensamento dos grupos populares. Em termos de linguagem, por exemplo, as interferências de um autor erudito sobre a língua padrão podem ser analisadas como atos de criação e vanguarda, ao passo que o modo popular de fixação da língua recebe da crítica o estatuto de linguagem deformada. Seria o caso de nos perguntarmos sobre a pertinência das transformações que os grupos populares impõem à língua padrão, pois se indicam uma impossibilidade de acesso a ela, podem exprimir, também, a eficácia de uma modalidade linguística para exprimir certas realizações estéticas.

Guillén observou que, mesmo depois de 1880, "cuando alcanza su libertad teórica", o negro permanece ausente da poesia e da arte cubanas, embora no âmbito das culturas populares se manifestasse como uma presença dinâmica e criadora — "Unas veces, con sus cantos de trabajo, que enriquecen angustiadamente el cancionero nacional; otras, con sus fiestas públicas, con sus ceremonias religiosas". Isso, no entanto, não alterava a maneira como os representantes da literatura legitimada se aproximavam das culturas populares, pois muitas vezes recolhiam "el peculiar modo de expresión de los africanos y sus descendientes, como broma o pasatiempo".[13] Essa atitude, além de uma postura ideológica dos autores eruditos, pode apontar também para sua dificuldade de abrir caminhos entre as teias de significação das culturas populares. O que se verifica, então, é um misto de fascinação e distanciamento que induz o sujeito privilegiado a interpretar o popular como fonte de inspiração para a literatura legitimada, mas não como fonte que, por si mesma, alimenta um universo literário específico.

Ajustando essas discussões ao tema de nosso estudo, observamos que mesmo excelentes trabalhos sobre a textualidade banto-católica, como o de Maria de Lourdes Borges Ribeiro acerca do Jongo, esbarram na dificuldade de reconhecer nela uma configuração estética.[14] Diante das práticas do Jongo, as considerações da autora refletem um misto de fascínio ("E assim me fui embrenhando sozinha nessa floresta que a princípio me pareceu cheia de sugestões artísticas") e receio ("Só depois me apercebendo de seus grotões misteriosos, das sombras que nela perpassam, dos risos que vêm não sei de onde, dos feitos assustadores que acontecem, tudo muito lá dentro, onde a luz não alcança").[15] Ainda que norteada pelos padrões da cultura e da literatura legitimadas, a autora vislumbrou, se não as realizações, pelo menos as "sugestões estéticas" da textualidade banto-católica. O impasse permanece quando admite a impossibilidade de entrar nesse mundo cheio de "intenções estranhas", mas no qual se percebe uma linguagem dotada de lirismo e simbolismo; um mundo em que os cantopoetas "louvam o micro e o macrocosmo", embora, para isso, tenham que lançar mão de uma "semântica primitiva".

O clima de cordialidade entre pesquisador e pesquisados se revela como um jogo em que estes negociam com aquele o acesso ou não aos significados dos cantopoemas e narrativas de preceito, indicando a tensão subjacente às situações em que os modelos culturais se colocam um diante do outro ao mesmo tempo como realidades opacas e transparentes. Com isso, os cantopoetas, que são presumivelmente os objetos da investigação, se expõem igualmente como sujeitos do jogo intercultural, sugerindo, aceitando ou recusando os modos de relação propostos pelo outro sujeito, isto é, o pesquisador. Como frisa Ribeiro, "é assim que *rezam* seus pontos diante de nós, que somos os seus saravados, e tudo vemos, registramos e ignoramos".[16] A complexidade dessa negociação foi analisada por Alejo Carpentier (1904-1980) ao comentar sua novela *¡Écue-Yamba-O!*, redigida sob os influxos da geração constituída por intelectuais cubanos que nas décadas de 1920 e 1930 "fueron al descubrimiento de las raíces nacionales desvirtuadas por la acción deformante del imperialismo, y de ese modo tropezaron con las representaciones de las culturas africanas trasplantadas a la isla antillana que, desde años atrás, estudiaba Fernando Ortiz (1881-1969)".[17]

Enquanto Ribeiro reconhece as dificuldades para decifrar a floresta de signos do Jongo, Carpentier admite que perscrutou apenas uma parte das realidades sincréticas em Cuba: "me di cuenta de que todo lo hondo, lo verdadero, lo universal, del mundo que había pretendido pintar en mi novela había permanecido fuera del alcance de mi observación".[18] As dificuldades decorrem não só da diferença de mundos e linguagens que permeiam as relações entre os pesquisadores e os pesquisados, mas também das ações que estes desenvolvem, assinalando áreas de interesse que podem consolidar ou romper as negociações estabelecidas com representantes de outros modelos culturais. Diante disso, são relevantes os comentários de Ribeiro e Carpentier acerca do fato de se situarem no lugar de quem vê e registra, mas não decifra inteiramente o mundo dos cantopoetas. O autor cubano reconhece não ter alcançado, por exemplo, as relações do negro com o bosque, certas práticas iniciáticas que lhe foram "disimuladas por los oficiantes con una desconcertante habilidad".[19]

Se considerarmos que as práticas culturais perpassam as textualidades elaboradas pelos grupos sociais, poderemos avaliar a importância dos cantopoemas e narrativas de preceito como instrumentos de negociação. Esse aspecto foi entrevisto por Ribeiro ao afirmar que os participantes do Jongo "falam uma linguagem diferente, usam as nossas palavras, mas o sentido é outro, como se as enchessem de enigmas. E enigmas são".[20] O enunciado frisa a competência dos cantopoetas que, tal como Calibã, se apropriam da língua de Próspero não só para usá-la contra o opressor, mas também para dialogar com ele e articular o seu próprio mundo. A "linguagem diferente" se impõe como uma linguagem híbrida que, embora contenha elementos da língua padrão, se articula de modo particular para exprimir os conceitos, normas e percepções estéticas de um grupo específico, nesse caso, as comunidades do Jongo.

O caráter enigmático dessa linguagem está ligado a sua estrutura sintática, semântica e morfológica, bem como às práticas culturais, sistemas de relações e valores que constituem o mundo que a emoldura. Nesse sentido, é tão enigmática e tão compreensível quanto as linguagens produzidas por outros grupos, pois essas noções se relativizam de acordo com o grau de inserção do sujeito no mundo de uma determinada forma de linguagem. O sujeito que estiver mais dentro dos esquemas de representações dos cantopoetas terá maior probabilidade de apreender seus enunciados, tanto quanto o sujeito inteirado dos esquemas de representações da sociedade brasileira no século 18 terá maior probabilidade de compreender os autores de nossa arte barroca. A expectativa da compreensão se restringe quando o sujeito permanece distante do mundo do produtor da linguagem e tenta apreendê-lo usando apenas os seus próprios parâmetros. Nesse caso, tudo o que não for claro, segundo os esquemas de representação do sujeito externo, pertencerá ao limite do enigma, do incognoscível, e condenado ao exílio nos "grotões misteriosos". Se o observador de fora insiste nessa probabilidade e desiste de abrir-se às provocações da outra textualidade, termina por reduzir a capacidade comunicativa dos cantopoetas e a significação do mundo a que pertencem.

As apreciações de Carpentier e Ribeiro acerca da habilidade dos cantopoetas e da complexidade de sua linguagem demonstram, por um lado, que eles estão cientes do seu fazer literário, prescindindo da crítica acadêmica para construí-lo ou interpretá-lo; por outro, que os cantopoemas e narrativas procedem de um universo literário específico que, sem excluir o diálogo com a crítica acadêmica, solicita o emprego de outros métodos para que seja abordado de modo mais producente. No que se refere à textualidade banto-católica, esse enunciado indica um campo a ser explorado, ou seja, espera-se que a partir da convivência com as comunidades de devotos seja possível realizar uma descrição interpretativa do processo criativo dos cantopoemas. Para tanto, devemos ter em mente a configuração do Congado, cuja polissemia de conhecimentos, formas, gestos, tempos e espaços interfere na tessitura dos cantopoemas e narrativas.

Mais do que refletir essa polissemia, a textualidade gerada pelos cantopoetas procura representá-la, de modo a estabelecer vínculos de similaridade e diferença entre o texto poético e as várias feições do Congado. Os efeitos dessa inter-relação se projetam na experiência dos devotos, que recorrem aos cantopoemas e às narrativas para ver e compreender o mundo em que vivem, e ainda para usufruir da beleza e da transcendência que essa textualidade lhes proporciona.

CARACTERIZAÇÃO DOS CANTOPOEMAS

Em relação à forma, os cantopoemas são apresentados em dísticos, tercetos, quadras e em composições com número variável de versos, fato que dificulta o seu enquadramento dentro de uma classificação rígida. Além disso, as composições longas e curtas entoadas pelos cantopoetas são registradas de acordo com a percepção de um devoto ou de um pesquisador, que interferem na distribuição dos versos durante a etapa de sua transcrição. Daí os cantopoemas, sobretudo os mais longos, acabam sendo transcritos com números de versos diferenciados, ampliando assim o espelho de suas variantes. O problema é minimizado quando se trata de transcrever os cantopoemas construídos com rimas evidentes; nesse caso, a similaridade fônica do final dos versos ajuda a marcar as divisões do texto cantado e escrito. No que diz respeito à temática, os cantopoemas sustentam a linha da diversidade: como citamos anteriormente, essa poética aborda assuntos como o tráfico de escravizados, a angústia da viagem da África para a América, o ambiente do cativeiro no Brasil, a opressão religiosa do Catolicismo, os castigos e torturas impostos aos escravizados, a resistência religiosa e as celebrações festivas dos negros, a resistência armada dos quilombos, a abolição da escravatura, o revigoramento dos laços com os ancestrais, a valorização da etnicidade, os conflitos ideológicos com a sociedade brasileira, a afirmação da legitimidade do cantopoeta, a reflexão sobre o próprio fazer poético (metalinguagem) etc.

No entanto, persistem as dificuldades para quem deseje inserir os cantopoemas dentro dos esquemas canonizados, em vista de sua diversidade formal e temática e da ausência de estudos que os analisem como produção literária. Em nosso modo de ver, a questão não consiste em buscar evidências para justificar a inserção dos cantopoemas nesses esquemas, mas em ocupar outros ângulos de análise que nos permitam compreender por que essa poética é capaz de dialogar com o cânone literário brasileiro na medida em que exibe elementos similares e diferentes em relação a ele. Diante disso, é inevitável considerar a elaboração de uma tipologia para os cantopoemas, após percorrermos as etapas de descrição e classificação de suas estruturas. Todavia, não entraremos por esse caminho pois, como afirma Zumthor, isso não é suficiente para dar conta das poéticas da oralidade "se não estendermos a ideia de função — que fundamenta tal procedimento — às latências e às virtualidades dos processos em questão".[21] Ou seja, a descrição e a classificação tratadas como um fim em si mesmas geram tipologias que restringem os apelos temáticos e formais das poéticas da oralidade e as transformam em mero espelho de textualidades já canonizadas. Porém, se a descrição e a classificação forem tomadas como parte do processo social, político, econômico e estético que anima os cantopoemas, poderemos empregá-las para esboçar um panorama dessa poética, tendo em vista o pressuposto de que "todo 'modelo' construído é de certa forma inadequado; seu uso exige, portanto, uma indisciplina que reintroduz a fantasia criadora e o erro vivificador e que elimina do raciocínio o princípio simplista da não-contradição".[22]

Por isso, não nos propomos a fixar um modelo para a poética banto-católica, nem a identificá-la com o cânone literário brasileiro, embora isso não exclua a possibilidade do diálogo entre esses dois campos textuais. A abertura dessa porta nos convida para uma abordagem estética dos cantopoemas e sugere, ao mesmo tempo, uma discussão acerca dos contornos que determinam o chamado cânone literário brasileiro. Nesse sentido, o desdobramento das relações entre as poéticas da oralidade e o cânone está vinculado à atuação de profissionais da comunicação, críticos, professores de literatura, editores e leitores na medida em que os convoca para a compreensão do patrimônio que permite a uma sociedade se manifestar de maneiras múltiplas e concretas. Por isso, a grande empresa, no momento, consiste em obter informações mais amplas e mais profundas sobre a prosa e a poesia banto-católica, de modo que seja possível visualizar recursos empregados em sua criação e os grupos que as articulam, a exemplo do que propõem as análises estilística e sociológica dos textos literários. Para tanto, consideraremos os modos de atuar do cantopoeta com o objetivo de abrir janelas para a paisagem dos cantopoemas que serão apresentados na antologia ao final deste livro.

Ao traçar um rápido paralelo entre os perfis do *griot*, do *troubadour*, do *songman* e do cantopoeta (capítulo "De patangome na cidade"), procuramos ressaltar as funções e os processos de legitimação deste último, cuja denominação foi sugerida para explicitar uma certa vivência da oralidade no contexto das heranças banto-católicas no Brasil. Sem nos distanciarmos daqueles comentários, queremos sublinhar agora alguns dos modos de atuação do cantopoeta que resultam diretamente no texto dos cantopoemas. A observação empírica e a leitura dos cantopoemas transcritos nos permitem dizer que a atuação do cantopoeta se subdivide em duas faces distintas e complementares, isto é, uma de *reiteração* e outra de *improvisação* ou improviso. Muitas vezes o cantopoeta repete os cantopoemas transmitidos de geração para geração e que encarnam o sentido de uma autenticidade capaz de colocar os devotos diante da representação de sua própria identidade. O sentido dessa autenticidade corresponde a uma experiência dos antepassados que os descendentes legitimaram e aceitaram como verdadeira, relaciona-se ao aspecto conservador da tradição que remete o sujeito e o grupo às origens situadas nos páramos distantes do mito ou da história, e codifica para o cantopoeta um modo de atuar em que o mais importante é fazer o já feito.

A reiteração dos cantopoemas tradicionais indica a manutenção de uma ordem social que valoriza a competência do cantopoeta para revivificar o passado no presente; esse fato se exprime mediante a idealização dos cantopoemas, que são considerados como fontes de um saber antigo e que estão, por isso mesmo, imantados de força e significações enigmáticas. A esse princípio hierático que infunde respeito aos cantopoemas se somam a admiração e o afeto que lhes é dedicado pelos cantopoetas: não é raro encontrarmos um que expresse seu gosto pelo cantopoema que em outras épocas frutificou na voz de um antecessor, como vimos no caso de d. Maria das Mercês Santos, do povoado do Açude, na Serra do Cipó. Porém, a reiteração como princípio hierático ou experiência afetiva, por mais que proporcione prazer ao cantopoeta, não deixa também de representar uma experiência restritiva, que o induz a cercear seus próprios improvisos para dar à luz um cantopoema já consagrado. Nesse caso, os signos de um modo de atuar individualizado (o timbre de voz, o jeito de posicionar o corpo, a maior ou menor empatia com a plateia) se manifestam, mas, em vez de sobressair como realidade isolada, ressaltam a pujança do cantopoema que todos esperam ouvir: aqui, a competência do cantopoeta pode ser medida pelo coro que o acompanha, multiplicando-lhe a voz, cobrindo-o com gestos de estima ou reforçando sua atuação com a entrega dos devotos à dança. Isso ocorre com cantopoemas que fazem parte do repertório de várias comunidades do Congado, a exemplo destes:

Tá caino fulô	Oi, cumê que ele chama	Se a terra não me comê
Tá caino fulô	É João Dendê	Tamborim
Lá no céu,		Para o ano eu voltarei
lá na terra		
Olelê		Tamborim
Tá caino fulô		

O ato de reiterar os cantopoemas revela a esgrima do cantopoeta consigo mesmo, na medida em que precisa conter seus anseios para realizar os improvisos; além disso, implica o aprendizado de uma disciplina para tratar com propriedade a palavra, os assuntos, o som, o silêncio, a voz e os instrumentos. Essa aprendizagem — realizada na vivência cotidiana do cantopoeta, como vimos ao compará-lo com os *griots* — responde à exigência social de se dizer ao grupo o que ele deseja ouvir através dos cantopoemas reiterados, mas, paralelamente, permite ao cantopoeta explorar a palavra como um meio de criação. O exercício da criação é mais bem percebido nos cantopoemas chamados de loas, que possuem dimensão variada e são entoados durante os cortejos e cerimônias como a coroação de Reis e Rainhas, o batizado de capitães ou a saudação a um terno visitante. Nessa modalidade, o cantopoeta combina o improviso explicitado pelo acréscimo de emissões sonoras, palavras, gestos e comentários pessoais aos temas abordados, com a reiteração evidenciada pelo uso de estruturas fixas que constituem o repertório dos cantopoemas. Dentre essas estruturas, destacamos os *módulos de interjeições* (Oi, vivá; Ô, ô, ô, eia; Ê, rê, rê, rê; É divera; auê etc.) que despertam a atenção dos interlocutores e estabelecem fronteiras entre um cantopoema e outro; as *colagens de textos* (Oi, vamo embelezá; Vamo viajá; Mamãe mandô chamá etc.) que atestam o rendimento sintático, semântico, pragmático e estilístico de certos fragmentos, passíveis de ser reutilizados para compor textos para diferentes contextos; e o *módulo enunciado + vocativo* (Vamo viajá, sá Rainha; Ajudai-me, rainha do mar; gira gunga, maçambique; etc.) que enfatiza a ação e o reconhecimento do sujeito empenhado nessa ação.

O improviso permite ao cantopoeta atuar de maneira dialógica reconfigurando as estruturas fixas dos cantopoemas, ao mesmo tempo que repassa os fatos para o grupo. Mas, nesse caso, não se trata de comunicar um enunciado já sabido, uma vez que o cantopoeta se entrega à tarefa de interpretar os fatos desde um ponto de vista pessoal. Se a reiteração lhe garante um limite de segurança baseado no pressuposto de que ele deve reconhecer o momento adequado para citar este ou aquele cantopoema, o improviso, por seu lado, o obriga a manter esse preceito, embora se espere que amplie as observações acerca dos conteúdos apresentados. Durante o improviso, o cantopoeta procura responder à demanda que coloca à prova a sua capacidade para invocar e representar a tradição, bem como para analisá-la e enriquecê-la, como indicam as palavras do Capitão Pipita, da cidade de Oliveira: "Aprendi parte com meu pai, Geraldo da Glória, mas a gente tem que inventar também. Ali, no Cortejo sai tanta coisa... a gente brinca com criança, com Capitão velho... 'Nego Véio' e 'No tempo do Cativeiro' é cantado no palanque, na casa da Rainha, contando a história, a situação".[23]

Essa elaboração discursiva, recorrente entre os cantopoetas, mostra que o seu modo de atuar leva em conta o tradicional e a interpretação desse patrimônio, desenhando um perfil que os revela como mantenedores e transformadores do saber. Vale frisar que o contexto exerce grande influência sobre as escolhas que o cantopoeta tem de fazer ao articular o cantopoema, pois não basta apenas repetir ou inventar estruturas de linguagem — elas devem desempenhar, de fato, uma função comunicativa, caso contrário estarão sujeitas às críticas de cantopoetas atentos, como o Capitão Pedro Aponízio: "'Ô, Siriema' é Ponto. Os Pontos um Capitão joga pro outro, um Terno joga pro outro, ou pra alguma força, pra um espírito. Muitos não sabem cantar, mas também tem muitos que cantam sem saber que aquilo é Ponto".[24] Simultaneamente, esse quadro de tensões realça o caráter dialético das relações entre improviso e reiteração, evidenciando a impossibilidade de gerar os cantopoemas sem manipular as oposições e diálogos que caracterizam esses recursos. O cantopoeta é o operador de uma alquimia que se apoia no improviso e na reiteração para confirmar e, ao mesmo tempo, deixar em aberto um vasto campo de formas poéticas, conteúdos culturais e experiências históricas. A fim de mapear esses aspectos, consideraremos alguns cantopoemas — cujas versões completas se encontram na antologia que acompanha este livro — e os modos de ação dos cantopoetas Geraldo Arthur Camilo, Dirceu Ferreira Sérgio, Orlando Lucas e Pedrina de Lourdes Santos, que não debatem a questão da autoria e entoam o cantopoema como resultado de uma criação coletiva, muito embora os seus modos de atuar revelem traços individuais.

De Geraldo Arthur Camilo, Rei Congo de Minas Gerais, residente na comunidade dos Arturos, apresentamos cinco cantopoemas. Em geral, o cantopoeta não atribui título à composição, mas, para fundamentar nossa análise, identificaremos os cantopoemas pelo primeiro verso de cada texto. Essa observação é pertinente pois, segundo o entendimento do cantopoeta, ele atua para dar vida a uma textualidade coletiva, na qual sua participação individual é minimizada. Apesar da pesquisa de campo reforçar essa proposição mostrando situações em que o cantopoema ecoa como um discurso supraindividual estabelecido a priori por um antepassado, muitas vezes também aponta para a emergência de uma individualidade criadora, ocasião em que se percebe a maior ou menor habilidade de um cantopoeta em relação ao outro. Além disso, a aproximação entre o cantopoeta, a mídia e a militância política começa a indicar mudanças nesse procedimento, como veremos adiante.

Os cantopoemas de Geraldo Arthur Camilo constituem uma série recolhida durante os rituais da Festa de Libertação realizada em maio de 1987 na comunidade dos Arturos, município de Contagem. O corpus formado por "Minha mãe me chamô lá no Rosaro", "Esse povo num é meu", "Minhas bandera vamo viajá", "Ô, coroa do Rosaro" e "Ô, minha mãe me chamô" é tecido a partir de um jogo de discursos ou falas nas quais se destacam os seguintes elementos: alguém *chama*, isto é, convoca o outro para o diálogo; alguém *escuta* e se dispõe a participar das ações propostas na convocação; e muitos *escutam* e agem para transformar a participação individual em atuação coletiva. As funções de *chamar* e *escutar* são intercambiáveis, ou seja, Deus, os antepassados e Nossa Senhora chamam o cantopoeta, que os escuta e atende às suas solicitações; por sua vez, o cantopoeta chama os devotos, que o escutam e se movem para colocar em prática os procedimentos indicados no cantopoema.

O sentido da linha de chamada/escuta que parte do mundo divino para o mundo dos homens pode ser invertido, já que as divindades também são chamadas e se colocam na escuta para atender às solicitações dos fiéis. A comunicação dos devotos com as divindades e dos devotos entre si é articulada a partir do circuito emissor, receptor, canal, código, mensagem. Evidentemente, interferências internas, como a competição entre os grupos devocionais, e externas, como as mudanças da sociedade abrangente, pressionam as fronteiras desse circuito, apontando para a fragmentação e a reconfiguração das comunidades, bem como a perda e a ressignificação das formas de linguagem elaboradas pelos cantopoetas. O funcionamento desse circuito, incluindo as pressões que o afetam, é decisivo para que os atos de chamar e escutar não se reduzam a atitudes formalizadas, prescritas pelas obrigações rituais, uma vez que a inserção do devoto no circuito comunicativo do Congado depende de sua competência para chamar e ser chamado, escutar e ser escutado. Estes atos são incluídos numa órbita de saber específico que transborda dos momentos ritualizados para se tornar disponível aos devotos durante as práticas cotidianas. Isso significa que, diante das informações que fundamentam o Congado e a vida vinculada a ele, é preciso ter a competência para reconhecer *quem* chama, *por que* chama, *a quem* chama, *quando* e *como* chama; simultaneamente, essa ordem social e religiosa exige do devoto a competência para compreender *o quê, quando, onde* deve ser escutado e a *quem* se deve dar a atenção da escuta.

Os devotos se movem e se comunicam a partir de jogos de ocultação e desvelamento do significado, reforçando a representação do Congado como uma experiência cercada de mistérios. A tensão entre o dito e o não dito, a fala e o silêncio, transforma a comunicação numa prática preciosa, necessária e delicada. Os desdobramentos do significado e as metamorfoses dos fatos atraem o devoto para a comunicação, mas representam também um exercício de risco, cujas consequências podem trazer benefícios ou prejuízos. Por isso, é preciso estar atento para aprender sempre. O cantopoema é percebido como uma das fontes de aprendizado, pois suas mensagens ora ortodoxas, ora lúdicas indicam, respectivamente, os preceitos a ser respeitados e o prazer a ser descoberto na celebração do sagrado. Os cantopoemas de Geraldo Arthur Camilo, aqui referidos, exemplificam a primeira vertente, pois exprimem os modos de proceder no sagrado, explicam como o cantopoeta fala de si mesmo ao falar do sagrado e de seu grupo, e demonstram a autoafirmação do cantopoeta como criador através da palavra. Como veremos a seguir, o desenvolvimento e a conclusão desse circuito explicita os procedimentos adotados pelo cantopoeta para se apresentar diante do grupo como um sujeito exemplar, o que lhe garante condições para exercer certa liderança na comunidade.

Em "Minha mãe me chamô lá no Rosaro" o cantopoeta e os devotos são chamados por Nossa Senhora para louvar no sagrado. Depois de atendê-la, o cantopoeta converte sua escuta em discurso ativo, abençoando os participantes da ingoma e convocando-os, juntamente com os instrumentos, para cumprir o preceito de "chorar", ou seja, de vivenciar com devoção as celebrações. Ao mesmo tempo que explica os preceitos aos interlocutores, o cantopoeta realiza uma autoanálise, revelando que não é dono de nada, pois o culto, a família e os objetos pertencem aos entes sagrados ("Nada num é meu/ Minha povo// Tudo é de papai/ Tudo é de mamãe"). Nesse momento, o discurso adquire um contorno metalinguístico, indicando, por um lado, a preocupação do cantopoeta em se afirmar como porta-voz de um saber legitimado, por outro, sua capacidade para jogar com a reiteração e o improviso na construção do cantopoema. Ao concluir, o cantopoeta convoca os devotos para "embelezar", isto é, para atuar com alegria e fazer bonito durante a celebração. Em termos estilísticos, o cantopoema apresenta uma figuração circular, pois inicia e termina com um chamado; o *intermezzo* para a autoanálise não desestabiliza essa ordem, ao contrário, funciona como uma pausa que permite ao cantopoeta retomar o convite inicial, acentuando a sua relevância, uma vez que acrescenta o significado de atuar com prazer e alegria ("embelezar") àquele de vivenciar com devoção as celebrações ("chorar").

Em "Esse povo num é meu", Geraldo Arthur retoma aspectos do cantopoema acima, como demonstra o verso inicial, mas dedica-se a descrever o Congado como a festa de uma grande família reunida pelo sangue e pela devoção. Por isso, além de apresentar a si mesmo ("eu me chamo Geraldino/ moradô desse lugá") e a saga celeste (Deus, Mamãe do Rosário), o cantopoeta se refere à família de sangue (pai, mãe, filhos) e à família de devotos (Rainha, capitão, bandeireira e bandeireiro). Como indica o preceito, depois de se incluir entre o "povo do Rosaro", o cantopoeta se despede, passando a espada e a palavra para outro cantopoeta. Esse cantopoema, traçado com uma figuração mais linear, caracteriza-se pela enumeração dos sujeitos que vivenciam o Congado. O cantopoeta realça o princípio de que os laços entre sujeito e grupo são estabelecidos a partir do sagrado, que delineia as regras de convivência social e sugere os elementos para a criação estética. O cantopoema "Minhas bandera vamo viajá" reforça essa relação; apesar de econômico na forma, exprime a pluralidade de procedimentos rituais: o cantopoeta chama os devotos para "viajar" (isto é, para cumprir sua missão de conduzir Reis e Rainhas, rezar, cantar, dançar, fazer cortejo, pagar promessa, louvar Nossa Senhora do Rosário e os antepassados); invoca a proteção de Nossa Senhora para os devotos, em particular para os capitães, Reis e Rainhas; e, por fim, destaca a fragilidade dos homens ("sua perna num vale de nada"). Esse último enunciado evidencia as limitações do ser humano, mas se fixa também como uma das fontes que nutre a poética do Congado, já que, para superar as restrições, o sujeito busca apoio no grupo e no sagrado e, para estabelecer uma compreensão de ambos, conta com a mediação do cantopoeta.

O cantopoema "Ô, coroa do Rosaro" demonstra isso, na medida em que Geraldo Arthur reconhece os vínculos entre as famílias de sangue e do sagrado ("A coroa é de papai/ O Rosaro já vem para puxá"), recupera a memória dos ancestrais ("Fala gunga lá de longe/ Nego véio veio do mar/ Nego véio veio rezá) e reforça a importância dos preceitos, exortando os devotos a "viajar" e a "temperar", isto é, a atuar com devoção. Ao ter consciência de que os interlocutores o veem como aquele que *fala junto com* a comunidade, o cantopoeta relativiza essa perspectiva, ou seja, assume que é um entre os outros devotos ("Vamo todos no Congá") e que sua iniciação lhe deu o direito de *falar pela* comunidade. Essa tensão revela os diferentes laços que podem se estabelecer entre a voz pessoal do cantopoeta e a voz coletiva. No primeiro caso, a linguagem poética se manifesta como linguagem de fundação de uma identidade e de uma memória coletivas, situando o cantopoeta como agente privilegiado dessa fundação. No segundo caso, verifica-se uma diferenciação sutil, mas decisiva, isto é, ao *falar* pela comunidade o cantopoeta se torna o seu representante, aquele que interpreta as posições do grupo sem se identificar, necessariamente, como o seu fundador. Considerando esses dados, Geraldo Arthur se afirma como o cantopoeta que desenvolveu uma competência para transitar entre essas duas margens e que, ao falar *junto com* e *pela* sua comunidade, chamou a atenção para o fato de que a linguagem consiste num ponto comum no qual essas duas margens se tocam.

A densidade dessa experiência pode ser percebida em "Ô, minha mãe me chamô", em que o cantopoeta sintetiza e expande os aspectos mapeados anteriormente. Através desse cantopoema, Geraldo Arthur cumpre vários preceitos: atende à convocação de Nossa Senhora e dos coroados ("Sinhô Rei mandô chamá/ Sá Rainha no lugá"); chama os devotos para festejar e superar o sofrimento ("Esquecê as dor e os trabaio// Vamo juntos no Rosaro"); confraterniza com a família de sangue ("Abraçá o meu fio/ Que é capitão do lugá") e de sagrado ("E abraçá o comandante/ Que é o meu irmão/ Do Rosaro"); reatualiza a presença dos antepassados ("Tô lembrano de mia pai/ Com saudade de mamãe"); confirma seu pertencimento ao Congado ("Tô chorano nessa ingoma/ Foi papai é quem mandô"); celebra o prazer da vida em comunidade ("Quero vê os meus irmão/ Os meus fio, os meus parente/ Todos junto/ Vamo festejá"); enuncia suas funções ("Vim pra abençoá") e seu conhecimento do sagrado ("Cadê os otro capitão/ Que eu alumiei/ E coroei no lugá?"). O cantopoema assume a conformação de um discurso exemplar, ao demonstrar que a obediência aos preceitos é fundamental para que o devoto vença os obstáculos e adquira o direito de louvar Nossa Senhora e os antepassados ("Pedi licença minha mãe/ Pra nessa ingoma/ Eu podê chorá"). Ao final do cantopoema ecoa uma atmosfera de grande celebração e contentamento, que reúne o sujeito e o grupo, o céu e a terra, o passado e o presente ("Ei, minha povo/ Tilelê/ Chora gunga").

Porém, essa totalidade não existe por si mesma; ela decorre das ações do cantopoeta, que, por sua vez, indicam a existência de uma realidade hostil contra a qual ele tem de se bater. Tais ações — que levam à reapropriação de um lócus a partir do qual o cantopoeta emite sua fala — ganham relevo quando consideramos que a sociedade brasileira, por razões já vistas, restringiu os espaços dos negros tanto no sentido geográfico quanto discursivo. Por isso, Geraldo Arthur se define como o "moradô do lugá" e estende esse direito à sua família de sangue e de sagrado ("o meu fio/ Que é capitão do lugá"). O lance inicial dessa reapropriação implica em relacionar o sujeito ao lugar, de modo que a junção entre a identidade do sujeito e as coordenadas do lugar culmina no desenho de um lugar pessoalizado e coletivizado ao mesmo tempo. A pessoalização indica que o sujeito "é uma pessoa ligada às demais, desempenhando um papel significativo no agrupamento familiar, nos grupos parciais e na sociedade como um todo. Tudo que o cerca reforça seu significado e ele vive em relação aos outros, ele é (existe) com o Outro, em *convivência*".[25] Os vínculos que o sujeito pessoalizado estabelece com os outros passam a fazer parte de sua identidade, tornando-o, simultaneamente, descendente de alguém e antepassado de alguém. Assim, o cantopoeta se reconhece como descendente de seu pai (Geraldo *de Arthur*) e antecedente de seu fio (Joaquim *de Geraldo Arthur*).

É interessante recordar que o cantopoeta pode *falar pela* e *com* a comunidade. O cantopoema de Geraldo Arthur atinge o ápice da segunda perspectiva, mostrando a fusão do sujeito pessoalizado com o grupo, de modo a transformar o nome pessoal em designação coletiva. Ou seja, depois que o cantopoeta anuncia em voz solo a sua identidade pessoal ("Ai, eu me chamo Geraldino/ Moradô desse lugá"), o coro o secunda, repetindo o refrão "Eu me chamo Geraldino". Essa alquimia acentua a importância da palavra poética nos processos comunicativos desenvolvidos durante os rituais e as experiências cotidianas. Palavra que é apreendida como suporte para a análise da realidade e a elaboração de perfis identitários, sem, contudo, perder sua dimensão estética. Ao utilizá-la, o cantopoeta pretende falar das questões sociais, mas, para isso, não abre mão do refinamento da linguagem e do ritmo. Por outro lado, a fim de dar conta desses aspectos, o cantopoeta se desdobra em cronista, poeta, cantor, instrumentista, dançante e ator, configurando uma identidade una e múltipla, que confere competência para falar por si mesmo, pela e com a comunidade.

A estrutura dos vínculos de pessoalização funciona também em relação ao grupo a que pertence o cantopoeta. Em alguns casos, o nome do grupo coincide com um lugar geográfico, sendo usado ainda para designar uma comunidade ou um povoado. Desse modo, a junção da identidade do sujeito com a história do grupo ou local projeta um perfil identitário ampliado, tal como podemos ver em Geraldo (da comunidade) *dos Arturos*, Jair *de Mato do Tição*, Orlando *de Macaúbas*, Maria Santos *do Açude*. A partir disso, o anúncio feito pelo cantopoeta ("eu me chamo Geraldino moradô desse lugá") revela uma tomada de posição ideológica e estética, que lhe permite dizer como é seu modo de viver e sua maneira de criar, respectivamente. Esse procedimento, recorrente entre os cantopoetas, descortina um conflito que envolve a realidade social e o discurso poético e que se explicita através da nomeação de dois lugares opostos mas complementares. Os cantopoemas exibem a oposição entre o lugar histórico (a comunidade) e o lugar mítico (o rosário). O primeiro é situado como lócus de sofrimentos e identificado como fruto das injustiças sociais que marginalizam o homem negro, apesar de a comunidade constituir também o núcleo onde o sujeito articula suas relações com a família, a religião, o lazer e o trabalho. O segundo lócus é apresentado como lugar utópico, onde se estabelece o contato com as forças divinas e se superam as dores, embora o acesso ao rosário tenha que passar pelo enfrentamento das dificuldades vividas no domínio histórico.

Como se observa, um lugar não exclui o outro, pois, ainda que pertençam a diferentes ordens cognitivas, são apreendidos pelo cantopoeta como lugares que se complementam e se interpenetram. A tensão desse jogo é traduzida numa poética de contrastes e interações, de modo que comunidade e rosário, história e mito se opõem mas não impedem o cantopoeta de criar as imagens de uma comunidade idealizada, de um rosário terreno, de uma história regida por milagres ou de um mito impresso na experiência cotidiana. Não se trata apenas de misturar as ordens cognitivas, mas de descobrir e alimentar os pontos em que podem dialogar, gerando, assim, outras maneiras para falar do mundo, do homem e de suas vivências. Nessa linha, os cantopoemas de Geraldo Arthur Camilo constituem um exemplo relevante, porém não isolado — sobretudo se considerarmos a rede de linguagem, valores e procedimentos que interliga os vários grupos de Congado.

O modo de atuar de Dirceu Ferreira Sérgio, capitão do terno de Moçambique, segue a linha de Geraldo Arthur. As comunidades a que pertencem — Justinópolis e Arturos, respectivamente — mantêm ligações históricas e rituais há muito tempo, visitando-se mutuamente no decorrer dos anos para celebrar as festas do Congado. Esse fato reforça os traços comuns no processo de elaboração dos cantopoemas, pois viabiliza o intercâmbio de temas, formas, ritmos e modos de atuação do cantopoeta. Em "Ô, vô firmá a minha ingoma", Dirceu Ferreira fala *pela* e *com* a sua comunidade, como se observa na passagem do discurso em primeira para a terceira pessoa ("Ô, vou firmá a minha gunga → vamo firmá nossa ingoma"). Isso mostra que a eficiência do cantopoeta é decisiva para abrir espaços que permitam ao grupo exprimir suas expectativas; esse entrelaçamento entre sujeito e grupo, mediado pela eficiência da performance, tem por objetivo alcançar o bem-estar coletivo. A festa, vivenciada como momento maior de celebração da fé e dos vínculos entre indivíduos e comunidades, é um dos acontecimentos que melhor retrata a realização desse objetivo. Como vimos, a festa é o período propício para a geração do saber, a aprendizagem do mundo e o entretenimento, daí a ênfase de Dirceu Ferreira ao afirmar o sentido coletivo desse evento: "A gente que começa a nossa festa". Como leitmotiv que estabelece a mediação entre o sagrado e o profano, o individual e o coletivo, a festa é caracterizada pela exuberância e pela ascese, pela alegria e pelo sacrifício, enfim, pelas muitas possibilidades de apreensão da vida e da morte, da presença e da ausência. Essa representação se espraia através dos cantopoemas e se torna visível nas expressões que exortam os devotos a se entregar de corpo e alma à vivência dos rituais; dentre essas expressões, que apontam para a alegria, o prazer e a beleza de celebrar, destacamos "chorá na ingoma", "vamo embelezá", "vamo temperá", "vamo penerá", "vamo tirá oro" etc.

Por sua vez, Dirceu Ferreira recita os preceitos do Congado, dentre eles: atender ao chamado das divindades ("Ô, minha Virgem do Rosário/ Do Rosário mandô chamá"), convocar os devotos ("Ô, óia, povo de Rosário/ Tá chegano a nossa hora"), celebrar o sagrado ("Ô, nós vamo já com Deus/ Se não chega atrasado/ Quando dá a nossa hora"), realizar os cortejos ("Ê, vô rezá minha incelença/ Pra podê nós viajá") e preparar o grupo para enfrentar os desafios ("Ô, vou firmá a minha gunga/ Pro terreiro serená/ Vamo firmá nossa ingoma/ Ô, pra nossa festa começá"). Este último preceito alude à tensão que se estabelece entre os espaços interior e exterior; o primeiro se refere à comunidade, onde o devoto define a sua vivência religiosa e familiar, e o segundo, ao bairro ou à cidade, onde essas vivências são confrontadas com outros valores. O cantopoeta assume a função de alertar os devotos para essa transição e pontua didaticamente o texto com os procedimentos recomendados, tais como: ter fé para superar as dificuldades ("Vamo nós pegá com Deus/ Pra livrá de algum porém"), prestar atenção às ameaças ("Olha o mundo como tá") e considerar as relações com a Igreja ("O vigário que mandô/ Para todo inguerejá").

A primeira recomendação pertence à esfera do sagrado, pois, segundo os devotos do Congado, a fé é um elemento indispensável para que o sujeito tenha acesso aos códigos da prática religiosa. As outras recomendações, no entanto, entrecruzam a esfera do sagrado com o profano, ou seja, a força alcançada através da fé é colocada em face do mundo (que acutila o homem com a violência, a injustiça e a desordem) e da instituição eclesiástica (que estabeleceu, historicamente, uma postura ambígua em relação aos praticantes do Congado, ora de tolerância, ora de recusa). A visão apocalíptica do cantopoeta no tocante às duas situações é minimizada pela intervenção divina. Dirceu Ferreira se inscreve na linha dos cantopoetas que fazem da palavra um instrumento para a construção ou reconstrução do mundo ao anunciar que vê "o mal baixá a cabeça/ Pro filho de Deus passá". Trata-se da palavra grávida de sentidos que o cantopoeta brande para lutar contra a fragmentação. Contudo, não é possível ignorar as consequências desse confronto. Ou seja, se há cantopoetas e grupos que combatem a fragmentação à custa do fortalecimento de suas atividades econômicas, religiosas, estéticas e sociais, há também episódios em que os resultados exibem as feridas dos cantopoetas, como veremos na poética de Orlando Lucas, do povoado de Macaúbas.

Um aspecto do modo de atuar desse cantopoeta a se considerar é que na maioria das vezes os seus textos não fazem alusões aos preceitos, mas se articulam como uma crônica da realidade desfavorável que afeta o seu grupo. O cantopoema "Ô, a culata do burro", exemplo dessa prática, cita apenas o preceito de invocação aos antepassados ("Ô, mamãe mandô fazê/ Papai mandô buscá"). O tema de fundo para Orlando Lucas é a dispersão da comunidade situada nas vizinhanças do Mosteiro de Macaúbas, município de Santa Luzia. Formada pelos membros da família Lucas, essa comunidade rural espelha os problemas verificados em outros grupos de famílias negras do interior, tais como as restrições causadas pela discriminação racial, pela carência de emprego, pelo recebimento de baixos salários e pela dificuldade de acesso à escola. Essa ausência de recursos se exprime como um processo de exclusão social, política e econômica que força os habitantes a buscar melhores perspectivas nos centros urbanos. Por extensão, a comunidade é vista como o lugar sem futuro e a cidade como o único horizonte de melhoria ("Tudo quanto há/ Em Belo Horizonte"). Mas a imigração nem sempre resolve o drama, pois o preconceito contra negros e pobres, a escolaridade restrita e a falta de qualificação profissional se tornam empecilhos para que o sujeito imigrado possa encontrar uma vida mais digna na cidade. Ao mesmo tempo, sua partida fragiliza a comunidade, uma vez que seu retorno vai ocorrendo de maneira sempre mais irregular, impedindo-o de reforçar a teia de vivência do sagrado.

Para Orlando Lucas, o cantopoema constitui um canal que lhe possibilita experimentar o sagrado e denunciar a exclusão vista acima. Seus cantopoemas procedem sobretudo do Candombe, mas, em algumas ocasiões, aparecem mesclados com partes de cantigas de roda ("Ai, amanhã eu vô m' imbora/ Que me dão para levá/ Eu levo sodade sua/ No caminho eu vô chorá"), formando uma *bricolage* em que a religiosidade, o entretenimento e a denúncia social se destacam como elementos importantes. Se por um lado isso indica que a dispersão da comunidade interfere na produção textual, dificultando a preservação e a criação das grandes loas (que encontramos nos grupos sustentados por uma tessitura social mais coesa), por outro, demonstra a competência do cantopoeta para rearticular as formas e os conteúdos do cantopoema a fim de responder às demandas impostas pela situação de emergência decorrente da fragmentação. Vivendo em meio a essa tensão, o cantopoeta de Macaúbas realiza uma crônica social enraizada em fatos locais, valendo-se das estruturas de linguagem e dos sistemas de valores que o cercam. Esse saber local, no entanto, conecta-se à realidade de inúmeras comunidades localizadas dentro e fora de Minas Gerais, evidenciando certas feições referentes ao modo de ser e de estar-no-mundo dos devotos do Congado. Com isso, o discurso local adquire um alcance amplo que revela pontos de tangência entre os discursos dos grupos excluídos e, também, a violência dos processos de exclusão em diferentes contextos sociais. Vale notar que Orlando Lucas, apesar de ser uma voz singular, faz questão de se assumir como um canto-poeta que fala *pela* e *com* a sua comunidade. Esse fato ganha contornos dramáticos quando o cantopoeta reconhece ser uma voz isolada dentro de um grupo disperso e, embora admita isso ("não tenho mais meus companhero"), alimenta através dos cantopoemas o desejo de recompor a teia que sustenta a família de sangue ("Você me perguntô/ Perguntô num é assim não/ Que ocê num facilita/ Numa mata seu primo não") e a família do sagrado ("Lová como todo mundo sabe/ Três viva a Sinhô Reio, oi gente/ A Rainha coroada// Santo Antônio é pai do povo/ como todo mundo sabe").

As tensões que perpassam o Congado são captadas pelas gerações de cantopoetas mais jovens, que se articulam para fornecer respostas que consideram mais apropriadas ao seu tempo, sem, contudo, abrir mão dos preceitos herdados dos ancestrais. Exemplos desse modo de atuar são as performances de Pedrina de Lourdes Santos e de seu irmão Antônio Eustáquio dos Santos, do município de Oliveira. A descrição que fazem de sua arte poética demonstra o grau de consciência que possuem em relação à necessidade de reiterar e de transformar os modelos de cantopoemas recebidos de seus antecessores. Vejamos os comentários da capitã Pedrina e do capitão Antônio Eustáquio, respectivamente:

Ajuntei tudo o que sabia, o que já havia aprendido com meu pai, Capitão Leonídio, o que canto intuitivamente, com coisas que procuro em livros, coisas dos dialetos africanos, especialmente quimbundo e nagô. Achei também que não deveria ficar só no tempo da escravidão, mas trazer o assunto para a atualidade.

O canto (melodia) eu aprendi com meu pai. As palavras eu mudo um pouco, de acordo com a necessidade. "Ê, Minha Mãe" eu ouvi de uma pequena Guarda de Belo Horizonte com sentido de canto diferente. Eu adaptei, então, para o ritmo Rio-Abaixo que é esse que está gravado.[26]

Vários aspectos importantes se desdobram dos comentários acima. Primeiro: as autorreflexões deixam entrever uma mudança no modo de atuar do cantopoeta, em particular no que se refere à apreensão do cantopoema. Isto é, o metadiscurso confirma o cantopoema como uma textualidade múltipla, constituída a partir da reiteração da tradição aprendida com a família de sangue e de sagrado ("Ajuntei tudo o que sabia, o que já havia aprendido com meu pai") e das interferências pessoais. Essas interferências ocorrem de diversas maneiras, seja através do levantamento de fontes ("coisas que procuro nos livros") para ampliar a carga de informações do texto, como deixa entrever Pedrina, seja da intervenção direta sobre o cantopoema de outra comunidade ("Eu adaptei, então, para o ritmo Serra-Abaixo") para reintegrá-lo no interior de outro grupo, como sugere Antônio Eustáquio.

Segundo: os cantopoetas delineiam uma nova face para si mesmos ao introduzir a pesquisa bibliográfica como parte de sua criação. Isso aponta para um processo de escolarização que lhes permite manusear com autonomia os textos escritos, para a intensificação do diálogo entre oralidade e escrita, e para a inserção dos textos de pesquisa acadêmica no repertório de criação poética do Congado. Com isso, o cantopoeta se apresenta também como o pesquisador atento à etimologia das palavras que emprega para dar determinada orientação ao cantopoema. Pedrina de Lourdes concede atenção especial "aos dialetos africanos" e os utiliza para tecer cantopoemas que, pela sua especificidade linguística, remetem a uma ancestralidade mais vigorosa, a exemplo de "Abá cuna Zambi pala oso/ Aiabá q'uiama kana abá apaninjé". Em termos linguísticos, esse tipo de cantopoema se assemelha àqueles considerados tradicionais, que também mesclam termos de línguas africanas com o português padrão e o português coloquial. Em ambos os casos, o cantopoeta usa as línguas africanas para demonstrar seu conhecimento dos saberes antigos, se aproximar dos ancestrais e marcar sua identidade no confronto com outros grupos étnicos.

Terceiro: a busca de uma linguagem própria para exprimir suas origens culturais tem mobilizado o cantopoeta para uma incipiente politização do discurso. Desde o centenário da abolição, em 1988, os contatos dos cantopoetas com militantes políticos dos movimentos negros vêm se tornando uma realidade a ser mapeada para ser mais bem compreendida. Apesar da escassez de dados, é possível dizer que se trata de uma relação conflituosa, já que os discursos dos devotos e dos militantes percorrem o mesmo solo de vivências dos negros no Brasil, mas o pisam com interesses distintos. Ou, pelo menos, com maneiras distintas de reivindicar que a sociedade brasileira reconheça as populações negras como uma de suas forças instituintes. Por isso, enquanto os devotos apostam no sagrado como mediador para vencer os obstáculos sociais e espirituais, os militantes insistem na ruptura com práticas e modelos da cultura branca dominante. Essa incompatibilidade, tal como se apresenta, é um desafio a ser enfrentado pelos dois lados. Contudo, sem querer propor sínteses apressadas para um problema tão complexo, é interessante observar a existência de pontos comuns — como a denúncia da discriminação racial e a recuperação da memória dos antepassados — que perpassam as atuações dos militantes e dos cantopoetas. A questão importante (e que no momento não é objeto de nossa análise) consiste em compreender como essas distintas atuações podem dialogar entre si para desenhar uma estratégia afirmativa das populações negras no Brasil e que lhes permita efetivar um pensamento político sustentado por uma identidade cultural.

O metadiscurso de Pedrina de Lourdes e Antônio Eustáquio tangencia essa questão. Por enquanto, o que se nota é sua preocupação em marcar a historicidade do Congado, mediante a abordagem de temas recorrentes no discurso dos militantes. Isso corresponde a um esforço para atualizar o discurso do cantopoeta, como afirma Pedrina: "Achei também que não deveria ficar só no tempo da escravidão, mas trazer o assunto para a atualidade". Contudo, esse traço de politização do discurso representa uma grande tarefa para o cantopoeta, que deve concretizá-lo sob a forma de cantopoema e adaptá-lo à lógica ritual do Congado. Nos versos finais de "Abá cuna Zambi", Pedrina de Lourdes nos dá um exemplo desse modo de atuar:

No tempo do cativeiro
Vida de negro era só trabucar
Trabucava o dia inteiro
E ainda ganhava o chiquirá

Cem anos de abolição
Não pude comemorar
Cadê a libertação
Que a lei Áurea ficou
    de me dar?

Ora viva a liberdade
Cativeiro já acabou
Mas ainda nos falta igualdade
De negro para senhor

Zumbi foi um grande chefe
No Quilombo dos Palmares
Sua luta não acabou
Ela ecoou pelos ares

O Quilombo dos Palmares
Já foi ponto de união
A união faz a força
Prá qualquer libertação[27]

É inevitável não estabelecer uma comparação do cantopoema de Pedrina com a versão tradicional conhecida como "Lamento africano", que aborda o mesmo assunto. O lamento, em geral, é entoado à porta da igreja, durante a Festa da Libertação que ocorre em maio para comemorar a abolição da escravatura. Numa versão recolhida junto à comunidade dos Arturos, vemos que o cantopoeta apresenta um enredo linear, tendo como personagens centrais o negro escravizado, o branco senhor, a Princesa Isabel e Jesus Cristo. O cantopoema mostra os infortúnios do negro que conduzia o branco à missa, mas era impedido de entrar na igreja; além de não poder falar nada, o negro era castigado ("de chiquirá inda apanhava"). Somente na senzala, afastado da vigilância do senhor, é que o negro podia rezar. Diante desse sofrimento, o cantopoeta conclui: "Ai que dor/ Jesus Cristo tá no céu/ Acolheno toda as alma/ Desses nego sofredô". O cantopoema tradicional denuncia a violência cometida contra os negros, fixando-se como uma crônica contundente da realidade histórica. No entanto, transfere a solução do problema para esferas que estão fora do alcance do sujeito negro, seja porque este depende do poder instituído para ganhar a liberdade ("Nego véio era cativo/ Sá Rainha libertô"), seja porque o consolo para o sofrimento foi projetado para as forças situadas na transcendência, como indica o apelo à figura de Jesus Cristo e, em outros casos, a Nossa Senhora do Rosário. O cantopoema tradicional enfatiza a instância do sagrado, criando a expectativa de que a vitória conseguida no plano da transcendência servirá de modelo para a atuação do sujeito no plano da realidade histórica. Isso gera uma postura ideológica em que a obtenção da liberdade está relacionada a uma postura de espera e de fé, uma vez que as forças transcendentes são convocadas para interceder em favor dos devotos. O sujeito, nesse caso, caracteriza-se como um sujeito que age para mostrar o seu desejo, embora essa demonstração seja gradativamente restringida a uma postura de espera. Diante disso, a atualização do discurso proposta pela capitã Pedrina corresponde à injeção de uma ideologia política no cerne do discurso tradicional. O cantopoema atualizado estabelece um diálogo entre o Mito e a História, de modo que permanece no contexto sagrado, mas adquire um tom contestatório condizente com as reivindicações encontradas nos discursos dos militantes dos movimentos negros. Assim, com base na situação precária que afeta as populações negras ainda hoje, a cantopoeta contesta a figura da princesa Isabel ("Cadê a libertação/ Que a lei Áurea ficou de me dar?"), marcando uma postura política e pragmática que contrasta com o cantopoema tradicional, no qual o papel histórico da princesa é superado pela sua elevação à categoria mítica de redentora dos negros. É oportuno lembrar que a louvação e a contestação da princesa Isabel perpassam também as narrativas de preceito, conforme vimos no item "Palavras com paisagens", através da oposição que os cantopoetas estabelecem entre São Benedito e a regente no processo de libertação dos escravizados, evidenciando, com isso, a ação das camadas populares para elaborar discursos paralelos àqueles da historiografia oficial.

O cantopoema tradicional desliza sobre a imagem da princesa Isabel, atribuindo-lhe o valor absoluto que caracteriza os mitos de fundação, de tal maneira que, segundo o ato de fé dos devotos, é a partir da assinatura feita por ela que os negros passaram a ser livres. Por isso, Isabel é entronizada junto aos santos e aos antepassados, sendo colocada fora do campo das análises que demonstrariam a relatividade de suas ações enquanto personagem histórica. A versão de Pedrina de Lourdes rasura o sentido absoluto do Mito, reconstruindo o enredo sob uma perspectiva que realça os caracteres históricos dos personagens envolvidos na trama. Daí que, em vez de louvar a assinatura da lei Áurea, a cantopoeta critica a incompletude do processo de abolição e aponta outro paradigma de liberdade que teve os negros como protagonistas ("Zumbi foi um grande chefe/ No Quilombo dos Palmares/ Sua luta não acabou/ Ela ecoou pelos ares"). Em termos históricos, a troca da princesa Isabel por Zumbi dos Palmares sinaliza a passagem do negro que obtém a liberdade dentro do modelo social dominante para o negro que contesta esse modelo e luta pela liberdade, assim como a mudança do negro-devoto que confia na intervenção divina sobre a vida cotidiana para o negro-devoto-militante que, embora fiel às divindades, recorre à atividade política para reivindicar seus direitos na sociedade ("A união faz a força/ Pra qualquer libertação").

Em seu modo de atuar, Pedrina de Lourdes articula o cantopoema simultaneamente como um discurso histórico e mítico, de crítica social e de louvação. Esse procedimento lhe permite eleger Zumbi dos Palmares como um agente histórico capaz de fornecer modelos de ação que atendam às expectativas de justiça social reclamadas pelos negros brasileiros e seus descendentes. A ênfase nessa face do personagem histórico cria possibilidades para a cantopoeta investir num discurso marcado ideologicamente como o discurso dos excluídos, cujo teor político abrangente a coloca em condições de dialogar com outros grupos constrangidos pela mesma condição. Contudo, é interessante notar a disposição da cantopoeta para inserir o personagem histórico no domínio do sagrado, fato semelhante ao que ocorre com a princesa Isabel no cantopoema tradicional. Nesse sentido, a cantopoeta exprime uma representação de Zumbi — homem negro, líder do Quilombo dos Palmares, situado na Serra da Barriga, nordeste brasileiro, durante o século 17 — que acentua seus atributos míticos e o transforma em figura transcendente. Embora, até o momento, não se possa afirmar que Zumbi seja tratado como uma entidade sacralizada no Congado, é válido observar que os cantopoetas se referem a ele no contexto das celebrações rituais, ocasiões em que partilha o mesmo espaço mítico destinado à louvação dos santos e dos antepassados. Esse modo de atuar dos cantopoetas explicita uma dimensão política do Congado que, sem se desprender da vivência do sagrado, lança o discurso de reivindicação dos devotos no cenário das lutas políticas do país.

Um quarto aspecto que se desdobra dos comentários de Pedrina e Antônio Eustáquio diz respeito à técnica de elaboração dos cantopoemas, em especial, a da *bricolage*. Essa técnica é aplicada de duas maneiras, que chamaremos de justaposição simples e justaposição com modificações. A justaposição simples consiste em agregar fragmentos ou pequenos cantopoemas diferentes, sem que o cantopoeta produza alterações consideráveis em suas formas e significados. Como vimos na poética de Orlando Lucas, inicialmente são justapostos um cantopoema de Candombe e uma cantiga de roda. O resultado final representa um novo cantopoema, portador de outro significado. Esse fato nos permite observar os fragmentos e os pequenos cantopoemas como unidades autônomas, que podem ser empregadas como células para criar novos cantopoemas. A justaposição possui um alto rendimento como técnica de criação, e os cantopoetas a empregam com relativa frequência, como neste exemplo em que Dirceu Ferreira Sérgio justapõe "Boi que puxa na guia/ Chama boi Tufão, auê/ Boi tava na bera do rio/ Tava quereno bebê água, auê" e "Dexa o boi bebê, Mariá/ Que essa água do mar não faz mal". Os devotos assimilam o cantopoema maior, embora reconheçam os fragmentos que o constituem, sobretudo a segunda parte, que apresenta uma variante ("Dexa o boi bebê, vaquero/ Dexa o boi bebê por três dia/ Se esse boi num bebê, vaquero/ Ele só vai bebê na Bahia") divulgada por cantopoetas de várias comunidades e artistas do Vale do Jequitinhonha, como Marku Ribas.

A outra maneira de utilizar a *bricolage* é também uma justaposição mas, nesse caso, o cantopoeta interfere nos fragmentos ou nos pequenos cantopoemas, alterando-lhes a forma e, principalmente, o significado. Aqui, mais uma vez, tem-se como resultado um novo cantopoema que dialoga com as partes que o constituem para marcar sua diferença em relação a elas. Em vista disso, as células de cantopoema já conhecidas passam a sugerir um outro campo de significados, revelando um trabalho minucioso de seleção e transformação textual, como demonstra Antônio Eustáquio ao afirmar: "As palavras eu mudo um pouco, de acordo com a necessidade". Exemplo dessa poética da necessidade é o cantopoema "Ô, minha mãe". Como ocorre em muitos cantopoemas, Antônio Eustáquio se refere aos preceitos, entre eles, a invocação de Nossa Senhora ("Ô, minha Mãezinha/ Lá no céu, cá na terra"), a convocação dos devotos ("Chegou a nossa vez", "Nego, reze oração") e a celebração do sagrado ("Hoje vamos festejar"). Porém, ao invocar os antepassados, utiliza a justaposição de fragmentos modificados, gerando uma nova sequência: "*Deus* te salve casa santa/ Onde *Zambi* tem a morada/ Vamos agora pegar/ Vamos também pra levar/ Esta coroa sagrada, ê".

É interessante notar que o trabalho estilístico (que implica a intervenção do criador sobre a palavra, moldando-a de acordo com certas características estéticas) é associado pelo cantopoeta a suas funções rituais (que implicam em fazer do cantopoema um veículo de apresentação dos preceitos). O cantopoema se torna uma criação caracterizada pela beleza que atende ao estilo e pela utilidade que responde às necessidades do rito, possibilitando um entrecruzamento que destaca a configuração de um estilo útil e de um rito de beleza. Assim sendo, a necessidade de indicar a presença de Zambi na vivência religiosa do Congado leva o cantopoeta a alterar a versão conhecida de "*Deus* te salve casa santa/ Onde *Deus* fez a morada". A mudança imediata ocorre no plano linguístico, mostrando a substituição do Deus cristão pelo Deus banto. Todavia, há que se atentar para duas possibilidades que dizem respeito à liturgia do Congado: na primeira, se o cantopoema marca a separação entre o Deus cristão e o Deus banto, delineia-o como um sistema formado por duas heranças religiosas que caminham lado a lado, como as margens de um rio; na segunda, se o cantopoema identifica o Deus cristão e o Deus banto como uma única divindade, sugere a intepretação do Congado como um sistema em que as heranças religiosas se fundiram para originar uma vivência religiosa ímpar. Trata-se de uma questão complexa, que nos obriga a fazer uma revisão e a propor uma ampliação do conceito de sincretismo. Como dedicamos uma atenção maior a esse tema em outro ensaio,[28] limitamo-nos agora a ressaltar que, do ponto de vista da criação literária, o cantopoema se insere no circuito dos textos que relativizam o próprio significado. O cantopoeta cumpre o preceito de louvar as divindades, mas sua interferência gera uma textualidade deslizante, que remete para um e outro significado (Deus igual a Zambi e Deus diferente de Zambi), simultaneamente. É importante frisar que esses significados não são aleatórios, pois encontram sustentação na dinâmica que constituiu e sustenta o sistema religioso do Congado, conforme detalhamos no item "Arqueologias para cantopoemas".

A *bricolage* é um recurso através do qual o cantopoeta realiza uma reapropriação do espaço imaginário, relativizando o processo de catequese que intentou substituir as heranças religiosas dos negros transportados ao Brasil pelo modelo do Catolicismo europeu. A reapropriação do imaginário, por sua vez, não se desenvolve no sentido de extirpar o Catolicismo ou recuperar idealisticamente as heranças religiosas africanas. Ao contrário, a reapropriação se refere à possibilidade de os afro-brasileiros gerenciarem as interações e os conflitos decorrentes do contato entre essas diferentes fontes religiosas e culturais. A reapropriação do imaginário está intimamente ligada à reapropriação do espaço físico, pois o controle do espaço facilita a prática dos ritos cotidianos e das grandes celebrações em que se fazem presentes as elaborações simbólicas dos devotos do Congado.

O fenômeno das readaptações culturais mostra como a perda de um espaço físico pode restringir, mas não impedir a manutenção de vínculos com o imaginário do lugar de origem. Mediante a perspectiva do diálogo, há situações em que os grupos imigrados chegam a influenciar decisivamente a cultura do lugar onde aportaram. Por exemplo, os africanos retirados à força de seus territórios e a despeito da repressão escravista reelaboraram no Brasil as instâncias de seu imaginário social, religioso e cultural; outros grupos, também impelidos pela imigração voluntária ou forçada, lograram reconstituir suas experiências de imaginário em terras estrangeiras. É pertinente notar que se trata de uma reelaboração e não apenas de um transplante dos aspectos que delineiam o imaginário social, cultural e religioso do grupo em deslocamento. A necessidade de dialogar com o deslocamento e com os desafios de implementar outro percurso em território estranho contribui para que o sujeito e o grupo invistam no processo de preservação e mudança de seu próprio imaginário. Esse processo, certamente, não está isento de sentimentos de culpa e euforia, de decepções e recompensas, de medo e encorajamento — tensões que refletem, enfim, a trajetória do ser humano entre os valores históricos e míticos, imanentes e transcendentes.

Por outro lado, não se pode negar que a perda do espaço físico interfere nas elaborações simbólicas do imaginário. Exemplo disso é a poética de Orlando Lucas, que denuncia a perda desse espaço como uma das causas da fragmentação da ordem familiar e das celebrações do sagrado. Em muitos casos, o espaço físico é traduzido através dos cantopoemas e narrativas de preceito, passando a fazer parte do imaginário das comunidades. Na poética do Congado são frequentes as referências a morros para subir e descer, rios e encruzilhadas para ultrapassar, casas e igrejas para visitar, ou seja, uma variada toponímia que nos permite reconhecer os espaços físicos onde os devotos cultivam suas experiências. Por isso, embora o imaginário de um grupo seja suficientemente dinâmico para se realizar fora de seu espaço físico, a possibilidade de o grupo articular seu imaginário em seu próprio espaço se coloca como uma aspiração imbuída de um significado cultural (porque possibilita ao grupo e ao indivíduo reconhecer os fios de sua identidade, fortalecendo-os para que possam dialogar com outras identidades) e político (porque indica a defesa de um território para morar, trabalhar e viver e uma tomada de atitude em relação às forças que expropriam os grupos menos favorecidos).

Esses aspectos demonstram que o cantopoeta elabora uma textualidade caracterizada pelo labor estético e que, além disso, atende às recomendações rituais e se afirma como uma instância para discutir questões vinculadas ao modus vivendi dos devotos. Por isso, os cantopoemas e as narrativas de preceito são articulados como fios de uma trama mais ampla, que inclui o Congado em particular, mas permeia a sociedade brasileira e partes da América Latina e do Caribe. A luta pela reapropriação do espaço físico e do imaginário é um dos pontos significativos dessa trama — luta através da qual o cantopoeta reivindica para si e para seu grupo o direito de atuar e de ser respeitado como sujeito em todos os planos das relações sociais. Diante disso, o cantopoema se revela como uma elaboração discursiva que registra e analisa as experiências dos devotos, e cuja eficácia está ligada diretamente aos modos de atuar dos cantopoetas. Esses modos funcionam como sinais para os devotos reconhecerem o estilo de cada cantopoeta (no tocante ao uso dos recursos linguísticos ou à tendência ideológica na abordagem dos temas) e apontam caminhos que nos permitem viajar pelo território sociocultural de determinadas comunidades afro-brasileiras. O fato de os modos de atuar apresentarem traços ora fixos, ora variáveis salienta o seu dinamismo, mostrando que resultam do diálogo entre o cantopoeta e a realidade social. Em consequência disso, recai sobre o sujeito criador a tarefa de apreender em detalhes as condições histórico-sociais que emolduram esse diálogo e, a partir delas, imprimir ao cantopoema a ductibilidade necessária para expressar a preservação ou a mudança das tradições do Congado.

Alerta, alerta, Vassaulis

CONCLUSÃO OU TEMPO DE VIAJAR

A essa altura da viagem através da poética do Congado, é pertinente indagar sobre a possibilidade de se construir um diálogo entre os cantopoemas e a literatura brasileira. A história de nossa literatura exibe uma variedade de aspectos gestados em nossa realidade étnica e social que influenciaram a convivência entre os escritores e o público leitor, bem como os modos de abordar através do texto literário os temas referentes às relações de poder e às produções estéticas. Dentre esses aspectos, destacamos, na série social, as tensões causadas pelo sistema escravista e a exclusão de negros e indígenas por motivos étnicos; e, na série literária, nossos vínculos com as fontes europeias e a expressão literária em língua portuguesa. A herança colonial imprimiu na série literária esquemas similares àqueles que nortearam as relações entre a Colônia e a Metrópole na série social. Isto é, se na série social se estabeleceu uma hierarquia que demarcava a Colônia como o lugar da barbárie em oposição ao estado de civilização da Metrópole, na série literária as textualidades ameríndias e africanas foram silenciadas pela imposição das correntes estéticas europeias, estas sim consideradas como modelos de projeção do belo e do civilizado.

Como frisamos, do início da colonização até mesmo depois do modernismo, ao serem tomadas como "objeto literário", as textualidades ameríndias e africanas, salvo raras exceções, tiveram de passar pelo filtro de uma visão acentuadamente europeizada, sem que se levasse em conta seus próprios recursos de representação. No caso da textualidade ameríndia, indicamos o retorno ao tópico "Coisas de admirar", onde discutimos os pontos de vista de José de Alencar e José María Arguedas. No tocante à textualidade africana, a problemática é igualmente complexa, basta compararmos as poéticas de Castro Alves e Luís Gama para visualizarmos as divergências na abordagem de um mesmo núcleo temático, ou seja, as populações negras e a escravidão no Brasil. Seguindo essa pista, Zilá Bernd ressalta que, "ao contrário da poética de Castro Alves, onde o negro continua sendo o outro, na poesia de Luís Gama o poeta assume-se como outro, como aquele que é mantido pelo grupo majoritário branco numa situação de estranheza". Segundo a autora, a "coincidência do eu lírico com o eu-que-se-quer-negro marca o trânsito de uma consciência ingênua para uma consciência crítica da realidade. Do ser que ainda não é para o que quer ser".[1]

O repertório de cantopoemas apresentado e discutido neste livro pretende oferecer uma contribuição à questão do negro como sujeito de seu próprio discurso. Antes, porém, é indispensável conhecer o contexto que envolve os cantopoemas, as técnicas empregadas em sua elaboração e os agentes que colocam em circulação. Nesse sentido, estamos diante de uma senda a ser ampliada, mediante aportes oriundos da teoria literária e dos estudos de história, sociologia e antropologia. O reconhecimento do Brasil como uma sociedade multiétnica nos obriga a investigar as modalidades discursivas produzidas pelos seus integrantes, bem como a debater os modos de relação que os diferentes grupos estabelecem entre si e que se refletem em suas elaborações discursivas. De nossa parte, temos procurado aliar o registro etnográfico a uma análise teórica de base multidisciplinar. Se anteriormente enfocamos as textualidades banto--católicas desde um ponto de vista sociológico e antropológico, intentamos, neste momento, mapear, desde um ponto de vista literário, os componentes estéticos que perpassam os cantopoemas. Nessa breve cartografia, podemos destacar os seguintes aspectos delineados a partir dos comentários e atitudes dos cantopoetas, em suas respectivas comunidades:

a) o emprego sistemático da chamada "linguagem enigmática", que estabelece vínculos entre as práticas da vida cotidiana e as insinuações estéticas do sagrado;

b) a utilização, também sistemática, da metalinguagem (indicada em expressões como "vamo penerá" e "vamo tirá oro") como um recurso de autoanálise do discurso articulado pelos cantopoetas;

c) a consciência que o cantopoeta possui de tecer uma forma de linguagem específica, como demonstra Zé Sapo, de Fidalgo, ao afirmar que em sua performance "fala língua de nego";

d) a ênfase na estética da repetição que explicita uma percepção da vida social como uma interação continuamente atualizada entre ancestrais e descendentes, canto e fala, corpo e espírito, eu e outro;

e) a demonstração de que as poéticas da oralidade, por um lado, possuem traços universais, embora mereçam leituras que considerem suas especificidades locais (aspecto social), e, por outro lado, evidenciam-se através de performances pessoais (aspecto psicológico), que envolvem a questão do talento e da maior ou menor dedicação ao ato criador durante a execução do cantopoema.

Uma análise das coordenadas acima nos permite entrever nos cantopoemas um tecido complexo, que resulta do entrelaçamento de diferentes fios de linguagem. Nos intervalos desse tecido, mais do que em suas linhas visíveis, são elaborados e reelaborados alguns dos perfis identitários dos representantes da diáspora africana em terras brasileiras. Ao deslindarmos essa poética — passo apenas iniciado no presente trabalho —, nos damos conta de uma estrutura literária que, sem se limitar ao pressuposto que vincula a identidade literária à identidade nacional, demonstra a vitalidade de outros pressupostos (a exemplo das afinidades étnicas, do pertencimento a determinadas ordens do sagrado e do sistema de relevância que articula o significado das práticas culturais) que oferecem aos sujeitos a possibilidade de criar territórios sociais que nem sempre coincidem com a imagem oficial de uma nação. Esses territórios, ou microterritórios, se preferirmos, coexistem com as estruturas sociais dominantes, ao mesmo tempo que são mantidos por indivíduos a partir de práticas que os tornam diferenciados em relação às comunidades circundantes. Essa condição de pertencimento e não pertencimento ao status quo garante a microterritórios sociais como o Congado uma autonomia relativa para desenvolver e sustentar uma teia discursiva própria, tal como procuramos evidenciar durante a análise dos cantopoemas. Uma abordagem idêntica merece ser feita com o repertório das narrativas de preceito, uma vez que elas, juntamente com os cantopoemas, constituem um repertório importante para compreendermos diversos aspectos das relações sociais, étnicas e estéticas que se desenvolvem no Brasil. E, como observamos, essa compreensão pode se estender para outras sociedades das Américas, tomando como referência os desdobramentos da diáspora africana em diversos países dessas áreas.

Em face de tudo que há para ser considerado sobre a vivência cultural no âmbito da diáspora africana, podemos afirmar que nos encontramos "em viagem", no sentido de que é necessário criar meios para ressaltar o intercâmbio existente entre essas áreas culturais mencionadas. Daí ser relevante organizar antologias de prosa e poesia que permitam aos leitores e pesquisadores entrar em contato com tendências estéticas, ao mesmo tempo similares e diferentes, que respondem às estratégias de implantação e transformação das culturas de extração banto nos territórios das Américas. Por isso, mais do que uma conclusão, apresentamos a seguir uma antologia de cantopoemas recolhidos em comunidades situadas nas seguintes localidades de Minas Gerais: Jequitibá (Lagoa Trindade), Contagem (Arturos), Belo Horizonte (Justinópolis e Jatobá), Jaboticatubas (Mato do Tição), Mocambeiro, Quinta do Sumidouro, Araçuaí, Santa Luzia (Macaúbas), Oliveira, Serro e Bom Despacho. A antologia pretende ser, de fato, uma estação no percurso da viagem à qual aludimos acima. Ou seja, esperamos que, a partir dessa recolha de cantopoemas, possamos ampliar os conceitos utilizados para identificar a vivência e a produção do texto poético, de maneira que seja possível alimentar novas instâncias de diálogo entre os criadores e os receptores dessa textualidade. Por outro lado, desejamos prestar nossa homenagem aos cantopoetas que, através do seu ofício de louvação do sagrado, logram atravessar as veredas do discurso para reafirmar a sensibilidade, a beleza e a significação da poética banto-católica no cenário da cultura brasileira.

Cantopoemas: antologia*

LAGOA DA TRINDADE, JEQUITIBÁ

Eu vi a jóia
Mas não vi copipo
Eu vi a jóia
Mas não vi copipo
Oi quem maltrata
Meu coração

Oi minha mãe Calunga
Calunga Lungara
Minha mãe Calunga
Eu passei por aqui
Eu passo bem
Cada um no seu lugá ai

* A ortografia dos cantopoemas foi mantida tal qual anotadas nas pesquisas de campo.

✳

Congo aluá dendê
Oi Congo aluá dendê
Manel Tersel
É o preto aluá dendê

✳

Oi Mama Kitaia
Tem dendê
Oi tem dendê
Mama Kitaia

Ê, meu parente de tera
Eu fala língua num ove
Eu fala jongo num me entende
Eu fala cachoera de campo
Lovado seja Cristo Rei para sempre

Coro
Para sempre

Ê, meu parente de tera
Eu fala língua num ove
Eu fala jongo num entende
Cachoera de campo
É terra de campina
De quem é sempre só
Ô, ingoma

Óia a pacoiema
Óia a pacoiema

Meu amigo Zico
Fulano de Tal   Dambiola
Meu amigo Antônio   Dambiola
Minha dona Simplissa   Dambiola
Meu amigo Antônio
Meu irmão Joaquim

Oi, pacoiema
Oi, pacoiema
Óia tudo que manda
Viva o povo todo

*

Preto Véio chegô, Calunga
Chegô agora
É Benedito, Calunga
Que vem lá da Glória

*

Ô coroa do rei coroa do rei
Alumiô
Coroa do rei coroa do rei
Alumiô
Foi as estrelas lá no céu
Aclariô

ARTUROS, CONTAGEM

Ó Maria, ó mãe querida
Eu vô pedi
Ó mãe querida

Vô pedi, ó mãe querida
Toma conta dos filho dela
Toma conta dos filho dela
Evitai das tentação

Evitai das tentação
E livrai dos inimigo

Vamo abri nosso Congado, ó gente
Vamo abri nosso Congado, ó gente
Vamo com Deus e Nossa Senhora, ó gente
Vamo abri nosso Congado, ó gente

Vamo tirá oro do mar, gente
Vamo tirá oro do mar, gente
Vamo tirá oro do mar, gente

✷

Ô ô aiê
Ô ô aiê

	Coro
Minha mãe me chamô lá no Rosaro	Ôôô
Pra fazê nossas oração, ô, auê	

E todos meu capitão, ê
E todos meu vassauli
E também minha Rainha, ê

Os meus Rei, aiê
As toda juizada, ê
E também as minha bandera, ê

                 Ô ô ô

Oi, chora muito longe
Oi, cabocla
Chora muito lonjá

                 Oi, chora muito longe
                 Oi, chora muito lonjá

Oi, chora muito longe, sinhô Rei
Chora muito longe

                 Oi, chora muito longe
                 Oi, chora muito lonjá

Oi, chora muito longe, patangome
Chora muito longe

Oi, chora muito longe, minha mãe
Chora muito longe

Oi, chora muito longe, capitão
Chora muito longe

Oi, chora pra puxá, capitão
Chora muito longe

Oi, chora muito longe, sinhá moça
Chora muito longe

Oi, chora pra puxá, capitão
Ai, chora muito longe

Oi, chora muito longe, minha ingoma
Oi, chora muito longe

Oi, chora muito longe, ô Rosaro
Oi, chora muito longe

Oi, chora no Rosaro
Ora vamo com Deus e Nossa Senhora

Oi, chora capitão
Todo mundo vai chorá

Oi, chora muito longe, sá Rainha
Chora muito longe

Oi, chora capitão, sá Rainha
Oi, chora muito longe

Cadê meus capitão, ô gente
Prá eu saravá?

Ei, chora muito longe
Ei, chora muito lonjá

Oi, chora muito longe
Oi, chora muito lonjá

Ei, sá rainha venha cá
Pra eu podê te abençoá

Oi, chora muito longe
Oi, chora muito lonjá

Aê êêê
Essa coroa tudo é minha

Aê êêê

O povo tá dizeno
Mas é mentira

Esse povo tudo é fio
É fio de Nossa Senhora do Rosaro

                        Ôoo

As minha coroa
Os meu bastão
É da minha mãe do Rosaro

                        Uê uê uê

As minha gunga
Meus patangome
Minhas espadas

                        Oôô

Meus irmão
Minha famia
Meu povo tudo

                        Uê uê uê

Nada num é meu
Minha povo

Nada num é meu
Tudo é de papai
Tudo é de mamãe

Viva mamãe do Rosaro
Dona do congá
Oi, vamo embelezá

Oi, vamo embelezá, meus irmão
Vamo embelezá

✳

Esse povo num é meu
Esse povo é do Rosaro
Ô, viva mamãe do Rosaro, mia pai   *Coro*
Ora viva papai do Rosaro   Viva mamãe do Rosaro
Ora viva mamãe do Rosaro   Viva mamãe do Rosaro

Oi, lovado seja Deus, capitão
Oi, lovado seja Deus

Ora viva mamãe do Rosaro, capitão
Ora viva mamãe do Rosaro

Ah, cadê a Rainha, gente?
Eu já quero abençoá

Cadê meus capitão de Congo
Pra mim podê saravá?

Cadê meus maçambiquero
Pra coroa eles guardá?

Ô ô aiê
Ô ô aiê

Ei, a Rainha tá chegano, gente
Ela veio festejá

Oi, esse povo todo é meu, gente
Eu num sei porque será

Oi, quem quisé sabê meu nome, gente
Venha cá que eu vô contá

Oi, eu me chamo Geraldino
Moradô desse lugá

Oi, lovado seja Deus, gente
Pra podê abençoá

Oi, cadê meu banderero
Pr'eu podê lhe saravá?

Oi, cadê meu sanfonero
Pra ele podê tocá?

Oi, cadê minha banderera, gente
Pra nós todo saravá?

Oi, cadê meus capitão, gente
Pra podê me ajudá?

Ê, ê, ê

Oi, cadê meus capitão, gente
Que eu não sei adonde eles tá?

Ei, minha povo
Bate a gunga divagá

Oi, cadê minha mãe, gente?
Ela vem me abençoá

Oi, cadê o meu filhinho?
Ele vem me ajudá

Cadê o povo do Rosaro
Pra gente saravá?

Ô, ô, ê, ê, ê
Ô, ô, ê, ê, ê
Capitão mandô chamá
Pra vê coroá

Entreguei a minha espada
Pro capitão falá

Ei, chora muito longe, capitão
Ei, chora muito lonjá

                    Ei, chora muito longe, capitão
                    Ei, chora muito lonjá

✳

Ô ô aiê
Ô ô aiê

Minhas bandera vamo viajá
No Rosaro de Maria é coroá

Meus capitão, vamo remá
Puxá e já desceu o reno
De suas coroá

Ô pedi a nossa Mãe
De Deus
Pra ela bençoá

Ô sinhô Rei
Vô pedi Nossa Senhora
Para ela te ajudá
Sua perna num vale de nada

✳

Ô, coroa do Rosaro
Minha pai já me pede pra levá
Ah

Coro
ô... ô... ô...

A coroa é de papai
O Rosaro já vem para puxá

Ei, ora chega, capitão
No Rosaro, ora vamo bençoá

Ô, chega gunga do Rosaro
Minha povo, chora gunga divagá

Ei, vamo povo de campanha
No Rosaro festejá

Essa gunga é de Deus
Hoje a festa é de Santa Mariá

ô... ô... ô...

Ô, cadê meu comandante, gente?
Eu num sei aonde está

Ei, vamo todos pelejá
Ei, sá Rainha do Congá

Ô, sá Rainha Conga
Ela é que mandô o oro
Você puxa ela para juntá às otra

Ô, vamo temperá
Mãe de Deus
Ô, já vamo temperá

Ê, sá Rainha do Congá
Mãe de Deus
Ô, ora vamo saravá

Ei, a bandera de mamãe
No Rosaro
Eu já vim para levá

Ô, com licença de mamãe
No Rosaro
Eu já vim para puxá

Ô, mamãe mandô chamá
No Rosaro
Capitão já vai levá

                                      ô... ô... ô...

O Rosaro de Maria
Mãe de Deus
Vamo todos bençoá

Fala gunga lá de longe
Nego véio veio do mar   ô lelê
Nego véio veio rezá   ô ô lelê
                                    ô ô lelê

Vamo todos no Congá
Mãe de Deus
Nós já vamo viajá
Ê, ê, ê

Nós lá vamo começá
O nosso renado, ô

ê... ô...

Levá esta bandera
Pra levantá lá no trono do reno

Ê, pode já puxá
Capitão
Ô, pode já puxá

Pode já puxá, oi
Pode já puxá

Ê, ê, pode já puxá
Comandante
Ô, já pode já puxá

Ê, ê, pode já puxá
Capitão
Pode já puxá

Ê, Senhora do Rosaro
Nossas coroa nós vai levá

Ê, pode já puxá
No Rosaro
Cê pode já puxá

✳

Ô, minha mãe me chamô
Lá no Rosaro
Eu vô lová

Coro
ô lelê
ô lelê
ô ô lelê

Ô ô aiê
Ô ô aiê

ô... ô... ô...

Nós chegô lá no Rosaro
Todo mundo vei rezá
Beijá nossas coroa
Pra Deus ajudá

Sinhô Rei mandô chamá
Sá Rainha no lugá
Ô, sinhô Rei

ô... ô... ô...

Eu já venho de muito longe
Vim pra abençoá
Nossa bandera

ô... ô... ô...

Eu cheguei lá no altá
Pedi licença minha mãe
Pra nessa ingoma
Eu podê chorá

ô... ô... ô...

Abraçá meus capitão
Todos ele vei me ajudá
Abraçá o meu fio
Que é capitão do lugá

ô... ô... ô...

E abraçá o comandante
Que é o meu irmão
Do Rosaro

                              ô... ô... ô...

Cadê os otro capitão
Que eu alumiei
E coroei no lugá?

                              ô... ô... ô...

Capitão chorô gunga
Gunga chorô Mariá
Mãe de Deus, vamo festejá
Mãe de Deus

                              Vamo festejá

Quero vê os meus irmão
Os meus fio, os meus parente
Todos junto
Vamo festejá

                              Vamo festejá

Tô lembrano de mia pai
Com saudade de mamãe
A Senhora do Rosaro
Vamo festejá

                              Vamo festejá

Esquecê as dor e os trabaio
Esquecê tudo que passô
Vamo juntos no Rosaro
Vamo festejá

                              Vamo festejá

Ô ô aiê
Ô ô aiê

                              ô... ô... ô...

Eu vim de muito longe

Tô chorano nessa ingoma
Foi papai é quem mandô

ô... ô... ô...

Ê, vamo embelezá
Capitão

Vamo embelezá

Chora gunga

Vamo embelezá

Todo mundo

Vamo embelezá

Minha pai

Vamo embelezá

Ô ô ô ô iê
Ô ô ô ô iê

Quem quisé sabê meu nome

Venha cá me perguntá, aiê

ô... ô... ô...

Ai, eu me chamo Geraldino, ai, ai
Moradô desse lugá
Tilelê

Eu me chamo Geraldino

Todo mundo

Eu me chamo Geraldino

Tilelê

Eu me chamo Geraldino

Ei, minha povo

Eu me chamo Geraldino

Tilelê

Eu me chamo Geraldino

Chora gunga

Eu me chamo Geraldino

*

Oi, meu andei pra mata afora
Percurano
E cheguei nesse pau
Tá zum zum zum
Eu cheguei nesse aqui
Tá zum zum zum
O otro tá zum zum zum
De cá tá zum zum zum
Ô, gente moranga tem abeia

*

É na língua de Angola
Pra buscá Nossa Senhora
É na língua de um nego
Olha que nego africano
É na língua de Angola
O Rosaro tá chorando
Olha a gunga do Rosaro
Olha o nego tá raiano
Olha o nego corrê mundo
Olhando o nego tá chorano
Olhando o nego do Rosaro
Olha o nego ajuelhano
Calundunga nego véio
Nego véio de candonga
Nego véio de Lugamba
É na língua de um nego
É na língua de Angola
Olha ninguém me entende

Olha a língua de Angola
Olha ninguém compreende

*

Ô marinhero
Lá no mar balanciô
Ô marinhero
Lá no mar balanciô
Ô sereia
Ô cai n'água
Ô sereia
Ô langô
Ô pai Xangô

*

Chorano só
Ei, chorano só
Ei, eu vim cá dispidi chorano, ai
Eu agora vô m'imbora
Ei, ocês fica aí com Deus, ai
Ai, eu vô imbora com Senhora
Ei, adeus, adeus, adeus, ai
Ei, meus irmão
Adeus, adeus, ai
Ei, nego véio já vai imbora
E se a morte não me buscá
Para o ano torno a voltá
Oi, adeus, adeus, adeus, ai
Ei, marinhero vai imbora
Ei, seu navio já tá no porto, ai

Ai, no jeito de navegá
Oi, adeus, adeus, adeus, ai
Ai, nego véio já vai imbora
Ei, ocê fica aí com Deus, ai
Oi, eu vô com Nossa Senhora

*

Eu andei, eu andei
Me espera já

Uê, Angola, Angola, Angola, uê
Ei, Angola, nego de gunga
Nego véio de candombe, auê
Nego pede licença, auê

Ei, ai, meu Deus
Ai, ai, meu Deus
O que será?
Eu peço a mãe de céu
Abençoa a esse congá

Oi, dono de Candombe,
Peço sua bênção

Oi, dono de Candombe
Peço sua bênção

*

No caminho de Aruanda
Batiza o menino

Oi, cumé que ele chama?
É João Dendê

Oi, no caminho da vila
Tem um minino novo
Ei, cumé que ele chama
É João Dendê

Oi, igreja pequena
Batiza menino
Ei, como que ele chama
É João Dendê

✴

Ei, mãe Maria Conga,
Chora no terrero de Angola
Saravá nego de gunga
Ê ê ê
Marinhero de Angola

✴

Ê ê ê
Em nome do padre, Esprito Santo
Na hora de Deus amém
Ô ô ô candombero
Quem me ensinô o caminho
Foi meu Deus
Foi meu Deus
Quem me ensinô a rezá

✳

Eu vim de muito longe
Senta um mocadim

Ei rum rum rum
Menino novo num sabe rezá
Chega na igreja
Num sabe ajoelhá
Ei, menino novo,
Vamo já rezá
Vamo já rezá

Rum rum rum
Rê rê rê
Ei, para o ano
Podê confessá, ei povo
Podê confessá

✳

Ei, meus irmão,
Ei chega no lugá, minha povo,
Chega no lugá
Ô candombero

Ê ê ê a a a

Ei para que buliu
Com o candombe?
Ei para que buliu
Com o candombe?

Ei, quando chegá na ingoma
Pede licença primero
Eu vim de longe
Vim pra brincá
Nos tambô de ingoma

*

Ei marimbondo vermelho
Me mordeu
Na pestana do olho
Num doeu

*

Ei rum rum rum ê
A coroa da rainha
Pinga prata

*

Óia a língua de papai
Óia a língua de mamãe
Papai já falô
O povo num escutô
Mamãe já falô
E ninguém me escutô
Se papai falá
Então ninguém me entende

*

Ô rum rum rum
Eu andei a mata toda
Caçano ondé que tinha abeia
Mexi na mata intera
Num achei coisa nenhuma
Oi, moranga tem abeia

✳

Ei, carumbé tira oro
É no fundo do mar
Carumbé tira oro
É no fundo do mar

✳

Ei, Veludo
Pra que duas cova, Veludo?
Uma é minha, otra é sua

✳

Ei, mundo velho, oi, á
Eu vim de muito longe
Eu cheguei foi agora
Vamo penerá, ó gente
Vamo penerá, rá rá

✳

Ei, zum zum zum
Eu cheguei muito depressa

Para vê onde eu estava
Menino novo
Oi vem prendê rezá

✳

Ei casco de burro
Raiz de araçá
Sai do caminho
Que eu quero passá

✳

Ei, divera capitão
Você disse que sabe muito
Quero vê quem sabe mais
Lagartixa sobe na parede
Coisa que você não faz
Ei, capitão
Chega e vamo topá!

✳

Ô, Zirimbambo é de bangolê
Ô, Zirimbambo é de bangolá
Ô, Zirimbambo uriqui
Ô, Zirimbambo de bambuê
Ô, Zirimbambo é de bambuá
Caci bambá auê
Oi, na língua de Angola
Vamo Saravá

*

Ei rum rum
Quando eu vim de lá de baxo
Pisei na areia branca
Quando eu cheguei cá em cima
Eu peguei só a penera

*

Capitão saracutinga
Bebe pinga no coité
Atira as flecha pra cima
Vai acertá em quem num qué

*

Ei, duas língua
Pra quê, pra quê?
Uma é de zimbuê
Ei, nós tudo é farinha
De um saco só

*

Ei mundo, mundo oié
Eu passei em Pirapora
E cheguei lá no mar
Quando eu vim de lá de baxo
Todo mundo me chamava
Eu num pude só pará
Pra podê só conversá

Todo mundo me gritava
Só eu que num tava lá

✳

Ê Zambi, ê Zambi
Sá Rainha me dá a mão
Que papai lá do céu põe a benção
Ê Zambi
Viva o mundo e viva Deus
Viva nego maçambiqueiro
Ê Zambi
Viva mundo e viva Deus
Ora viva esse povo coroado
Ê Zambi
Ei, minha gonga é de nhá pai
Essa gonga é de nhá vô, ai
Ê Zambi
Ei, Maçambique é coisa boa
Maçambique era nego de coroa
Ê Zambi
Ei, o menino de papai, ô gente
O menino de vovô
Ê Zambi
Ei, o menino de papai
Oi, meu Deus, ô pergunta onde eu vô
Ê Zambi
Ei, óia Zambi é nossa guia
Óia, Zambi, meu Deus minha companhia
Ê Zambi
Ei, ora Zambi é nossa guia
Oi, mi Nossa Senhora minha companhia

Ê Zambi
Saravá, capitão

Coro
É coisa boa

✳

No dia 13 de maio
Assembléia trabaiô
Nego véio era cativo
Sá Rainha libertô

É no tempo do cativero
Era branco que mandava
Quando branco ia à missa
Nego que ia levá

Quando branco ia à missa
Era nego que levava
Sinhô branco entrava pra dentro
Nego cá fora ficava

Sinhô branco entrava pra dentro
Nego cá fora ficava
Nego num podia falá nada
De chiquirá inda apanhava

Nego num podia falá nada
Que de chiquirá inda apanhava
Nego só ia rezá
Quando na sanzala chegava

Ai que dor
Jesus Cristo tá no céu
Acolheno toda as alma
Desses nego sofredô

JUSTINÓPOLIS

Ê, com licença de Zambi, auê
Ê, com licença de Santa, ê auê

Quando chego na ingoma de Angola
É divera, auê
Ê, licença peço primero
É divera, auê
Ei, com licença de maió
Ei, pra saravá os meu tambô veio

Ei, licença maió
Deus é quem dá

✳

Ei, eu vim de muito longe
É divera, auê
Eu vim beirano o mar, auê
Procurano a Virgem Senhora

✳

Ê ê ê
Mamãe tá no mar
Deixa lá

Ê rê rê rê
Peço licença, minha mãe
É divera, auê
Ô, licença de tambô maió, ê

Com licença, papai
Com licencê
Licença pede, papai
É divera, auê
Oi, peço licença, auê

Oi, dono de tambô
Me dê licença

Ei rê rê rê
Ei, peço licença, Jeremia
Divera, auê
Ei, peço licença de tambô maió, ê

Ei, licença maió
É Deus quem dá

Ei, já pedi licença
Tambô maió, auê
Ê, já pedi licença menó, auê
Já pedi licença pequetito, auê
Oi, vamo no trono saravá
Ê ê ê

✳

Ê rê rê rê
Ei, sereia

Ei, sereia
Quem manda no mar
Baleia

✳

Ê, chego no pé de Santana
É divera, auê
Ê de vós eu peço licença
É divera, auê
Eu peço a Santaninha
Pra recebê de vós a bença
Bença, bença Jeremia
Meu pai que me batizô, ê
Nos caminho da estrada
Que Jesus me batizô

Ei, como é que ele chama
Oi, chama João Dendê

✳

Oi, é filho do Rosário, ê
Tava na bera do mar
Oi, é filho do Rosário, ê

✳

Pexe miúdo cavaca e tira, auê
Mas quem manda no poço
É traíra

Oi, pexe miúdo
Oi, toma conta da maré

✳

Ê rê rê rê
Ê chegô em tempo de corgo cheio
Pexe miúdo toma conta da maré
É divera, auê
E o rio tá muito cheio
Ê, mas o rio tá muito cheio
E a terra tava molhada, auê
Oi, tatu véio num cavaca na lama
Cavaca é no cerrado, auê

✳

Ê eu vim de muito longe
Vim de bera mar, auê
Pra encontrá Nossa Senhora
Ê, na bera da praia, auê

✳

Ocê é batizado
Eu também sô
Ocê vai no Rosário
Eu também vô

✳

Mamãe tá lá no mar
Vamo lová

Ei, tá lá no mar
Oi, vamo lová

✳

Ê ê ra ra ê
Eu encontrei co'o meu irmão
Numa mata de café
Aonde nós tava todo mundo
Existia muita fé

Ei, essa mata quemô
Cherô guiné

✳

Ê rê rê rê
Oi, o dia de hoje, gente, é
É no dia de hoje
Foi dia de alegria
Festejá meus tambô véio
No rosário de Maria, auê

Ei, viva pai
Oi, viva tambô

✳

Ei, na bera do rio
Quando eu cheguei
Ei, com meu candombe, oiê
Festejá

Levano o meu presente
À minha virgem Nossa Senhora
Com minha toda humildade

Como num tinha o que oferecê
Ela vai virô me disse:
— Ô meu filho, ê ê
Seja quando precisá
Servirá esse remédio
Ei, saravá, óia só
Ei, saravá, óia só

✳

Ê, peguei com Nossa Senhora
E também com o bom Jesus
Que andô de passo a passo
Carregano a sua cruz
Ê, fui no mato buscá lenha
Encontrei com um home grande
E tava em pé, em pé
Mas eu fui no mato tirá lenha
E encontrei foi o cipó
Encontrei um home em pé
Ele tinha um oio só
Ô ô ô que tanto medo, auê
Oi, eu vinha subino o morro
Minha perna já doía
Se não fosse Mãe Maria
Caititu já me comia
Oi, divera eu fui no mato tirá cipó
Ei, Mãe Maria
Acorde esse povo

*

Ê, rê rê rê
Me chamô no Rosário
Eu tô quereno
Ê, rê rê rê
Ei, de poco a poco
Eu chego lá

*

Ê rê rê
Ê nego tava tocaia
Nego tava me escutano auê
Ê, minha gunga tá de longe
Ê, minha gunga tá raiano, auê
Ei, nego tá com palpite
Venha coroá, auê
Ei, provadô
Prova um tiquitinho

*

Ê ê ê
Todo mundo é pretim, sinhá, auê
Ô, mas é filho de Calunga, auê
Ei, calunguê
Ei, calungá
Nós chegô no Rosário
Ei, calungá
Eu sô filho de preto, Calunga
Ei, Calunga
Eu sô neto de preto, Calunga

✳

Oi, criola
Num tem sapato, auê
Ê, cumé que criola vem dançá, auê
Ê, criola num tem sapato, criola
Dança de pé no chão, criola
Ê ê ê
Criola queria ir na cidade
É, divera, auê
Mas criola não tem sapato, auê
Oi, quem não tem sapato
Dança de pé no chão
A criola num tem sapato, criola
Dança de meia só
Ei, tira o sapato fora, criola
Dança de meia só

✳

Ê ê ê
Fomo na bera do mar, ê
E lá no alto eu vi
Que Mamãe tava lá no mar
Ei, tatu véio cavaca e tira
Oi, quem manda no poço é traíra
Rê, rê, rê, ô
Ei, tatu véio
Cavaca e tira
Ei, quem manda no poço é traíra, auê
É ô bão, ô bão, ô bão

*

Ei, pexe miúdo
Ei, toma conta de maré
Ô, ei, ai, ai
Ei, nego véio tava de longe
Nego véio tava de tocaio
É divera, auê
Ê, nego é carrero
Oi, vem carriá

*

Ê ê ê
Povo bão
Aqui reunido ê, ê
Ê candombero
Já chega pra mais perto
Ê candombero
Hoje é dia de festejo
Ah meu deus que alegria, auê
Viemo festejá
Mas o rosário de Maria, ô
Ei, hoje é festa de tambô
Vamo com dor
Vamo trabaiá
Vamo adorá
Rê, rê, ô
Ei, povo bão, é divera, auê
Ei, Sá Maria, venha vê o que que é, ô
Oi, nhá Maria
Tá em pé, em pé, ê

Ei, panha cove que é pra nós cumê
Tá na horta em pé, em pé

✳

Ei, eu tava de serviço, auê, ô
Ei, na fazenda trabalhano, auê, ô
No meu carro tinha três junta
De boi carrero, auê
E um era de estimação, ó meu patrão

Oi, como chama esse boi
É Fazendão

✳

Ei, povo tava trabaiano
E parô pra descansá
A capina num cabô
Vamo nós recomeçá

Ei, candombero
Vamo trabaiá

✳

Ê rê rê rê
Ê boi de estimação
Boi chama Fazendão
Boi chama Fazendão
É divera, auê

Boi que puxa na guia
Chama boi Tufão, auê
Boi tava na bera do rio
Tava quereno bebê água, auê

Dexa o boi bebê, Mariá
Que essa água do mar não faz mal

✳

Ê rê rê rê
A capina de roça
A capina num cabô, auê
Mamãe tá me chamano
Nego véio já parô, auê
Mas parô pra bebê água, ô ê

Ei, provadô
Prova mais um tiquitinho

✳

Ê rê rê rê
Ê, quando eu cheguei no Rosário
Pra saravá os meus tambô
É, mamãe, auê
Preta véia me falô, oi á

Ei, a gunga de Maria
É babado só

✳

Ê rê rê rê
Vô pedi licença prá chegá
No Rosário de Maria
Licença de papai e de mamãe
No Rosário de Maria

Oi, de poco a poco
Eu cheguei no Rosário

✳

Ê, peguei com Nossa Senhora
E também com o bom Jesus
Que andô de passo em passo
Carregano a sua cruz

Ê, fui no mato buscá lenha
E fui tirá com imbé
Encontrei um home grande
E tava em pé, em pé
Mas eu fui no mato tirá lenha
E encontrei foi o cipó
Encontrei um home em pé
Ele tinha um oio só
Ô ô ô que tanto medo, auê

Oi, eu vinha subino o morro
Minha perna já doía
Se não fosse Mãe Maria
Caititu já me comia

Oi, divera
Eu fui no mato tirá cipó

Ei, Mãe Maria
Acorde esse povo

✳

Eu fui carriá, auê, auê
Eu pus o boi na canga, auê
Ô, era uma junta de boi preto
A otra de boi araçá, auê

Oi, carrero bom, auê
Oi, carrero bom
Oi, carriá sem boi

✳

Ê rê rê rê ô
Ê, filho de Candombe
Toma bênção papai
É divera, auê
É de pequeno aprende a rezá
É divera, auê
Padre-nosso e Ave-Maria
Que essa é nossas oração
Ele aprende a rezá
Para o ano que vem
Cê confessá

✳

Ei, oi ai ai ê
Ei, menina, entra pra dentro
Que lá fora tá choveno
É divera, auê
Ei, casa de mamãe
Canjira de vovó
É lugá de preto véio

✳

Oi, tá chegano a nossa hora
É divera, auê
É, mas que dia tão bonito
Ô, que dia celebrado, auê
No rosário de Maria
Ó que dia contemplado

✳

Oi, eu me quero agradecê
Ê, que Nosso Sinhô lhe pague
Ê, ê, agradecê
As forças do mar, auê
Agradecê a força da senzala, auê
Ah, a força da senzala, auê

✳

Ei, canjira de vovó
Ei, me quero agradecê

Ê ê ê
Nosso Sinhô lhe pague, auê
Agradecê de coração, auê
Ê, vô pedi Nossa Senhora, auê
Oh, mas que dê luz na eternidade

Oi, eu quero agradecê
É com Nossa Senhora lhe pague
É com Nossa Senhora lhe pague

✳

Ei, vamo arrecolhê
Ei, vamo arrecolhê
Vamo arrecolhê, tamborete
Vamo arrecolhê
Oi, vai pro seu lugá, Santana
Ei, vamo recolhê
Oi, vai pro seu lugá, Santana

Lá no céu é maravilha
Ei, vamo recolhê
Ei, vai pro seu lugá, Santana
Ei, vamo arrecolhê

✳

Ô, vou firmá a minha gunga
Pro terreiro serená
Vamo firmá nossa ingoma
Ô, pra nossa festa começá
Ei, os anjo cantô no céu

É hora de Deus, amém
Vamo nós pegá com Deus
Pra livrá de algum porém
Ô, Virgem mãe, Nossa Senhora
Olha o mundo como tá
Vejo o mal baixá a cabeça
Pro filho de Deus passá

É ô, é ô, é ô
É ô, é ô, é ô
Ô, minha Virgem do Rosário
Do Rosário mandô chamá
Mandô chamá, mandô chamá
Ê, vô rezá minha incelença
Pra podê nós viajá
Nós viajá, nós viajá, é

Ô, óia, povo de Rosário
Tá chegano a nossa hora
A nossa hora, a nossa hora
Ê, na inguereja tá chamando
O vigário que mandô
Para todo inguerejá
Inguerejá, inguerejá, auê

Ê, óia povo de Rosário
Eu num sei que hora é essa
Que hora é essa, que hora é essa
Ô, nós vamo já com Deus
Se não chega atrasado
Quando dá a nossa hora
A gente que começa a nossa festa

A nossa festa, a nossa festa
É, ô

MATO DO TIÇÃO

Oiá, ai ai ai ê
Eiá, á iá iá ai
Santa Maria
Ai, Jesus, ai, Jesus
Santa Maria
Estrela do Céu
Seja nossa guia

✳

Ê, fui numa festa
Na casa de São Salomão
São Pedro gritava
São João respondia
São Sebastião sacode o balão
É divera, minha gente
Essa festa é de São Salomão

Essa festa do Rosário
É Deus que mandô

✳

Ê ê ê, belo, belo, belo
Que vai pelo céu

Oi, belo, belo, belo
Que vai pelo céu

*

Sabiá tem cisco no olho
Tico-tico tira com a unha

*

Sapo com jacaré
Tem mandinga
Sapo que canta mandinga
É de um oio só

*

Ê, São Jorge saiu da lua
Ê, São Jorge saiu da lua
Ele veio de céu à terra
Juntou com São Sebastião
Pra eles dois vencê guerra

*

Ê, siriema
Ô, siriema
Canela fina corredera
Nunca vi passo de pena
Dexá rastro na ladera

✳

Eu fui no mar
Eu vi sereia
Quando eu voltei, minha gente
Tirano areia

✳

Oi iá ai ai ê rê
Oi iá ai ai ê rê
Rê ai ai ai

Eu fui criado na fazenda dos Texera
Levei um saco de mio
E troxe três quarta de farinha

Ah, eu cheguei na minha casa
Perguntei meu companhero
— É de rê de cumbê
É de rê de cumbá
É farinha ou fubá

Ah, não na horta
De cumbazumbê
De cumbazumbá
Minha mãe falô comigo
— Ih, cê num troxe meu fubá
Eu chorei
E tô chorano
Tatu tá no moinho
Tá moeno fubá

Tatu tá no moinho
Tá moeno fubá

*

Ê, eu vim de bera-mar
Ê, eu vim de bera-mar
Ah, bela menina
Cabelo anelado
De rujo na cara
Um laço de fita
Na ponta da vara
Navio tá parado
Me chamô pra brincá
Lá na bera-mar
Sei que morro apaxonado
Só de num sabê nadá

*

Ê, diz que Santo Antônio é padre
Como todo mundo sabe
Chegô na festa de congo
Santo Antônio é coroado

*

Ê, meu São João se bem subesse
Quando era o vosso dia
Descia do céu à terra
Com prazê e alegria

*

Ê, cutia caiu no mundéu
Ê, tornô levantá
Na mata de paraúna
Que nego véio vai lá

*

Ê, fui no mato tirá abeia
Amolei o meu machado
Pra tirá mel de jundiaí
Pra tirá cumbuca cheia
O dia que não tem melado
Ê, pelado dorme na peia

*

Amolei meu machado
Abeia mumbuca pé de pau
Fui pro mato tirá abeia
Abeia mumbuca pé de pau
Tirá mel de jundiaí
Abeia mumbuca pé de pau
Tirei a cumbuca cheia
Abeia mumbuca pé de pau
O dia que não tem melado
Abeia mumbuca pé de pau
Pelado entra na peia

*

Ê ê ê adeus, adeus, adeus
Adeus, adeus, adeus, adeus
Adeus, adeus, adeus, adeus
Adeus, adeus
Oi, oiá, adeus, oiá, adeus, oiá

Até para o ano se Deus quisé
Eu num sei se eu chegará

Ei, dono de casa
Adeus, adeus
Adeus, adeus
Adeus, oiai
Adeus, oiai
Adeus, oiai

Até para o ano se Deus quisé
Eu num sei se eu chegará

Ei, dona de casa
Adeus, adeus
Adeus, adeus
Adeus, adeus
Adeus, oiai
Adeus, oiai
Adeus, oiai
Adeus, oiai
Adeus, oiai

Até para o ano se Deus quisé
Eu num sei seu eu chegará

MOCAMBEIRO

— Viva Nossa Senhora do Rosário!
— Viva o Congo sagrado!
— Viva o nosso presidente!
— Viva o nosso mestre!
— Viva os nosso visitante!
— Viva todos os pretinho do rosário!
— Viva ou num viva?
— Viva o nosso vice-presidente!

Ré ê a
Ê ê ê ê ê
Ê ê ê ê a

Oi, preto criolo
Preto tem jeito de mato
É o preto velho no mato
No seu renado

✳

Ei a ê
Ê ê ê ê
Oi, o que manda na gira
É o rosário de Maria, ô gente
Ê ê ê ê

Pisa no chão
Ô, pisa devagarinho

Quem anda com preto véio
Ei, num fica no caminho

✳

A ê ê ê
Oi, é divera
O que manda no rosário de Maria, ô gente
Ê ê ê ê

Oi, no tempo do cativero
Preto véio é que mais trabaiô
Penerô, penerô, penerô
Esse véio penerô

✳

Rá ê rá
Ê ê
Ê ê rá é rá

Preto véio veio da mata
Com destino trabaiá
Ele veio de orunganga
No terrero saravá

✳

É aié é é
Ê ê ê ê
É, ingomeia
Ei, o rosário de Maria

Divino Esprito Santo
Na hora de Deus amém
Quero benzê primero
Pra livrá de algum porém

✳

É ê rá
É divera, é divera
É quem manda na gira, ô gente
Ô ô ô
Oi, que manda no rosário
Oi, de Maria

Preto véio entrô na mata
Com destino de trabaiá
Trabaiô, trabaiô
Preto véio que mais trabaiô

✳

Ei a rê iá ê
Oi, Nossa Senhora do Rosário
Na ingomá ê ê ê
Oi, Nossa Senhora

Capitão é marinhero
Marinhero, olha lá
No balanço do navio
Eu já vi marinhero chorá

*

Cheguei na bera do rio
Vô remá minha canoa
O rio tá encheno muito
Eu tô com medo de afogá

Barquero novo, ê
Ô, barquero novo

*

— Viva Nossa Senhora do Rosário!
— Viva nossa Rainha Conga!
— Viva o nosso mestre!
— Viva o contra-mestre!
— Viva o dono da casa com toda sua família!
— Por que que não viva?

A iá ê
Ê ê ê
Ê, tandurê, tandurê
No rosário de Maria
Oi, vivá

O meu mestre morreu ontem
Ontem mesmo ele enterrô
Oi, na cova do meu mestre
Oi, corre água e nasce flô

*

— Viva Nossa Senhora do Rosário!
— Viva as quatro coroa de Nossa Senhora do Rosário!
— Viva nosso Rei Congo!
— Rainha de Ano!
— Nosso Rei de Ano!
— Rainha de Ano!
— Todos os nossos coroado!
— Viva nossos visitante!
— Viva os candombero!

É é ei ei
É divera, a cangira
O rosário de Maria
Ô, vivá
Ô, o rosário de Maria
Ô, vivá

Eu cortei o pau
Eu mesmo fiz a canoa
Todo mundo passa nela
Eu mesmo fiquei à toa

✳

Ré ê ê
Ei, tandurera que vei de Aruanda
Fazendo macamba Aruanda e Aruá

Ei, coroá
Coroá sinhá e sinhô
Coroá nossa Rainha Conga
Nosso Rei Imperadô

*

Ah, iá iá ê
Oi, divera
Quem manda o rosário de Maria, ô gente
Ei a, é divera, gente

Ei, minha mãe Santana
Ê, meu pai Xangô
Ora, viva quem tá aí
Ora, viva quem chegô

*

Ah, ié
Ô ô ô
É divera
O que manda o rosário de Maria, ô gente
Ei a ê ê

Oi, que preto é esse
Que chegô aqui agora
Oi, é o pai Joaquim
Que veio lá de Angola

*

Rá a rá
Ô ô ô
Oi, camundongo que vei da Aruanda
Fazeno macamba em Aruanda e Aruá

Ei ê ê ré
Ô ô ô ô

Jesus Cristo, rei do mundo
Ele vei pra nos salvá
Assistiu a santa missa
Que o padre eterno vei celebrá

✳

— Viva Nossa Senhora do Rosário!
— Viva nossos visitante!
— Viva o dono da casa!

Oi, quem manda na gira
É o rosário de Maria, ô gente
Ô iai ê

Jesus Cristo disse a missa
Numa cama de Belém
E depois da missa dita
Para sempre a Deus, amém

✳

Rê, aiê
Ô ô ô
Ê ai ai ai
Rê iê aiê ê

Meu boi morreu
No alto do chiadô

Tira o coro desse boi
Que é pra mim corá tambô

✳

Rá iá iá
Oi, ô
Oi, é divera
O que manda o rosário de Maria, ô gente
Ai, é divera, ô gente

A água mais a areia
Fizero uma combinação
A água vai rolano
A areia fica no chão

✳

Rê ê ê
Ê ê ê
É divera, ô gente
O que manda o rosário de Maria, ô gente
É divera

Carrero bom
Oi, que sabe carriá
Uma junta de boi preto
E uma vara de topá

✳

Ré é ré
Ô ô ô

Ei ê ê
Ô ô ô ô

Oi, carro de boi
Debaxo do manguerão
Lá vai seus boi
Puxa Penacho, puxa Trovão

✳

Rá á á
Ê ê ê
Ê ei ê ê
Ô ô ô oi
Ô ei ê ê

Meu carro é véio
De janero a janero
Só me resta uma lembrança
Do meu tempo eu fui carrero

✳

É rá iá ai
Ô ô ô
Rá á
Ô ô ô

O meu pai era carrero
Meu avô também foi
Eu quero ter essa herança
Desse carro de boi

✳

Ei ré é é
Rá á á
Oi ré é ei
Ô ô ô

Meu carro tá no toco
Os boi tá no currá
Oi, se num tem carrero
Eu memo vô carriá

✳

Ré é é
Ê ê ê
Ei, divera, ô gente
Oi, o rosário de Maria, ô gente

Salve cruz bendita
Que tá no campo sereno
Onde foi crucificado
Meu Jesus de Nazareno

✳

Ré é é
Ê ê ê ê
Oi, divera, gente
É divera, ô ô ô
Oi, é divera

Eu já falei
E torno a falá
Igual a Deus não tem
Melhor que Deus não há

✳

Ô ô
É divera, ô gente
O que manda o rosário de Maria, ô gente
Ô gente, é divera

Pisei na pedra
A pedra balanciô
O mundo estava virado
Nossa senhora endireitô

QUINTA DO SUMIDOURO

Companhero, eu vim de longe
Vim aqui para cantá
Cinco légua é muito pouco
Nós vão tê que viajá

✳

Candombê, candomboá
Oi, candombê, candomboá
Toma conta desse povo
Até o dia clariá
Candombê, candomboá

✳

Mas eu num sô daqui
Mas eu num sô de lá
Eu sô lá da mata
Onde canta o sabiá

A Senhora do Rosário
Foi quem me troxe aqui
A água do mar é santa
Eu vi, eu vi, eu vi

✳

Oi, vamo brejero, vamo
Vamo todos viajá
Na casa do capitão, ô
Nós temo que pará

✳

Eu raio mesmo
Sempre fui bom raiadô
Eu raio mesmo
Santo Antônio é que mandô

Eu raio mesmo
Sempre fui bom raiadô
Eu raio mesmo
Capitão é que mandô

*

Eu matei um boi
As água do rio levô
Eu matei um boi
Do alto do chiadô
Fui rastá o boi
As onda do mar levô

*

Oi, viemo de mar em mar
De mar eu cheguei em terra
Oi, de longe eu avistei
A coroa do Império

Ô ô ô ô ô
Somos nego do rosário
Filhos de Nossa Senhora

*

Oi, viemo, viemo
Oi, viemo
Nós viemo da bera do mar
Um laço de fita vermelha
Na ponta da vara
Eu num posso tirá

*

Oi, cai sereno
Oi, sereno do céu estrelado

Oi, cheguei na bera do mar
Eu vi marinhero chorá

ARAÇUAÍ

Eu vim de longe
Eu vim de longe
Nego da costa virô calundu
De muito longe eu vim, ei, a

Chora, marinheiro
Ei, marinheiro chorou
Que chorô, que chorô

Chorei, num choro mais não
Eu vou-me embora
Pra minha terra de Congonhas

✳

Meu coração tá doeno
Ei, chora lamboê
Chora, lamboê, no Rosaro
Chora, lamboê

✳

Vim andano lá da mata
Com um fexe de lenha
Pra trazê pra meu sinhô

Ei vivá, ei vivá
Viva a roda inteira, ô vivá
O mundo inteiro, ô vivá
A noite inteira, ô vivá
O povo todo, ô vivá

*

Quando eu chego ao pé da ingoma
Eu primero peço licença
Licença de capitão
Licença dos candombero

*

Menino, toma mandamento
No rosário toma comunhão
Você disse que vinha, vinha
Vinha, vinha e demorô

*

Eu vô levá
A Senhora do Rosaro
Eu vô levá

Ei, marcha, marcha, minha gente
Ei, povo todo
Como marcha no Rosaro

Oi, vamo já levá
Vamo já levá

Ô mutamba siri
Ô mutamba será
Nossa Senhora mandô me chamá

✳

Sinhô Rei
Sinhora Rainha
No Rosaro nos cheguemo primero

Vô lová, Sinhô Rei
Povo todo do Rosaro

Sinhô Rei e Sinhora Rainha
Para o ano se Deus quisé

MACAÚBAS, SANTA LUZIA

Subi na linha de ferro
Com a precata de algodão
A precata pegô fogo
Eu desci com meu pé no chão

Na vorta da madrugada
Eu desci por um paiadão
Eu desci montado num raio
Com dois corisco na mão

Chega no moirão
Chega no moirão

Chega no moirão, capitão
Chega no moirão

✷

Ô ô mamãe
Ô papai ê
Ô Jesus lá no céu
Ê ê hum ê ê ô ô ô
Ah ah ah ai

Eu sô fio da cobra verde
Fio da cobra coral
Eu mato sem fazê sangue, gente
Engulo sem mastigá

Ô, me dá licença, auê
Me dá licença, auê
Ô, me dá licença, auê, capitão
Me dá licença, auê

✷

Ê ê a ê
Quando eu vô para a cidade
Eu vô de pé no chão
Eu remo com remo de ferro
Que o de pau pode quebrá

Ô, pode quebrá
Tudo quanto há
Em Belo Horizonte

Ô, ô, em Belo Horizonte
Tudo quanto há

Remo com remo de ferro
Que o de pau pode quebrá
Ô, tudo quanto há
Em Belo Horizonte
Tudo quanto há
Em Belo Horizonte

✳

Eu vim de longe
Eu vim de longe
Eu vim andano
Pra dançá um Candombe
Na casa dos meus padrinho

Dá licença, ê
Me dá licença, ê
Dá licença, ê, capitão
Me dá licença, ô

É de longe
Eu vinho vino
Vinho vino divagarinho
Vim dançá otro Candombe
Na casa dos meus padrinho

✳

Ê, a culata do burro
A culata do boi é a canga
A culata do burro é a cangaia

Eu remo com remo de ferro
O de pau pode quebrá
Tudo quanto há
Em Belo Horizonte
Tudo quanto há
Em Belo Horizonte

Ô, mamãe mandô fazê
Papai mandô buscá
Vestido de barbado
E ferro de engomá

Mandô fazê
Mandô buscá
Vestido de barbado
Ferro de engomá

Ferro de engomá
Ferro de engomá
Mamãe mandô fazê
Ferro de engomô

Ai, amanhã eu vô m'imbora
Que me deu para levá
Eu levo sodade sua
No caminho eu vô chorá

Ah, chora, chora
Chora, chô

Chorei
Ô, chorei de vergonha
Que meu pai mandô fazê

Mandô fazê
Mandô buscá
Vestido de barbado
Ferro de engomá

Eu vim te procurá
Capitão do Candombe
Eu num posso te negá
Vim na tua casa
Capitão do Candombe
Eu num posso te negô

Ô ô ô
Ê ê ei, dá licença, auê
Me dá licença, auê, capitão
Me dá licença, auê ê ê ê

Papai morreu
Papai morreu
Papai morreu no Candombe
Morreu, morreu, ai

Quando eu vi o meu amor
Tava do lado de lá

Quando papai morreu
Tava do lado de cá

Morreu, morreu
Morreu, morreu
Morreu, morreu, ai

*

O calango demorô
A culpa é dos inferno
Foi o povo catadô ô ô
O povo cabô
Povo cabô
Povo cabô
Capitão do Candombe acabô
Povo cabô
Capitão do Candombe acabô

*

Lová como todo mundo sabe
Três viva a Sinhô Reio, oi, gente
A Rainha coroada

Santo Antônio é pai do povo
Como todo mundo sabe
Três viva a Sinhô Reio, oi, gente
A Rainha coroada

Oi, vivá, oi, vivá
Oi, vivá, oi, vivá

Oi, vivá
Viva Santo Antônio de Lisboa
Viva Santo Antônio de Lisboa

Oi, vivá, oi, vivá
Oi, vivá
Viva Santo Antônio, vivá
Viva Santo Antônio, oi, vivá

✳

Ê, amigo, companhero
Você num pode assim não
É coisa que ocê fizé
Num mata seu primo não

Ocê me dá licença
Licença, companhero
Ô, companhero
Dá licença, companhero

Você me perguntô
Perguntô num é assim não
Que ocê num facilita
Num mata seu primo não

✳

Karimbambá piô
Angana vem lá
Fala língua de nego, mia pai
Vamo saravá

*

No rosário de Maria
Candombe mandô me chamá
Deixa eu cuendê
Deixa eu cuendê

*

Eu tava lá em casa
Quando eu vi o galo cantá
Eu aqui cheguei
Pra vencê uangá

*

Subi camundá
Desci camundá
Ingambi fugiu
Num pude pegá

*

Moça bonita é jambá
Moça bonita é jambá, gente
Cai na cangira
Vamo cangirá

OLIVEIRA

Abá cuna Zambi pala oso
Aiabá q'uiama kana abá apaninjé

Ê ê aruê, aruê, aruê
Ê ê aruê, aruê, aruê

Messaquilibu Babá Okê
Mulendi eledá
Muna ualê e do ayê

Ocolofê cuna Zambi
Monu, monu gundelela pala oso mumu abanjá

Angana Musambê
Angana Lumbambú
Onko utelezi onko ocolofé

Oê-oiá, oê-oê-oiá

Okuassê aya ngana
Ararakolê
Okuassê aya ngana
Ararakolê

Muenha cuna marungo
Na Aruanda saravá
Muenha cuna marungo
Na Aruanda saravá

Olha eu vim de Angola
Eu vim aqui curimar
Ah! eu vim do kalunga
Eu vim aqui trabucar

No tempo do cativeiro
Vida de negro era só trabucar

Trabucava o dia inteiro
E ainda ganhava o chiquirá

Ora viva a liberdade
Cativeiro já acabou
Mas ainda nos falta igualdade
De negro para senhor

Cem anos de abolição
Não pude comemorar
Cadê a libertação
Que a lei Áurea ficou de me dar?

Zumbi foi um grande chefe
No Quilombo dos Palmares
Sua luta não acabou
Ela ecoou pelos ares

O Quilombo dos Palmares
Já foi ponto de união
A união faz a força
Prá qualquer libertação

✳

Ô, minha Mãe
Ô, minha Mãezinha
Lá no céu, cá na terra
Ela é Rainha

Ê, Virgem Mãe das Mercês
Chegou a nossa vez

Desejo a Vosmecê
Ô nhanhá
Pede preto que lhe dê
E a todos os meus camoná
Dê esperança, dê paz
Pra todos nós festejar

Deus te salve casa santa
Onde Zambi tem a morada
Vamos agora pegar
Vamos também pra levar
Esta coroa sagrada, ê

Ê eu sou devoto da Virgem Maria
Ela é nossa força
Ela é nossa guia

Senhora das Mercês
Com seu buquere na mão
Hoje vamos festejar
Vosmecê me dê proteção

Eu vou pedir a benção
Ô, queira me guiar
Senhora das Mercês
Meu pai digué
Já está no gongá

Ê, chegou em casa de Zambi
Nego, reze oração
Com seu buquere na mão
Virgem das Mercês
De Rosário peço a proteção

Venha ver, venha ver
Sá Rainha de coroa
Venha ver, venha ver
Nossa festa é tão boa

✳

Ê, Princesa
Hoje eu vim te visitar
Ou agora, ou mais tarde
A minha gunga vem te buscar
Ô, Princesa ê

Ô, viva Nossa Senhora do Rosário
Senhora Aparecida é dona do lugar, ê

Ô-beira-mar-ô
Beira-mar-ô
Beira-mar-ô
Ô-beira-mar-ô

Ô, minha Princesa
Não vai reparar
Sou menino novo, ô
Não sei cantar

O moçambiqueiro
De onde ele vem
Eu quero chorar, ô
A lágrima não vem

Eu era pequeno
Papai me falou

Olha só, menino
Festa de sinhô

*

Ôi, o papai comprô marreco
Oi o papai não tem lagoa
Pois o marreco é um bicho mole
Fora d'água ele morre à-toa

Aiô mamãe chega na porta
Aiô meu pai chega lá fora
Pois o meu pai comprô marreco
Comprô sem ordem da senhora

O menino chorô
Nhééé
Quem é que consola?
Na porta bateu, vai ver quem é
É Jesus, Maria e José

> — Viva Nossa Senhora do Rosário
> — Viva
> — São Benedito
> — Viva
> — Santa Efigênia
> — Viva
> — E a Dona Conceição Bispo
> — Viva
> — Com toda a famia
> — Viva
> — E o nosso motorista

— Viva

— E a nossa gentileza, madame...

— Viva

— Viva ou não viva?

— Viva

— Com toda famia

— Viva

Ê eu vou chorar
Coração tá mandando eu ficar

✳

Coro

Ô marinheiro, lá no mar relampiô
Ô marinheiro, lá no mar relampiô
Ô sereia, é de Angola
Ê, Pai Xangô, ê

Oi, eu não sou daqui
Ora, eu sou do lado de lá, aieiê
Quando eu cheguei aqui
Eu vim ouro bateá, aieiê
Ouro bateia, bateia
Ouro vamos bateá
Óia a pedra, tira ouro
Tira ouro é no fundo do má, aieiê

Ô marinheiro, lá no mar relampiô
Ô marinheiro, lá no mar relampiô

Ô sereia, é de Angola
Ê, Pai Xangô, ê

Oi o papai num veio
Ô mamãe me mandô, auê
Oi eu tava no mare
A sereia me balanciô
Oi na casa de Zambi
Rei 'té mi saravô
Rusário de Maria
Hoje seus nego chegô, oiê

SERRO

Caciquinhos: Chega os pares nos seus lugares
Chega os pares nos seus lugares
Dobra os instrumentos!

Pantalão: Olha os arcos!

Mestre: Balanceio caboclo
Quem quiser aprender a loa

Caboclos: Quem quiser aprender a loa
Vai procurar o Papai Vovô
Vai procurar o Papai Vovô

Pantalão: Verá caboclo?

Caboclos: A morena ficou!

Mestre: Cai de *có*, caboclo!
Caciquinho!

Caciquinho: Quem me chama?

Mestre: Um caboclo pra depor a loa

Caboclo: Fui no jardim panhá flor
Errei, panhei uma rosa
Viva Nossa Senhora do Rosário
Que é uma santa milagrosa

Mestre: Minha gente, venham ver

Caboclos: Minha gente, venham ver
Coisa de se admirar
Coisa de se admirar

Mestre: Cai de *có*, caboclo!
Caciquinho!

Caciquinho: Quem me chama?

Mestre: Outro caboclo pra depor a loa

Caboclo: Ô, caboclo, joguei meu chapéu pra cima
Meu chapéu parou no ar
Peguei com Nossa Senhora
Meu chapéu tornou voltar

Mestre: O anu é um pássaro preto

Caboclo: Ele é um pássaro preto
Serena no avoar
Serena no avoar

Mestre: Quando senta num raminho

Caboclos: Quando senta num raminho
Balança o rabinho no ar
Balança o rabinho no ar

Mestre: Cai de có, caboclo!
Caciquinho!

Caciquinho: Quem me chama, sim senhor?

Mestre: Outro caboclo pra depor a loa

Caboclo: Eu desci pra qui abaixo
Foi pra apanhar café amarelo
Se não for pra mim casá
Namorar também não quero

Mestre: O erro não é este!

Caboclos: O erro não é este
Deve de se arreparar
Deve de se arreparar

Pantalão: Verá caboclo!

Caboclos: A morena ficou!

Pantalão: Olha os arcos!
Olha os arcos!

Mestre: Cai de có, caboclo!
Caciquinho!

Caciquinho: Quem me chama, não se engana!

Mestre: Outro caboclo pra depor a loa

Caboclo: Ó Senhora do Rosário
Com seu manto cor de anil
Todos os brasileiros pedem
Não deixe o divórcio entrar no Brasil

Mestre: Minha Virgem do Rosário

Caboclos: Virgem do Rosário
Hoje é o vosso dia
Hoje é o vosso dia

✳

1º caboclo: Ô da arumada
2º caboclo: Ô da...
1º: Olá da fragata!
2º: Olá da fortaleza!
1º: De onde vieste?
2º: Montes Claros
1º: Que trouxeste?
2º: Tonéis.
1º: Quantos dias de viagem?

2º: Vinte e cinco e meio.

1º: Grande sustã monarco,
ó grusso forense dessa mata temerana,
dizei-me caboclo de peito a peito, de
face a face, o que faz com esses anais
todos de arcos e frecha na mão?

2º: Sou um dos fiéis caboco permanente que vim
visitá a Virgem Santa Maria e ser devoto para sempre.

1º: Sim caboco, sim caboco. Se vem com fama ti te
dou-lhe galardão; seguirá com seus
anais todos de arcos e frecha na mão.

2º: Tupã e Tupã! São Pedro e São Paulo! Apóstolo
de Jesus Cristo! Peço não me dexá
morrê sem a água do batismo. Boa tarde, Caboco Mestre, boa notícia vô lhe
dá: o final desta embaixada só desejo
lhe abraçá.

Todos: Liberdade!

Entraremos nessa casa
Entraremos nessa casa
Com prazer e alegria
Com prazer e alegria

Agora que estou de dentro
Agora que estou de dentro
A minha Virgem Maria
A minha Virgem Maria

Que nós somos caboclinhos
Oi, caboclinhos
E viemos do sertão
E viemos do sertão

E a Virgem do Rosário
Oi, do Rosário
Hoje é o vosso dia
Hoje é o vosso dia

Nós viemos festejá
Ô, festejá
A Virgem Santa Maria
A Virgem Santa Maria

BOM DESPACHO

Ocês lá iam nóis invinha
Aí encontrei Nossa Senhora
Foi a Virgem do Rosário
Nós está chegando agora

Ói meu Sinhô Rei
É pro Sinhô que eu vou cantar
Nossa Senhora do Rosário
Ela vem te abençoar

Deus salve meu Sinhô Rei
Deus te salve nesse dia
Também salve a nossa Rainha
Filha da Virgem Maria

JATOBÁ

Ê, iê, Ngoma angô Dambi, Dambá
Iô eia cunda cundera possô no anjó Sacramento, auê

Ê, iê, no tia diâmbi pupeia mussamba auê, auê ô

Ê, qué mexê co'essa ingoma
Começa já

✳

Ô, Nossa Senhora quando no mar apareceu
Nego véio na beira da praia ajueiô, auê
Ei, o branco batia no preto
Enquanto resolveram a questão
Nossa Senhora chorô, ê

Ei, resolvia a questão
Nossa Senhora chorô
A lágrima caiu no chão
E da lágrima assim brotô, auê

E foi no tambu Ngomá
Que Nossa Senhora sentô, auê

Ei, Tamburete Sagrado
Com licença, auê

✳

Minha mãe mandô me chamá
Lá no pé de mulungu
Oi de dia plantá bananera
Oi de noite tocá Caxambu
Chora ingoma

Coro
Ô

Óia, torna chorá gente
Uôi ai ai ai
Sá Rainha, no dia de hoje
Ingoma chegô viajô
Veio pra te visitá
No seu palácio te encontrô
Chora ingomá, iá

Uôi ai ai ai

Minha pai que já era um nego velho
Que dormiu no cruzero
Meia-noite em ponto
Minha pai acendeu candiero
Chora ingomá, iá

Ô

Ô Angoma

Uôi ai ai ai

Depois de muitos ano
Que meu pai me morreu
E morreu foi pro céu
Oi, o papai me deixô
Chora ingomá, gente

Ô

Ô, mamãe me mandô, gente

Uôi, ai ai ai

Oi, dizendo que viva viva
É os nossos coroado
Viva Rei e Rainha
Do nosso Imperiado
Chora ingomá, iá

Ô

Óia, torna chorá iá
Uôi ai ai ai

✳

Moçambiqueiro
É hora
É hora de viajar
É céu, é terra, é mar
Moçambiqueiro
Na beira do mar

✳

Zum, zum, zum
Lá no meio do mar...
Zum, zum, zum
Lá no meio do mar...

É o canto da sereia
que me faz entristecer
Parece que ela adivinha
o que vai acontecer.

Ajudai-me, rainha do mar
Ajudai-me, rainha do mar

Que manda na terra
Que manda no ar
Ajudai-me, rainha do mar!

Zum, zum, zum
Lá no meio do mar...

✳

Essa noite nós andemo
À procura de um luar
Encontrei Senhora do Rosário
Hoje só que eu pude encontrá

Dim dim rim dim
Eu quero ver
Dim dim rim dim
Eu quero ver

✳

Eu calcei meu prequetá, auê
E senti meu ambiá, auê
Viajei pra morro véio, auê
Morro véio quer me virá, auê
Com fumaça dambiá, auê
Eu que viro morro véio, auê

✳

Essa gunga é de papai
Essa gunga é de mamãe

Essa gunga é de vovó
Quando chega no Rosário
Essa gunga é uma só

✷

Chora gunga di camburetê
Okunda di suerê
Meu povo de Moçambique
No gunga agora quero vê
Auê

✷

Ô, Minas Gerais
Olelê lê, Minas Gerais
Ô, Minas Gerais

E ni maravia
Di Zambi que nakunda criô
Ô zambuê caripó aripuquisanto
Reino no canjira da chita dingombe
É di manganá ôvini di Zambi

Ô, Minas Gerais

Aripuquê ô mindi sacramento
No quipungue di manganá
Ovini de Zambi, auê
Ovini mindê
Surucu tomin, auê
No tato di nidamba di Zambiá

Ô, Minas Gerais

Ovipunga mindê
No oquepa di omindiz
Manganá di menha menha
Mi capucô cum manganá
Zambi di mimbanda, auê
Surucutá mindê, ô Zambi, auê

Ô, Minas Gerais

✳

É o canto da sereia
E os seus prantos muito mais
Naquele mar profundo
Adeus Minas Gerais

✳

Anaruê
Anaruê
Okunda otunda undamba
de calunga uaiá
Anaruê

Estrutura simplificada do Congado

NOTAS DE CADERNO DE CAMPO

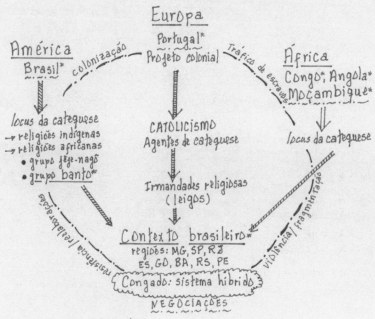

II | Congado: visão de mundo, fundamentos
(Estrutura interna)

CENA 1

As Heranças

Bantos
- → Panteão: Zambi, Calunga
      Antepassados
- → Embaixadas e cortejos
- → Coroação de Reis e Rainhas
- → Literatura Oral: histórias
      exemplares

Indígenas
- danças

Católicas
- → Panteão: Deus, Cristo
      Espírito Santo,
      Maria, Os santos,
      as almas
- → Organização das
      Irmandades
- → Sacramentos, etc.

CENA 2

Congado: sistema banto-católico

III/ Congado: visão de mundo, fundamentos
(Estrutura interna)

CENA 2

Congado: sistema banto-católico

TRADIÇÃO ORAL — ABERTURA PARA SUPORTES MULTIMIDIA

SISTEMA RELIGIOSO E CULTURAL HÍBRIDO / SINCRETISMO

EVENTO SAGRADO EM CONTATO COM A CONTEMPORANEIDADE

Mito de fundação
* N. Sra. Rosário
* brancos, mulatos e negros
* TAMBORES DO CANDOMBE

Panteão
→ Deus, Zambi, Calunga
Cristo, Espírito Santo
Maria, as almas
Antepassados ("os antigos)

Órgão gerencial
→ Irmandades (Rosário, São Benedito)
* presidente e vice
* tesoureiro e vice
* juízes e juízas
* irmãos (associados)
** Compromisso / Estatuto
** Utilidade Pública

Grupos devocionais
(ternos/guardas)
→ Congo, Moçambique, Vilão, Marujos,
→ Catopês, Caboclos, Penachos
→ CANDOMBE: terno e ritual

Devotos e funções
→ Autodefinições: Congadeiros
→ Hierarquia:
Reinado {
* Rei Congo / Rainha Conga
* Reis Festeiros
* Outros coroados
* CAPITÃES, MESTRES E CONTRAMESTRES de terno
* juízes/juízas (fiscais)
* dançantes (vassalos)

Corpus comunicativo

Celebrações
* Festas de Nossa Senhora do Rosário, São Benedito, 13 de Maio (Abolição)
* Romarias
* Cortejos públicos, danças e vestes rituais

Textualidades
→ performances dos devotos
→ oralidade
* POESIA: Cantopoemas
* PROSA: Narrativas de Preceito
→ hibridismos: história/mito; linguagem; oralidade/escrita.

COMUNIDADES MENOS FAVORECIDAS / ÁREAS RURAIS E PERIFERIAS DE CENTROS URBANOS

Missa Conga
São Benedito

Agradecimentos

O presente livro espera ser uma floração do cantopoema "Ô, sabiá, essa gunga me faz chorá", entoado pelos integrantes do Congado, em diferentes regiões de Minas Gerais. A expressão *ô, sabiá* desempenha a função de vocativo e nos remete, portanto, a um interlocutor desejado; as *gungas* são instrumentos de percussão atados às pernas dos devotos e, por extensão, tal como o termo *ingoma*, podem indicar o conjunto dos devotos; e a expressão *fazer chorar* refere-se à vivência do sofrimento (por parte dos antepassados e também de seus descendentes). Além disso, representa a entrega a determinada atividade: assim, "fazer chorar o tambor" é fazê-lo soar muito bem, enquanto "chorar na ingoma" significa rezar, cantar e dançar com devoção.

Na esperança de fazer soar bem a escrita destas páginas, busquei a companhia de diversos amigos-interlocutores, e não poderia ser diferente em se tratando da vida coletiva ensinada pelos cantopoemas. Por isso, minha gratidão aos devotos do Rosário, pela delicadeza de me receber em suas casas; a Ricardo Aleixo, pelas provocações criadoras; a Titane, pelos cantos de cada dia; a Maria Nazareth Soares Fonseca, pelas conversas sobre literaturas e emergências; ao etnomusicólogo Paulo Dias, pelas lições de sons; aos colegas do Departamento de Letras da Universidade Federal de Juiz de Fora, pelo apoio ao meu pedido de licença para o pós-doutorado, do qual resultou este livro; e ao professor Martin Lienhard, da Universidade de Zurique, pela orientação e amizade.

Notas

VASSAULIS NA RUA, NO MEIO [PP. 11-31]

1. Rubinho do Vale, "Viva meu povo". *A alma do povo* (CD). Belo Horizonte: ABA — Arte Brasileira Alternativa/M. Jardim Produções Artísticas Ltda., 1998. Faixa 1.

2. Jean Duvignaud, *Festas e civilizações*. Trad. de L. F. Raposo Fontenelle. Fortaleza/Rio de Janeiro: Edições Universidade Federal do Ceará/Tempo Brasileiro, 1983, p. 21.

3. Id. Ibid.

4. Id. Ibid.

5. Ver Edimilson de Almeida Pereira e Núbia Pereira de Magalhães Gomes, *Ouro Preto da Palavra: narrativas de preceito do Congado em Minas Gerais*. Belo Horizonte: Editora PUC-Minas/Mazza Edições, 2003. A obra faz uma apresentação das narrativas do Congado, acompanhada de antologia e fotos dos narradores.

6. Henri Lopes, no "Préface" à obra *Négritude et Négrologues*, de Stanislas Spero Adotevi (Bordeaux: Le Castor Astral, 1998, p. 11), reconhece a importância da oralidade, mas alerta que os grupos têm necessidade de possuir documentos históricos, aludindo à modalidade do texto escrito.

7. CDs classificados como documentais são *Congado Mineiro*, com organização de Paulo Dias (São Paulo: Itaú Cultural — Documentos Sonoros Brasileiros, 2000) e *Drama e fetiche: Vodum, Bumba-meu-boi e Samba no Benim*, de Marcos B. Lacerda (Rio de Janeiro: Ministério da Cultura/Funarte/Centro Nacional de Folclore e Cultura Popular, 1998). Na esteira da *world music* há produções como *Jali Kunda: Griots of West Africa & Beyound* (Nova York: Ellipsis Arts,

1996). No capítulo seguinte, citaremos autores cujas obras contribuem para organizar antologias de cantopoemas.

8. Ver Aires da Mata Machado Filho, *O negro e o garimpo em Minas Gerais*. Belo Horizonte/São Paulo: Itatiaia/Edusp, 1985; e Glaura Lucas, *Os sons do Rosário: o Congado mineiro dos Arturos e Jatobá*. Belo Horizonte: Editora UFMG, 2002.

9. Cf. Antonio Risério, *Textos e tribos: poéticas extraocidentais nos trópicos brasileiros*. Rio de Janeiro: Imago, 1993, p. 92. "O radar romântico não captou a pulsação do texto africano". Algo semelhante pode ser dito sobre o modernismo, pois, em vista dos horizontes abertos pelo direito ao experimentalismo, foram tímidas as investidas que consideraram os textos e os temas relacionados aos negros brasileiros. Ver Benedita Gouveia Damasceno, *Poesia negra no modernismo brasileiro*. Campinas: Pontes Editores, 1988.

10. Muniz Sodré, "Apresentação". In: Antonio Risério, ibid., p. 11.

11. Ver Auguste de Saint-Hillaire, *Viagem pelas províncias do Rio de Janeiro e Minas Gerais*. Trad. de Regina Regis Junqueira. Belo Horizonte/São Paulo: Itatiaia/Edusp, 1975; e Robert Slenes, *Na senzala uma flor: esperanças e recordações na formação da família escrava — Brasil Sudeste, século XIX*. Rio de Janeiro: Nova Fronteira, 1999.

12. Yeda Pessoa de Castro, "Quem eram os escravos de Jó". *Boletim da Comissão Maranhense de Folclore*, São Luís, Comissão Maranhense de Folclore, n. 41, p. 17, ago. 2008.

13. Ao citar, dentre outros, os vocábulos "mocotó, muvuca, fubá, quitanda, cachaça, tanga, canga, sunga, calunga [...], bagunça, caxumba, carimbo, moleque, cachimbo, muamba, capoeira, maconha, samba, forrobodó, maracatu", Yeda Pessoa destaca que essa presença é compartilhada por toda a sociedade brasileira. Ao contribuir para a construção do português, o falante banto contribuiu, também, para a tessitura do quadro identitário dos brasileiros. Isso ocorre, segundo a pesquisadora, na medida em que "a língua natural de um povo substancia o espaço da identidade como instrumento de circulação de ideias e de informação". Ibid., p. 17.

14. Ibid., p. 17.

15. Sobre poetas do modernismo que trabalharam a temática das culturas negras, ver Roberto Schwartz, *Vanguardas latino-americanas: polêmicas, manifestos e textos críticos*. São Paulo: Edusp/Iluminuras/Fapesp, 1995, pp. 583-5; "Okolofé". In: *Brasil: a century of song*. v. 1, Folk & Traditional. Produção de Jack O'Neil e Nina Gomes. Nova York: Blue Jackel Entertainment Inc., 1995. Faixa 6; e "Ijexá". In: Clara Nunes, *Nação*. Produção de Paulo César Pinheiro. São Paulo: EMI Music, 1997. Faixa 3. Abordagens interessantes da musicalidade do Congado podem ser conferidas nos CDs *África Gerais*, de Maurício Tizumba. Belo Horizonte: Partners Comunicação & Marketing, s/d.; *Inseto Raro*, de Titane. Belo Horizonte: Atração Fonográfica, 1996; e *Baile das Pulgas*, de Marina Machado.

Belo Horizonte: Lamil, abr. 1999 (ver musicografia ao final deste livro). Comentaremos as poéticas de Oliveira Silveira e Adão Ventura no capítulo "Alerta, alerta, Vassaulis". Tenho dialogado com as heranças banto-católicas através da criação poética e do ensaio. Leitores como Ricardo Aleixo de Brito, Maria José Somerlate Barbosa, Steven White, Laura Cavalcante Padilha e Ana Boff de Godoy têm se arriscado a analisar as rotas dessa minha viagem (ver referências bibliográficas).

16. Jorge E. Gallardo, *Presencia africana en la cultura de América Latina: vigencia de los cultos afroamericanos*. Buenos Aires: Fernando García Cambeiro, 1986, p. 69; Martin Lienhard, *O mar e o mato: histórias da escravidão (Congo-Angola, Brasil, Caribe)*. Salvador: EDUFBA/CEAO, 1998, p. 25; Jesús F. Guerra e Grisel G. Gómez, *Cultos afrocubanos: un estudio etnolingüístico*. Havana: Editorial de Ciencias Sociales, 1996, pp. 1-36.

17. Ildefonso Pereda Valdés, *Antología de la poesía negra americana*. 2. ed. Montevidéu: Organización Medina, 1953.

18. Ibid., pp. 5, 9.

19. Ibid., pp. 1-6, 10.

20. Câmara Cascudo define Taieiras como um "grupo feminino que, vestido tradicionalmente de baianas, acompanhava a festa de Nossa Senhora do Rosário, em Lagarto, Sergipe, na celebração de São Benedito, 6 de janeiro, dançando e cantando". Em seu *Dicionário do Folclore Brasileiro* (Belo Horizonte: Itaiaia, 1984, pp. 733-4), Cascudo cita, em português, fragmentos da cantiga de Taieiras incluída na antologia de Pereda Valdés.

21. Sobre os bantos, ver Nei Lopes, *Bantos, malês e identidade negra*. Rio de Janeiro: Forense Universitária, 1988, p. 85; e Kazadi wa Mukuna, *Contribuição bantu na música popular brasileira: perspectivas etnomusicológicas*. São Paulo: Terceira Margem, 2000, p. 37.

22. Cf. tradução de Pereda Valdés, *Antología de la poesía negra americana*, op. cit., pp. 211-4.

23. Ver Lucien Finkelstein, *Näïfs brasileiros de hoje*. São Paulo: Câmara Brasileira do Livro, 1994; Antonio do Nascimento, *Bienal Naïfs do Brasil — Catálogo*. Piracicaba: Sesc/Serviço Social do Comércio, 1996.

24. Antonio Risério, *Oriki Orixá*. São Paulo: Perspectiva, 1996, p. 18. A expressão *literatura silenciosa* foi tomada de empréstimo a Patrick Chamoiseau e Raphaël Confiant, *Lettres créoles: tracées antillaises et continentales de la littérature*. Paris: Gallimard, 1999, p. 23.

25. Edimilson de Almeida Pereira e Núbia Pereira de Magalhães Gomes, *Ouro Preto da Palavra: narrativas de preceito do Congado em Minas Gerais*, op. cit., p. 335.

26. Muniz Sodré apud Antonio Risério, *Textos e tribos: poéticas extraocidentais nos trópicos brasileiros*, op. cit., p. 13.

27. Ver Paul Zumthor, *A letra e a voz: a "literatura" medieval*. Trad. de Amálio Pinheiro e Jerusa Pires Ferreira. São Paulo: Companhia das Letras, 1993; e Segismundo Spina, *A lírica trovadoresca*. 3. ed. São Paulo: Edusp, 1991.

28. Marc Augé, *Il senso degli altri: attualità dell'antropologia*. Turim: Bollati Boringhieri, 2000, p. 12.

DE PATANGOME NA CIDADE [PP. 32-160]

1. Milton Nascimento e Ruy Guerra, "E daí?". In: *Clube da Esquina 2* (CD 1-2). São Paulo: EMI, 1994. Faixa 11.

2. Edimilson de Almeida Pereira e Núbia Pereira de Magalhães Gomes, "Inumeráveis cabeças: tradições afro-brasileiras nos horizontes da contemporaneidade". In: Maria N. Soares Fonseca (Org.), *Brasil afro-brasileiro*. Belo Horizonte: Autêntica, 2000, pp. 43-59.

3. Marc Augé, op. cit., p. 12.

4. Serge Gruzinski, *La pensée métisse*. Paris: Fayard, 1999, p. 73.

5. Ibid., p. 241.

6. Ver a interface de textualidades gerada pela proximidade entre Guimarães Rosa e o vaqueiro (depois personagem do autor) Manuelzão. E, ainda, a ficção do peruano Gregorio Martínez, em particular a novela *Canto de sirena*, obra de dois autores, em que Martínez oferece "tratamiento literario" aos relatos ouvidos de Candelario Navarro, "campesino moreno que hace 82 años transita por las pampas de Ica y Nazca" (Lima: Mosca Azul Editores, 1977, texto de apresentação/quarta capa).

7. Entre os devotos, a leitura da Bíblia e de livros de folcloristas é fato relativamente comum. Sobre os leitores de livros santos, na Folia de Reis, ver Edimilson de Almeida Pereira e Núbia Pereira de Magalhães Gomes, *Do presépio à balança: representações sociais da vida religiosa*. Belo Horizonte: Mazza Edições, 1995, pp. 82, 130, 135, 138, 145.

8. Núbia Pereira de Magalhães Gomes e Edimilson de Almeida Pereira, *Mundo encaixado: significação da cultura popular*. Belo Horizonte/Juiz de Fora: Mazza Edições/UFJF, 1992, p. 79.

9. Id., *Negras raízes mineiras: os Arturos*. 2. ed. Belo Horizonte: Mazza Edições, 2000, pp. 301-30.

10. Ver Alfredo Bosi, "A parábola das vanguardas latino-americanas". In: Roberto Schwartz, op. cit., pp. 20-1.

11. Leda Maria Martins, *Afrografias da memória: o Reinado do Rosário no Jatobá*. São Paulo/Belo Horizonte: Perspectiva/Mazza Edições, 1997, p. 63.

12. Sobre "La chanson de Roland" (França, século XI), Guillaume de Poitiers (Pays d'Oc, 1071-1127) e Bashô (Japão, 1644-1694), ver Roger Caillois e Jean-Clarence Lambert, *Trésor de la poésie universelle*. 4. ed. Paris: Gallimard, 1958, pp. 380, 605 e 762, respectivamente. Sobre o romanceiro do Nordeste, ver Idelette Muzart F. dos Santos, *Em demanda da poética popular*. Campinas: Editora da Unicamp, 1999, pp. 90-7.

13. Antonio Melis, "Uomo, natura, modernizzazione". In: Enzo Tiezzi (Org.). *Ecologia e...* Bari: Laterza, Biblioteca di Cultura Moderna, 1995, p. 27.

14. Sobre a crítica ao indianismo romântico, ver Alfredo Bosi, *História concisa da literatura brasileira*. 2. ed. São Paulo: Cultrix, 1976, p. 153; e Antonio Candido, "Literatura de dois gumes". *A educação pela noite e outros ensaios*. São Paulo: Ática, 1987, pp. 163-81.

15. Ricardo G. Vigil, "Introducción". In: José María Arguedas, *Los ríos profundos*. Madri: Cátedra, 1995, pp. 41-2, 47.

16. Alfredo Bosi, op. cit., p. 150; Martin Lienhard, "Etnografia e ficção na América Latina: o horizonte de 1930". Trad. de Ana Vieira Pereira. *Literatura e Sociedade*, São Paulo: USP/FFLCH/Departamento de Teoria Literária e Literatura Comparada, n. 4, pp. 107-10, 1999.

17. Alfredo Bosi, op. cit., p. 149. Sobre "a ambiguidade de Alencar quanto às ideologias hegemônicas de sua época", ver Luiz Fernando Valente, "Palmilhando a tradição alencariana: um modelo intertextual de história literária". *Revista de Crítica Literária Latinoamericana*, Lima/Berkeley: Latinoamericana Editores, ano XX, n. 40, 1994, p. 144.

18. Rowe apud Ricard G. Vigil, op. cit., p. 38.

19. Alfredo Bosi, op. cit., p. 150.

20. Ricardo G. Vigil, op. cit., p. 28.

21. José de Alencar apud Alfredo Bosi, op. cit., p. 150.

22. Lúcia Sá, "*Invenção de Orfeu* e o palimpsesto indígena". *Luso-Brazilian Review*, Madison: Universidade de Wisconsin, v. 37, n. 1, p. 87, 2000.

23. Cf. Ricardo G. Vigil, op. cit., pp. 12-7; Antonio Melis, op. cit., p. 28.

24. Ricardo G. Vigil, op. cit., p. 29.

25. Sobre negociações culturais, ver *História da vida privada no Brasil*, volumes I e II, organizados por Laura de Mello e Souza e Luiz Felipe de Alencastro, respectivamente (São Paulo: Companhia das Letras, 1997). Discutimos as relações cotidianas entre negros e brancos no período escravista no capítulo 3 de nosso estudo *Os tambores estão frios: herança cultural e sincretismo religioso no ritual de Candombe*. Juiz de Fora/Belo Horizonte: Funalfa Edições/Mazza Edições, 2005.

26. Núbia Pereira de Magalhães Gomes e Edimilson de Almeida Pereira, *Mundo encaixado: significação da cultura popular*, op. cit., p. VII.

27. Pedro Calmon, *História do Brasil na poesia do povo*. Rio de Janeiro: Bloch, 1973.

28. Ibid., pp. 41, 109, 250.

29. Sobre festa e conflito de classes, ver Pierre Sanchis, *Arraial, festa de um povo: as romarias portuguesas*. Lisboa: Edições Dom Quixote, 1983.

30. Cf. Izaíra Maria da Silva (Tita), Arturos. In: Núbia Pereira de Magalhães Gomes e Edimilson de Almeida Pereira, *Negras raízes mineiras: os Arturos*, op. cit., pp. 213-6.

31. Márcio Almeida, "A festa do Congo". *Estado de Minas*, Belo Horizonte, 18 set. 1996.

32. Núbia Pereira de Magalhães Gomes e Edimilson de Almeida Pereira, *Negras raízes mineiras*, op. cit., pp. 505, 154.

33. Ibid., p. 509.

34. Ibid., p. 508.

35. Observe-se que textos como *A moreninha*, de Joaquim Manuel de Macedo (1820-1882), e "O bandido negro", de Castro Alves (1847-1871), desenharam imagens externas das culturas negras, sem, contudo, desvendar suas concepções de mundo veiculadas pela oralidade. Ver ainda Heloisa Toller Gomes, *O negro e o romantismo brasileiro*. São Paulo: Atual, 1988. Sobre o exílio do "universo textual afro-ameríndio", ver Antonio Risério, *Textos e tribos: poéticas extraocidentais nos trópicos brasileiros*, op. cit., p. 17; e sobre o relacionamento dos modernistas com a "ação cultural negro-ameríndia", o artigo "A dupla modernista e as realidades brasileiras". *Folha de S.Paulo/Letras*, São Paulo, 26 maio 1990, p. 7.

36. Cf. João Alexandre Barbosa, *A biblioteca imaginária*. Cotia: Ateliê Editorial, 1996, p. 23. Ver também o ensaio de Luiz Roberto Cairo, "Memória cultural e construção do cânone literário brasileiro". *Colofão — Revista Eletrônica do Centro de Estudos Luso-Brasileiros*, Ouro Preto, Universidade Federal de Ouro Preto/ICHS, n. 0, 2000.

37. Sobre os desdobramentos dessa questão, ver Antonio Candido, *Formação da literatura no Brasil: momentos decisivos*. São Paulo: Martins, 1971. 2 v. e *Literatura e sociedade*. São Paulo: Cia. Editora Nacional, 1973; Afrânio Coutinho (Org.). *A literatura no Brasil*. Rio de Janeiro/Niterói: José Olympio/Ed. UFF, 1986. 6 v.

38. Antonio Risério, *Textos e tribos: poéticas extraocidentais nos trópicos brasileiros*, op. cit., p. 34. Sobre a poética das performances cerimoniais, ver Graziella Englaro (Org.), *Canti degli aborigeni australiani*. Milão: Mondadori, 1999, p. 9; Jean Derive e Gérard Dumestre, *Des hommes et des bêtes: chants de chasseurs mandingues*. Paris: Classiques Africains, 2000, p. 33.

39. Patrick Chamoiseau e Raphaël Confiant, op. cit., p. 11.

40. Martin Lienhard, *La voz y su huella: escritura y conflicto etnico-social en America Latina 1492-1988*. 3 ed. rev. e ampl. Lima: Editorial Horizonte, 1992, p. 13. O autor enfoca a "outra literatura" considerando as sociedades indígenas e mestiças nas áreas da Mesoamérica do Amazonas, Rio da Prata e dos Pampas.

41. Ibid., p. 12.

42. Analisamos esse fato em Edimilson de Almeida Pereira e Núbia Pereira de Magalhães Gomes, "Rosário de muitas fés: mediações do sincretismo nas religiões populares". *Rhema — Revista de Filosofia e Teologia do Instituto Teológico Arquidiocesano de Juiz de Fora*, Juiz de Fora: ITASA, v. 4, n. 16, pp. 125-56, 1998.

43. Edison Carneiro, *Candomblés da Bahia*. Rio de Janeiro: Civilização Brasileira, 1978 e *Antologia do negro brasileiro*, Rio de Janeiro: Ediouro, s/d. Arthur Ramos, *As culturas negras: introdução à antropologia brasileira*. Rio de Janeiro: Livraria da Casa do Estudante do Brasil, s/d, v. III e *As culturas negras no Novo Mundo*. 4. ed. São Paulo: Editora Nacional, 1979. Juana Elbein dos Santos, *Os nàgô e a morte: Pàde, Ásèsè e o culto Égun na Bahia*. Petrópolis: Vozes, 1976. Pierre Verger, *Orixás*. São Paulo: Corrupio, 1981. Roger Bastide, *As religiões africanas no Brasil: contribuição a uma sociologia das interpenetrações de civilizações*. Trad. de Maria Eloisa Capellato e Olívia Krähenbühl. São Paulo: Pioneira, 1985. Monique Augras, *O duplo e a metamorfose: a identidade mítica em comunidades nagô*. Petrópolis: Vozes, 1983. Antonio Risério, *Textos e tribos: poéticas extraocidentais nos trópicos brasileiros*. Rio de Janeiro: Imago, 1993 e *Oriki Orixá*. São Paulo: Perspectiva, 1996. José Jorge de Carvalho, *Cantos sagrados do Xangô do Recife*. Brasília: Fundação Cultural Palmares, 1993. Carlos Eugênio Marcondes de Moura (Org.), *As senhoras do pássaro da noite: escritos sobre a religião dos Orixás*. São Paulo: Edusp/Axis Mundi, 1994. Maria de Lourdes Siqueira, *Agô Agô Lonã: mitos, ritos e organização em terreiros de Candomblé da Bahia*. Trad. de Sibyla M. Mulert. Belo Horizonte: Mazza Edições, 1998. Fonte excepcional da textualidade nagô é o livro de Deoscóredes Maximiliano dos Santos (Mestre Didi), *História de um terreiro nagô*. São Paulo: Max Limonad, 1988.

44. Élsie da Costa Girardelli, *Ternos de Congos: Atibaia*. Rio de Janeiro: MEC/SEC/Funarte, Instituto Nacional do Folclore, 1981. Francisco van der Poel, *O rosário dos homens pretos*. Belo Horizonte: Imprensa Oficial, 1981. Maria de Lourdes Borges Ribeiro, "O Jongo". *Cadernos de Folclore*. Rio de Janeiro: Funarte/Instituto Nacional do Folclore, n. 34, 1984. Roger Bastide, op. cit. Aires da Mata Machado Filho, op. cit. Carlos Rodrigues Brandão, *A festa do Santo de Preto*. Rio de Janeiro/Goiânia: Funarte, Instituto Nacional do Folclore/Universidade Federal de Goiás, 1985. Edimilson de Almeida Pereira e Núbia Pereira de Magalhães Gomes, *Negras raízes mineiras*, op. cit., e *Mundo encaixado*, op. cit. Maria Amália Corrêa Giffoni, *Reinado do Rosário de Itapecerica*. São Paulo: Associação Palas Athena do Brasil/ Massao Ohno

Estúdio, 1989. Leda Maria Martins, *Afrografias da memória: o Reinado do Rosário no Jatobá*, op. cit. Martin Lienhard, *O mar e o mato: histórias da escravidão (Congo-Angola, Brasil, Caribe)*, op. cit. Edir Evangelista Gandra, *O Caxambu no Vale do Paraíba*, Rio de Janeiro: SEC/ RJ — INEPAC, Divisão de Folclore, mimeografado, s/d. Paulo Dias, "Comunidades do tambor do Sudeste brasileiro: o Jongo e o Candombe". Comunicação apresentada no IV Simpósio Latino-Americano de Musicologia. Curitiba, s/d, inédito, mimeografado.

45. Cf. os LPS *Ternos-cantadores*. Belo Horizonte: Sesc/Serviço Social do Comércio, 1988; *Os negros do Rosário*. Belo Horizonte: Secretaria de Estado da Cultura MG/Fundação Cultural Palmares, s/d; e *Chico Rei*, trilha sonora do filme homônimo. Rio de Janeiro: Som Livre, 1985. Além dos CDs citados na nota 4, ver Claire Leibovitz, *Pontos de Macumba: chants religieux afro--brésiliens*. Paris: Iris Musique, 1999, encarte com textos dos cantopoemas traduzidos ao francês e ao inglês. Realizamos análise do vídeo como suporte para as celebrações rituais no ensaio "No balanço do divino: notas sobre uma estética do sagrado". In: Edimilson de Almeida Pereira e Núbia Pereira de Magalhães Gomes, *Flor do não esquecimento: o cotidiano na cultura popular*. Belo Horizonte: Autêntica, 2001.

46. Para essas discussões, ver João José Reis e Flávio dos Santos (Orgs.), *Liberdade por um fio: história dos quilombos no Brasil*. São Paulo: Companhia das Letras, 1996; Maria Nazareth Fonseca (Org.), *Brasil afro-brasileiro*. Belo Horizonte: Autêntica, 2000; Edimilson de Almeida Pereira e Núbia Pereira de Magalhães Gomes, *Ardis da imagem: exclusão étnica e violência nos discursos da cultura brasileira*. Belo Horizonte: Mazza Edições/Editora PUC-MG, 2001.

47. Sobre a desordem vivenciada pelos negros no Brasil, retomo as reflexões feitas por Núbia Pereira de Magalhães Gomes em palestra realizada no "IV Painel sobre Folclore em Minas Gerais", Belo Horizonte, Comissão Mineira de Folclore/SENAC-ARMG/SESIMINAS, Auditório da Faculdade de Filosofia (FAFI-BH), em 22 de agosto de 1994.

48. Cf. Núbia Pereira de Magalhães Gomes e Edimilson de Almeida Pereira, *Negras raízes mineiras*, op. cit.; Edimilson de Almeida Pereira, *Os tambores estão frios: herança cultural e sincretismo religioso no ritual de Candombe*, op. cit.; Leda Maria Martins, *Afrografias da memória: o Reinado do Rosário no Jatobá*, op. cit., e "Oralitura da memória". In: Maria Nazareth Soares Fonseca (Org.), op. cit., pp. 63-86; Elizabeth W. Kiddy, "Congados, Calunga, Candombe: Our Lady of the Rosary in Minas Gerais, Brazil". *Luso-Brazilian Review*, Madison, v. 37, n. 1, pp. 47-61, 2000.

49. Leda Maria Martins, "Oralitura da memória". In: op. cit., p. 68.

50. Sobre as histórias inscritas no corpo que dança, ver Graziela F. Rodrigues, *Bailarino pesquisador intérprete: processo de formação*. Rio de Janeiro: Funarte, 1997.

51. Leda Maria Martins, "Oralitura da memória". In: op. cit., p. 64.

52. Martin Lienhard, *O mar e o mato: histórias da escravidão (Congo-Angola, Brasil, Caribe)*, op. cit., p. 19.

53. Cf. Paulo Dias, op. cit.

54. Ibid., p. 16.

55. Id. Ibid.

56. Núbia Pereira de Magalhães Gomes e Edimilson de Almeida Pereira, *Negras raízes mineiras*, op. cit., pp. 374, 493, 259, 289, 291, 258, 506. Esses roteiros aparecem em vários grupos (ver Maria de Lourdes Borges Ribeiro, "O Jongo", op. cit.; Aires da Mata Machado Filho, op. cit.; Maria Amália Corrêa Giffoni, op. cit.; Leda Maria Martins, *Afrografias da memória: o Reinado do Rosário no Jatobá*, op. cit.). Centramos a seleção de exemplos nos Arturos para evitar a fragmentação de informações e facilitar a visualização dos roteiros.

57. Ibid., pp. 511, 515, 260, 505, 370, 371.

58. Ibid., pp. 259, 262, 348, 223, 367, 371.

59. Antônio de Castro Alves, "Vozes d'África". In: *Poesias completas de Castro Alves*. Rio de Janeiro: Ediouro, s/d, p. 241.

60. Solano Trindade, *O poeta do povo, Solano Trindade*. São Paulo: Cantos e Prantos Ed., 1999, p. 45; ver Uelinton Farias Alves. In: Solano Trindade, *Tem gente com fome e outros poemas — antologia poética*. Rio de Janeiro: Prefeitura da Cidade do Rio de Janeiro/Sindicato dos Escritores do Rio de Janeiro, 1988, p. 40.

61. Ibid., p. 55. Sobre a poética de Solano Trindade, ver Benedita Gouveia Damasceno, op. cit., pp. 74-82.

62. Patrick Chamoiseau e Raphaël Confiant, op. cit., p. 43.

63. Cf. Brunhilde Biebuyck, "Du folklore au cyberlore". *Cahiers de Littérature Orale*, Paris, n. 47, 2000, p. 43: "Celui qui sait naviguer sur le voies labyrintiques du 'web' peut voir, lire, écouter, emprunter et transmettre une multitude de textes autrefois emmagasinés dans nos modestes méemoires ou consignés dans des livres parfois inaccessibles (...)".

64. Núbia Pereira de Magalhães Gomes e Edimilson de Almeida Pereira, *Negras raízes mineiras*, op. cit., p. 467.

65. Amadou Hampâté Bâ, "A tradição viva". In: Joseph Ki-Zerbo (Org.), *História geral da África. I. Metodologia e pré-história da África*. Trad. de Beatriz Turquetti et al. São Paulo/Paris: Ática/Unesco, 1982, pp. 181-218.

66. Para uma análise detalhada das funções e dos tipos de *griots*, ver op. cit.

67. Ver Tolia Nikiprowetzky apud Robert Palmer. In: *Jali Kunda: Griots of West Africa & Beyond*, op. cit., pp. 9-10; Anne Stamm, *Le parole est un monde: sagesses africaines*. Paris: Editions du Seuil, 1999, p. 63.

68. Henri-Irénée Marrou, *Les troubadours*. Paris: Éditions du Seuil, 1971, pp. 9-10.

69. Alonso Martin, "Introducción a la lexicografia medieval". In: *Diccionario medieval español: desde las glosas Emilianeses y Silenses (s. X) hasta el siglo XV*. Tomo I. Salamanca: Universidad Pontifícia de Salamanca, 1986, p. XIX; Henri-Irénée Marrou, op. cit., p. 9.

70. Graziella Englaro, op. cit., pp. 14-8.

71. Sobre as estruturas do Congado, ver Núbia Pereira de Magalhães Gomes e Edimilson de Almeida Pereira, *Negras raízes mineiras,* op. cit., e Leda Maria Martins, op. cit.

72. Leda Maria Martins, op. cit., p. 146.

73. Ibid., p. 147. Martins refere-se a Juana Elbein dos Santos, op. cit., p. 46.

74. Cf. Anne Stamm, op. cit., pp. 123-4.

75. Abordamos em detalhes a questão da identidade no uso da "língua de preto" em nosso estudo *Os tambores estão frios,* citado anteriormente. Sobre a "língua de tabatinga", consultar Sônia Queiroz, *Pé preto no barro branco: a língua dos negros da Tabatinga*. Belo Horizonte: Editora UFMG, 1998.

76. Sobre as tensões desse cenário, ver Laura de Mello e Souza, *Desclassificados do ouro: a pobreza mineira no século XVIII*. Rio de Janeiro: Graal, 1982, e *O diabo e a Terra de Santa Cruz: feitiçaria e religiosidade popular no Brasil colonial*. São Paulo: Companhia das Letras, 1986.

77. Cf. Alain Pacquier, "A propósito de um título". In: Jean-Christophe Frisch (Dir.). *Negro Spirituals au Brésil baroque*. França/Brasil: Conseil General de la Moselle/Association Française d'Action Artistique/Ministère des Affaires Etrangères/Instituto Itaú Cultural/Ministério da Cultura, 2000, p. 28. (Coleção Les Chemins du Baroque: ou la recherche de l'Eldorado au XXème siècle.) Sobre a textualidade sacra norte-americana, ver Elena Clementelli e Walter Mauro (Orgs.), *Antologia degli spirituals*. Roma: Tascabili Economici Newton, 1994.

78. Jean-Christophe Frisch, op. cit., p. 30.

79. Id. Ibid.

80. Ibid., p. 31.

81. Para a análise da violência em frases e abecês de negros, remetemos ao nosso já citado estudo *Ardis da imagem*.

82. Discutimos o tema em "Janelas em movimento". In: Núbia Pereira de Magalhães Gomes e Edimilson de Almeida Pereira, *Flor do não esquecimento,*

op. cit.; e em outro ensaio, abrangendo as relações entre tradição e modernidade, "Inumeráveis cabeças". In: Maria Nazareth Soares Fonseca, op. cit.

83. Martin Lienhard, *O mar e o mato: histórias da escravidão (Congo-Angola, Brasil, Caribe)*, op. cit., p. 18.

84. Patrick Chamoiseau e Raphaël Confiant, op. cit., pp. 45-6.

85. Ibid., p. 47.

86. Núbia Pereira de Magalhães Gomes e Edimilson de Almeida Pereira, *Negras raízes mineiras*, op. cit., p. 189.

87. Ver Manolo Florentino e José Roberto Góes, *A paz das senzalas: famílias escravas e tráfico atlântico, Rio de Janeiro, c. 1790-c. 1850*. Rio de Janeiro: Civilização Brasileira, 1997.

88. Edimilson de Almeida Pereira, "Os tambores estão frios". In: op. cit., em particular o item "Demandas na casa de Zambi".

89. Ver Pierre Bourdieu, *A economia das trocas simbólicas*. Intr., org. e sel. de Sérgio Miceli. São Paulo: Perspectiva, 1974, p. 48.

90. Edimilson de Almeida Pereira e Núbia Pereira de Magalhães Gomes, *Flor do não esquecimento*, op. cit.

91. Clifford Geertz, *O saber local: novos ensaios em antropologia interpretativa*. 3. ed. Trad. de Vera Mello Joscelyne. Petrópolis: Vozes, 2000, p. 13.

92. Ibid., p. 249.

UMA INGOMA TODA EM FLOR [PP. 161-211]

1. Gilberto Gil et al. "Miserere Nóbis". In: *Tropicália ou Panis et Circencis* (CD). Philips Records, 1968. Faixa 1.

2. Ver Basil Davison, *Os africanos: uma introdução à sua história cultural*. Lisboa: Edições 70, 1981; José D'Assunção Barros, *A construção social da cor: diferença e desigualdade na formação da sociedade brasileira*. Petrópolis: Vozes, 2009, p. 39.

3. Sobre a difícil questão de classificação do Congado, ver nosso estudo *Os tambores estão frios*, op. cit., pp. 439-99.

4. Para uma análise detalhada dos cantopoemas, ver Edimilson de Almeida Pereira, *Malungos na escola: questões sobre culturas afrodescendentes e educação*. São Paulo: Paulinas, 2007, p. 123; Maria do Carmo Lanna Figueiredo e Maria Nazareth Soares Fonseca (Orgs.), *Poéticas afro-brasileiras*. 2. ed. Belo Horizonte: Mazza Edições/PUC-Minas, 2012, p. 41.

5. Stanislas Spero Adotevi, op. cit., p. 18.

6. Dentre as obras da poesia negrista, destacam-se: *Motivos de son* (1930) e *Sóngoro cosongo: poemas mulatos* (1931), de Guillén; *Cuaderno de poesía negra* (1934), de Ballagas; e *Tuntún de pasa y grifería* (1937), de Palés Matos.

7. Sobre as relações entre a Negritude e autores afro-brasileiros, ver Benedita Gouveia Damasceno, op. cit.

8. Sobre a articulação das vozes femininas negras no âmbito da poesia brasileira, ver os ensaios do capítulo "Um modelo de afro-brasilidade para vozes femininas" incluído em Edimilson de Almeida Pereira (Org.), *Um tigre na floresta de signos: estudos sobre poesia e demandas sociais no Brasil*. Belo Horizonte: Mazza Edições, 2010, pp. 245-94.

9. Cf. Roberto Fernández Retamar, "El son del vuelo popular". In: Nancy Morejón (Org.). *Recopilación de textos sobre Nicolás Guillén*. Havana: Casa de las Américas, 1974, p. 180.

10. Adalberto Ortiz, *Tierra, son y tambor*. Quito: Editorial Casa de la Cultura Ecuatoriana, 1973, p. 83. (Coleção Poetas del Ecuador.)

11. Ibid.,, p. 83; Luis Palés Matos, "Preludio en Boricua". In: *Poesía completa y prosa selecta*. Caracas: Biblioteca Ayacucho, 1978, p. 146.

12. Nicolás Guillén, *Prosa de prisa*. Havana: Editorial Letras Cubanas, 1987, pp. 64-5.

13. Ibid., p. 64.

14. Maria de Lourdes Borges Ribeiro, op. cit., p. 29.

15. Id. Ibid.

16. Id. Ibid.

17. Salvador Bueno, *El negro en la novela hispanoamericana*. Havana: Letras Cubanas, 1986, p. 251.

18. Id. Ibid.

19. Ibid., p. 250.

20. Maria de Lourdes Borges Ribeiro, op. cit., p. 29.

21. Paul Zumthor, *Introdução à poesia oral*. Trad. de Jerusa Pires Ferreira, Maria Lúcia D. Pochat e Maria Inês de Almeida. São Paulo: Hucitec, 1997, p. 44.

22. Ibid., p. 44.

23. Cf. Titane, encarte do CD *Os negros do Rosário*. Belo Horizonte: Lapa Discos, 1999, p. 8.

24. Ibid., p. 9.

25. Edimilson de Almeida Pereira e Núbia Pereira de Magalhães Gomes, *Mundo encaixado: significação da cultura popular*, op. cit., p. 82.

26. Ibid., pp. 8 e 12.

27. Cf. o depoimento de Pedrina — no LP de Titane, *Os negros do Rosário*, lado um, faixa 1 —, as palavras "em dialeto" deste cantopoema significam: "paz de Deus para todos, porque aquele que não tem paz não tem nada/ louvor ao Grande Pai, criador do céu e da terra/ a benção de Deus eu rogo para todos os que estão aqui agora/ Senhora do Rosário, Senhora das Correntes, dê força e dê benção/ boa tarde, senhoras e senhores, como vão vocês?/ salve todos os irmãos do Rosário que já foram para a outra vida".

28. Edimilson de Almeida Pereira, "Os tambores estão frios". In: op. cit., capítulo 4.

ALERTA, ALERTA, VASSAULIS [PP. 212-6]

1. Zilá Bernd, *Introdução à literatura negra*. São Paulo: Brasiliense, 1988, pp. 55-6.

Referências bibliográficas

As epígrafes foram retiradas, respectivamente, do livro de poemas de Adélia Prado, *A duração do dia*. Rio de Janeiro: Record, 2010, p. 10; do ensaio de Maria de Lourdes Borges Ribeiro, "O Jongo". *Cadernos de Folclore.* Rio de Janeiro: Funarte/ Instituto Nacional do Folclore, n. 34, 1984, p. 55; da edição de Édouard Glissant, "Les Grands Chaos". In: *Pays rêvé, pays réel* (suivi de *Fastes* et de *Les Grands Chaos*). Paris: Gallimard, 2000, p. 185.

ADOTEVI, Stanislas Spero. *Négritude et Négrologues*. Bordeaux: Le Castor Astral, 1998.

ALENCASTRO, Luiz Felipe de (Org.). *História da vida privada no Brasil Império: a corte e a modernidade*. São Paulo: Companhia das Letras, 1997. v. II.

ALMEIDA, Márcio. "A festa do Congo". *Estado de Minas*, Belo Horizonte, 18 set. 1996.

ALVES, Antônio de Castro. *Poesias completas de Castro Alves*. Rio de Janeiro: Ediouro, s/d.

ANDREWS, George Reid. *Los afroargentinos de Buenos Aires*. Buenos Aires: Ediciones de la Flor, 1989.

AUGÉ, Marc. *Il senso degli altri: attualità dell'antropologia*. Turim: Bollati Boringhieri, 2000.

AUGRAS, Monique. *O duplo e a metamorfose: a identidade mítica em comunidades nagô*. Petrópolis: Vozes, 1983.

BALLAGAS, Emilio. *Obra poética*. Havana: Letras Cubanas, 1984.

BARBOSA, Maria José Somerlate. "Com modos e truques de ouvir". In: *Caderno Qvase, Brasil/Brazil: A Journal of Brazilian Literature*, Providence: Brown University/Porto Alegre: Mercado Aberto, ano 11, n. 19, pp. 75-82, 98-130, 1998.

BARBOSA, Maria José Somerlate. "Poemas" (antologia). *Torre de Papel*, Iowa: Universidade de Iowa, v. IX, n. 2, pp. 30-37, verão de 1999.

_____. "Strategies of Poetic Language In Afro-Mineiro Discourses". *Luso--Brazilian Review*, Madison: Universidade de Wisconsin, v. 37, n. 1, pp. 63-82, verão de 2000.

BARBOSA, João Alexandre. *A biblioteca imaginária*. Cotia: Ateliê Editorial, 1996.

BARROS, José D'Assunção. *A construção social da cor: diferença e desigualdade na formação da sociedade brasileira*. Petrópolis: Vozes, 2009.

BASTIDE, Roger. *As religiões africanas no Brasil: contribuição a uma sociologia das interpenetrações de civilizações*. Trad. de Maria Eloisa Capellato e Olívia Krähenbühl. São Paulo: Pioneira, 1985.

BERND, Zilá. *Introdução à literatura negra*. São Paulo: Brasiliense, 1988.

BIEBUYCK, Brunhilde. "Du Folklore au cyberlore: paroles électroniques, avez-vous donc une âme?". *Cahiers de Littérature Orale*, Paris: Institut National des Langues et Civilisations Orientales (Inalco)/ Publications Langues'O, n. 47, pp. 43-94, 2000.

BOSI, Alfredo. *História concisa da literatura brasileira*. 2. ed. São Paulo: Cultrix, 1976.

BOURDIEU, Pierre. *A economia das trocas simbólicas*. Intr., org. e sel. de Sérgio Miceli. São Paulo: Perspectiva, 1974.

BRANDÃO, Carlos Rodrigues. *A festa do Santo de Preto*. Rio de Janeiro/Goiânia: Funarte, Instituto Nacional do Folclore/ Universidade Federal de Goiás, 1985.

BRITO, Ricardo Aleixo de. "Viagens à textualidade afro-mineira". *Suplemento Literário de Minas Gerais*, Belo Horizonte, n. 1113, p. 6, 7 jan. 1989.

_____. "Ô lapassi outros ritmos de ouvido: modo de usar". In: *Revista Literária do Corpo Discente da UFMG*, Belo Horizonte: Faculdade de Letras da UFMG, ano XXII, n. 22, dez. 1989-jan. 1990, pp. 147-9.

BUENO, Salvador. *El negro en la novela hispanoamericana*. Havana: Letras Cubanas, 1986.

CAILLOIS, Roger; LAMBERT, Jean-Clarence. *Trésor de la poésie universelle*. 4. ed. Paris: Gallimard, 1958.

CAIRO, Luiz Roberto. "Memória cultural e construção do cânone literário brasileiro". *Colofão — Revista Eletrônica do Centro de Estudos Luso-Brasileiros*, Ouro Preto: Universidade Federal de Ouro Preto/ICHS, n. 0, 2000.

CALMON, Pedro. *História do Brasil na poesia do povo*. Rio de Janeiro: Bloch, 1973.

CANDIDO, Antonio. *Formação da literatura no Brasil: momentos decisivos*. São Paulo: Martins, 1971. 2 v.

CANDIDO, Antonio. *Literatura e sociedade*. São Paulo: Cia. Editora Nacional, 1973.

_____. *A educação pela noite e outros ensaios*. São Paulo: Ática, 1987.

CARNEIRO, Edison. *Candomblés da Bahia*. Rio de Janeiro: Civilização Brasileira, 1978.

_____. *Antologia do negro brasileiro*. Rio de Janeiro: Ediouro, s/d.

CARVALHO, José Jorge de. *Cantos sagrados do Xangô do Recife*. Brasília: Fundação Cultural Palmares, 1993.

CASCUDO, Luís da Câmara. *Dicionário do folclore brasileiro*. 5. ed. Belo Horizonte: Itaiaia, 1984.

CASTRO, Yeda Pessoa de. "Quem eram os escravos de Jó". *Boletim da Comissão Maranhense de Folclore*. São Luís: Comissão Maranhense de Folclore, n. 41, ago. 2008.

CHAMOISEAU, Patrick; CONFIANT, Raphaël. *Lettres créoles: tracées antillaises et continentales de la littérature*. Paris: Gallimard, 1999.

CLEMENTELLI, Elena; MAURO, Walter (Orgs.). *Antologia degli spirituals*. Roma: Tascabili Economici Newton, 1994.

COUTINHO, Afrânio (Org.). *A literatura no Brasil*. Rio de Janeiro/ Niterói: José Olympio/ Ed. UFF, 1986. 6 v.

DAMASCENO, Benedita Gouveia. *Poesia negra no modernismo brasileiro*. Campinas: Pontes Editores, 1988.

DAVISON, Basil. *Os africanos: uma introdução à sua história cultural*. Lisboa: Edições 70, 1981.

DERIVE, Jean; DUMESTRE, Gérard. *Des hommes et des bêtes: chants de chasseurs mandingues*. Paris: Classiques Africains, 2000.

DIAS, Paulo. "Comunidades do tambor do Sudeste brasileiro: o Jongo e o Candombe". Comunicação apresentada no IV Simpósio Latino-Americano de Musicologia. Curitiba, s/d, inédito, mimeografado.

DOS SANTOS, Deoscóredes Maximiliano. *História de um terreiro nagô*. São Paulo: Max Limonad, 1988.

DUVIGNAUD, Jean. *Festas e civilizações*. Trad. de L. F. Raposo Fontenelle. Fortaleza/ Rio de janeiro: Edições Universidade Federal do Ceará/ Tempo Brasileiro, 1983.

ELBEIN DOS SANTOS, Juana. *Os nàgô e a morte: Pàde, Àsèsè e o culto Égun na Bahia*. Petrópolis: Vozes, 1976.

ENGLARO, Graziella (Org.). *Canti degli aborigeni australiani*. Milão: Mondadori, 1999.

FIGUEIREDO, Maria do Carmo Lanna; FONSECA, Maria Nazareth Soares (Orgs.). *Poéticas afro-brasileiras*. 2. ed. Belo Horizonte: Mazza Edições/PUC-Minas, 2012.

FINKELSTEIN, Lucien. *Naïfs brasileiros de hoje*. São Paulo: Câmara Brasileira do Livro, 1994.

FLORENTINO, Manolo; GÓES, José Roberto. *A paz das senzalas: famílias escravas e tráfico atlântico, Rio de Janeiro, c. 1790 - c.1850*. Rio de Janeiro: Civilização Brasileira, 1997.

FONSECA, Maria Nazareth Soares (Org.). *Brasil afro-brasileiro*. Belo Horizonte: Autêntica, 2000.

GALLARDO, Jorge Emilio. *Presencia africana en la cultura de América Latina: vigencia de los cultos afroamericanos*. Buenos Aires: Fernando García Cambeiro, 1986.

GANDRA, Edir Evangelista. *O Caxambu no Vale do Paraíba*. Rio de Janeiro: SEC/RJ — INEPAC, Divisão de Folclore, mimeografado, s/d.

GEERTZ, Clifford. *O saber local: novos ensaios em antropologia interpretativa*. 3. ed. Trad. de Vera Mello Joscelyne. Petrópolis: Vozes, 2000.

GIFFONI, Maria Amália Corrêa. *Reinado do Rosário de Itapecerica*. São Paulo: Associação Palas Athena do Brasil/ Massao Ohno Estúdio, 1989.

GIRARDELLI, Élsie da Costa. *Ternos de Congos: Atibaia*. Rio de Janeiro: MEC/SEC/ Funarte, Instituto Nacional do Folclore, 1981.

GODOY, Ana Boff de. "Identidade crioulizada: a (re)construção de um novo homem". In: BERND, Zilá; LOPES, Cícero Galeno (Orgs.). *Identidades e estéticas compósitas*. Canoas: Centro Universitário La Salle/Porto Alegre: UFRGS, 1999, pp. 61-81.

GOMES, Núbia Pereira de Magalhães; PEREIRA, Edimilson de Almeida. *Negras raízes mineiras: os Arturos*. 2. ed. Belo Horizonte: Mazza Edições, 2000.

_____. *Mundo encaixado: significação da cultura popular*. Belo Horizonte/Juiz de Fora: Mazza Edições/UFJF, 1992.

_____. *Do presépio à balança: representações sociais da vida religiosa*. Belo Horizonte: Mazza Edições, 1995.

_____. *Flor do não esquecimento: o cotidiano na cultura popular*. Belo Horizonte: Autêntica, 2001.

GRUZINSKI, Serge. *La pensée métisse*. Paris: Fayard, 1999.

GUERRA, Jesús Fuentes; GÓMEZ, Grisel Gómez. *Cultos afrocubanos: un estudio etnolingüístico*. Havana: Editorial de Ciencias Sociales, 1996.

GUILLÉN, Nicolás. *Prosa de prisa*. Havana: Editorial Letras Cubanas, 1987.

HAMPÂTÉ BÂ, Amadou. "A tradição viva". In: KI-ZERBO, Joseph (Org.). *História geral da África. I. Metodologia e pré-história da África.* Trad. de Beatriz Turquetti et al. São Paulo/Paris: Ática/Unesco, 1982, pp. 181-218.

KIDDY, Elizabeth W. "Congados, Calunga, Candombe: Our Lady of the Rosary in Minas Gerais, Brazil". *Luso-Brazilian Review*, Madison: University of Wisconsin, v. 37, n. 1, pp. 47-61, 2000.

LIENHARD, Martin. *La voz y su huella: escritura y conflicto etnico-social en America Latina 1492-1988.* 3. ed. rev. e ampl. Lima: Editorial Horizonte, 1992.

_____. *O mar e o mato: histórias da escravidão (Congo-Angola, Brasil, Caribe).* Salvador: EDUFBA/CEAO, 1998.

_____. "Etnografia e ficção na América Latina: o horizonte de 1930". Trad. de Ana Vieira Pereira. *Literatura e sociedade*, São Paulo: USP/FFLCH/Departamento de Teoria Literária e Literatura Comparada, n. 4, pp. 103-15, 1999.

LOPES, Nei. *Bantos, malês e identidade negra.* Rio de Janeiro: Forense Universitária, 1988.

LUCAS, Glaura. *Os sons do Rosário: o Congado mineiro dos Arturos e Jatobá.* Belo Horizonte: Editora UFMG, 2002.

MACHADO FILHO, Aires da Mata. *O negro e o garimpo em Minas Gerais.* Belo Horizonte/São Paulo: Itatiaia/Edusp, 1985.

MARROU, Henri-Irénée. *Les troubadours.* Paris: Éditions du Seuil, 1971.

MARTIN, Alonso. *Diccionario medieval español: desde las glosas Emilianeses y Silenses (s. X) hasta el siglo XV.* Tomo I. Salamanca: Universidad Pontifícia de Salamanca, 1986.

MARTÍNEZ, Gregorio. *Canto de sirena.* Lima: Mosca Azul Editores, 1977.

MARTINS, Leda Maria. *Afrografias da memória: o Reinado do Rosário no Jatobá.* São Paulo/Belo Horizonte: Perspectiva/Mazza Edições, 1997.

_____. "Oralitura da memória". In: FONSECA, Maria Nazareth Soares. *Brasil afro-brasileiro.* Belo Horizonte: Autêntica, 2000.

MATOS, Luis Palés. *Poesía completa y prosa selecta.* Caracas: Biblioteca Ayacucho, 1978.

_____. *Tuntún de pasa y grifería.* San Juan/Porto Rico: Instituto de Cultura Puertorriqueña/Editorial de la Universidad de Puerto Rico, 1993.

MELLO E SOUZA, Laura de. *Desclassificados do ouro: a pobreza mineira no século XVIII.* Rio de Janeiro: Graal, 1982.

_____ (Org.). *História da vida privada no Brasil — cotidiano e vida privada na América Portuguesa.* São Paulo: Companhia das Letras, 1997. v. I.

_____. *O diabo e a Terra de Santa Cruz: feitiçaria e religiosidade popular no Brasil colonial.* São Paulo: Companhia das Letras, 1986.

MOURA, Carlos Eugênio Marcondes de (Org.). *As senhoras do pássaro da noite: escritos sobre a religião dos Orixás*. São Paulo: Edusp/Axis Mundi, 1994.

MUKUNA, Kazadi wa. *Contribuição bantu na música popular brasileira: perspectivas etnomusicológicas*. São Paulo: Terceira Margem, 2000.

NASCIMENTO, Antonio do (curador). *Bienal Naïfs do Brasil — Catálogo*. Piracicaba: Serviço Social do Comércio, 1996.

ORTIZ, Adalberto. *Formulas; El vigilante insepulto; Tierra, son y tambor*. Quito: Editorial Casa de la Cultura Ecuatoriana, 1973. (Coleção Poetas del Ecuador.)

PADILHA, Laura Cavalcante. "Reconversões". *Via Atlântica*, São Paulo: FFLCH-USP, pp. 142-52, 1997.

_____. "De Narcisos e espelhos". *Revista da Cátedra Jorge de Sena*, Rio de Janeiro: UFRJ, 2000.

PEREDA VALDÉS, Ildefonso. *Antologia de la poesia negra americana*. 2. ed. Montevidéu: Organización Medina, 1953.

PEREIRA, Edimilson de Almeida; GOMES, Núbia Pereira de Magalhães. "Rosário de muitas fés: mediações do sincretismo nas religiões populares". *Rhema — Revista de Filosofia e Teologia do Instituto Teológico Arquidiocesano de Juiz de Fora*, Juiz de Fora: ITASA, v. 4, n. 16, pp. 125-56, 1998.

_____. "Inumeráveis cabeças: tradições afro-brasileiras nos horizontes da contemporaneidade". In: FONSECA, Maria N. Soares (Org.). *Brasil afro-brasileiro*. Belo Horizonte: Autêntica, 2000.

_____. *Ardis da imagem: exclusão étnica e violência nos discursos da cultura brasileira*. Belo Horizonte: Mazza Edições/Editora PUC-MG, 2001.

_____. *Ouro Preto da Palavra: narrativas de preceito do Congado em Minas Gerais*. Belo Horizonte: Editora PUC-Minas/Mazza Edições, 2003.

PEREIRA, Edimilson de Almeida. *Os tambores estão frios: herança cultural e sincretismo religioso no ritual de Candombe*. Juiz de Fora/Belo Horizonte: Funalfa Edições/Mazza Edições, 2005.

_____. *Malungos na escola: questões sobre culturas afrodescendentes e educação*. Paulinas: São Paulo, 2007.

_____ (Org.). *Um tigre na floresta de signos: estudos sobre poesia e demandas sociais no Brasil*. Belo Horizonte: Mazza Edições, 2010.

_____; DAIBERT JR., Robert (Orgs.). *Depois o Atlântico: modos de pensar, crer e narrar na diáspora africana*. Juiz de Fora: Editora UFJF, 2010.

POEL, Francisco van der (O.F.M.). *O rosário dos homens pretos*. Belo Horizonte: Imprensa Oficial, 1981.

QUEIROZ, Sônia. *Pé preto no barro branco: a língua dos negros da Tabatinga*. Belo Horizonte: Editora UFMG, 1998.

RAMOS, Arthur. *As culturas negras: introdução à antropologia brasileira*. Rio de Janeiro: Livraria da Casa do Estudante do Brasil, s/d. v. III.

_____. *As culturas negras no Novo Mundo*. 4. ed. São Paulo: Editora Nacional, 1979.

REIS, João José; SANTOS, Flávio dos (Orgs.). *Liberdade por um fio: história dos quilombos no Brasil*. São Paulo: Companhia das Letras, 1996.

RETAMAR, Roberto Fernández. "El son del vuelo popular". In: MOREJÓN, Nancy (Org.). *Recopilación de textos sobre Nicolás Guillén*. Havana: Casa de las Américas, 1974, p. 177-98.

RIBEIRO, Maria de Lourdes Borges. "O Jongo". *Cadernos de Folclore,* Rio de Janeiro: Funarte/Instituto Nacional do Folclore, n. 34, 1984.

RISÉRIO, Antonio. "A dupla modernista e as realidades brasileiras". *Folha de S.Paulo/Letras*, São Paulo, 26 maio 1990, p. 7.

_____. *Textos e tribos: poéticas extraocidentais nos trópicos brasileiros*. Rio de Janeiro: Imago, 1993.

_____. *Oriki Orixá*. São Paulo: Perspectiva, 1996.

RODRIGUES, Graziela Fonseca. *Bailarino pesquisador intérprete: processo de formação*. Rio de Janeiro: Funarte, 1997.

SÁ, Lúcia. "*Invenção de Orfeu* e o palimpsesto indígena". *Luso-Brazilian Review*, Madison: Universidade de Wisconsin, v. 37, n. 1, pp. 83-92, verão de 2000.

SAINT-HILLAIRE, Auguste de. *Viagem pelas províncias do Rio de Janeiro e Minas Gerais*. Trad. de Regina Regis Junqueira. Belo Horizonte/São Paulo: Itatiaia/ Edusp, 1975.

SANCHIS, Pierre. *Arraial, festa de um povo: as romarias portuguesas*. Lisboa: Edições Dom Quixote, 1983.

SANTOS, Idelette Muzart F. dos. *Em demanda da poética popular*. Campinas: Editora da Unicamp, 1999.

SCHWARTZ, Roberto. *As vanguardas latino-americanas: polêmicas, manifestos e textos críticos*. São Paulo: Edusp/Iluminuras/Fapesp, 1995.

SIQUEIRA, Maria de Lourdes. *Agô Agô Lonã: mitos, ritos e organização em terreiros de Candomblé da Bahia*. Trad. de Sibyla M. Mulert. Belo Horizonte: Mazza Edições, 1998.

SLENES, Robert. *Na senzala uma flor: esperanças e recordações na formação da família escrava — Brasil Sudeste, século XIX*. Rio de Janeiro: Nova Fronteira, 1999.

SPINA, Segismundo. *A lírica trovadoresca*. 3. ed. São Paulo: Edusp, 1991.

STAMM, Anne. *Le parole est un monde: sagesses africaines*. Paris: Editions du Seuil, 1999.

TIEZZI, Enzo (Org.). *Ecologia e....* Bari: Laterza, Biblioteca di Cultura Moderna, 1995.

TOLLER GOMES, Heloisa. *O negro e o romantismo brasileiro*. São Paulo: Atual, 1988.

TRINDADE, Solano. *O poeta do povo, Solano Trindade*. São Paulo: Cantos e Prantos Ed., 1999.

_____. *Tem gente com fome e outros poemas — antologia poética*. Rio de Janeiro: Prefeitura da Cidade do Rio de Janeiro/Sindicato dos Escritores do Rio de Janeiro, 1988.

VALENTE, Luiz Fernando. "Palmilhando a tradição alencariana: um modelo intertextual de história literária". *Revista de Crítica Literária Latinoamericana*, Lima/Berkeley: Latinoamericana Editores, ano XX, n. 40, pp. 141-154, 2. sem. 1994.

VERGER, Pierre. *Orixás*. São Paulo: Corrupio, 1981.

VIGIL, Ricardo González. "Introducción". In: ARGUEDAS, José María. *Los ríos profundos*. Madri: Cátedra, 1995.

WHITE, Steven F. "Reinventing a sacred past in contemporary afro-brazilian poetry". *Callaloo — revista de Artes e Letras Afroamericanas e Africanas*, Virginia: Universidade da Virgínia/Editora Universitária John Hopkins, v. 20, n. 1, pp. 69-105, inverno 1997.

_____. "A reinvenção de um passado sagrado na poesia afro-brasileira contemporânea". *Revista do Centro de Estudos Afro-Asiáticos*, Rio de Janeiro: Universidade Candido Mendes, n. 35, pp. 97-110, jul. 1999.

ZUMTHOR, Paul. *A letra e a voz: a "literatura" medieval*. Trad. de Amálio Pinheiro e Jerusa Pires Ferreira. São Paulo: Companhia das Letras, 1993.

_____. *Introdução à poesia oral*. Trad. de Jerusa Pires Ferreira, Maria Lúcia D. Pochat e Maria Inês de Almeida. São Paulo: Hucitec, 1997.

MUSICOGRAFIA

BACA, Susana. *Fuego y agua* (CD) e *El aporte del negro a la formación de la música popular peruana* (livro). Lima: Pregón Editora, 1992/2000.

_____. *Eco de sombras* (CD). Produção executiva de David Byrne. Estados Unidos: Luaka Bop, Inc./Virgin Records Ltd., 2000.

Brasil: a century of song. v. 1. Folk & Traditional. Produção de Jack O'Neil e Nina Gomes. Nova York: Blue Jackel Entertainment Inc., 1995.

CANDOMBEIROS DA SERRA DO CIPÓ. "Iê conceito". In: TAUBKIN, Benjamim (Coord.). *Cartografia Musical Brasileira.* Belo Horizonte: Itaú Cultural/Lapa Discos, 2000/2001.

CASSIMIRO, Margarida; OTTO, Renata (Dir.). *Guarda de Moçambique Treze de Maio de Nossa Senhora do Rosário* (58º Festa, de 1 a 13/5/2002). Belo Horizonte: Tupatoo Studio, 2003.

DIAS, Paulo (Dir.). *Congado Mineiro* (CD). São Paulo: Itaú Cultural — Documentos Sonoros Brasileiros, 2000.

FRISCH, Jean-Christophe (Dir.). *Negro Spirituals au Brésil baroque.* França/Brasil: Conseil General de la Moselle/Association Française d'Action Artistique/Ministère des Affaires Etrangères/Instituto Itaú Cultural/Ministério da Cultura, 2000. (Coleção Les Chemins du Baroque: ou la recherche de l'Eldorado au xxème siècle.)

GIL, Gilberto et al. *Tropicália ou Panis et Circensis* (CD). Philips Records, 1968.

LACERDA, Marcos Branda. *Drama e fetiche: Vodum, Bumba-meu-boi e Samba no Benim.* Rio de Janeiro: Ministério da Cultura/Funarte/Centro Nacional de Folclore e Cultura Popular, 1998.

LEIBOVITZ, Claire. *Pontos de Macumba: chants religieux afro-brèsiliens* (CD e livro). Paris: Iris Musique, 1999.

MACHADO, Marina. *Baile das pulgas.* Belo Horizonte: Lamil, abr. 1999.

MÚSICA DO BRASIL. Direção musical de Beto Villares e Hermano Vianna. Produção executiva de Victor Civita Neto. São Paulo: Abril Entretenimento, s/d. (Ref. ao Congado nos CDs 2, 3 e 4 da coleção.)

NASCIMENTO, Milton. *Clube da Esquina 2* (CD 1-2). São Paulo: EMI, 1994. (Remasterizado nos Estúdios Abbey Road, Londres.)

_____ et al. *Chico Rei* (trilha sonora do filme homônimo dirigido por Walter Lima Jr.). Rio de Janeiro: Som Livre, 1985.

NUNES, Clara. *Nação.* Produção de Paulo César Pinheiro. São Paulo: EMI Music, 1997.

PALMER, Robert. "Griots of West África". In: *Jali Kunda: Griots of West Africa & Beyound* (CD e livro). Nova York: Ellipsis Arts, 1996.

TERNOS-CANTADORES (LP). Belo Horizonte: Sesc/Serviço Social do Comércio, 1988.

TITANE (Dir.). *Os negros do Rosário* (LP). Belo Horizonte: Secretaria de Estado da Cultura MG/Fundação Cultural Palmares, s/d.

_____. *Inseto raro* (CD). Belo Horizonte: Atração Fonográfica, 1996.

_____. *Os negros do Rosário* (CD). Belo Horizonte: Lapa Discos, 1999.

TIZUMBA, Maurício. *África Gerais* (CD). Belo Horizonte: Partners Comunicação & Marketing, s/d.

VALE, Rubinho do. *A alma do povo* (CD). Belo Horizonte: ABA — Arte Brasileira Alternativa/M. Jardim Produções Artísticas Ltda., 1998.

Copyright © 2023 Edimilson de Almeida Pereira

Todos os direitos reservados. Nenhuma parte desta obra pode ser reproduzida, arquivada ou transmitida de nenhuma forma ou por nenhum meio sem a permissão expressa e por escrito da Editora Fósforo.

EDITORA Juliana de A. Rodrigues
ASSISTENTE EDITORIAL Millena Machado
PREPARAÇÃO Isadora Prospero
REVISÃO Andrea Souzedo e Fernanda Campos
DIRETORA DE ARTE Julia Monteiro
CAPA Bloco Gráfico
IMAGEM DA P. 4 Eustáquio Neves. In: *Revue Noire — Art Contemporain Africain. Especial Brésil. Brazil. Afro-brasileiro.* Paris, n. 22, set.-out.-nov. 1996, p. 67.
PROJETO GRÁFICO Alles Blau
EDITORAÇÃO ELETRÔNICA Página Viva

Dados Internacionais de Catalogação na Publicação (CIP)
(Câmara Brasileira do Livro, SP, Brasil)

Pereira, Edimilson de Almeida
   A saliva da fala : notas sobre a poética banto-católica no Brasil / Edimilson de Almeida Pereira. — São Paulo : Fósforo, 2023.

   Bibliografia.
   ISBN: 978-65-84568-87-7

   1. Candomblé (Culto) 2. Canto popular 3. Catolicismo 4. Congadas — Minas Gerais (MG) 5. Ensaios brasileiros 6. Sociologia 7. Religiosidade I. Título.

23-170924   CDD — 306.43

Índice para catálogo sistemático:
1. Ensaios brasileiros : Sociologia   306.43

Eliane de Freitas Leite — Bibliotecária — CRB-8/8415

Editora Fósforo
Rua 24 de Maio, 270/276
10º andar, salas 1 e 2 — República
01041-001 — São Paulo, SP, Brasil
Tel: (11) 3224.2055
contato@fosforoeditora.com.br
www.fosforoeditora.com.br

Este livro foi composto em GT Alpina e
GT Flexa e impresso pela Ipsis em papel
Pólen Natural 80 g/m² da Suzano para a
Editora Fósforo em outubro de 2023.

A marca FSC® é a garantia de que a madeira utilizada
na fabricação do papel deste livro provém de florestas
gerenciadas de maneira ambientalmente correta,
socialmente justa e economicamente viável e de outras
fontes de origem controlada.